U0616528

思维可视化策略下
小学数学教学实践研究

刘品兰◎主编

西南交通大学出版社
·成都·

图书在版编目（CIP）数据

思维可视化策略下小学数学教学实践研究 / 刘品兰
主编. -- 成都：西南交通大学出版社，2024. 12.
ISBN 978-7-5774-0132-4

Ⅰ. G623.502

中国国家版本馆 CIP 数据核字第 2024U6D721 号

Siwei Keshihua Celüe Xia Xiaoxue Shuxue Jiaoxue Shijian Yanjiu

思维可视化策略下小学数学教学实践研究

刘品兰　主编

策 划 编 辑	李晓辉　秦　悦
责 任 编 辑	郭发仔
封 面 设 计	原谋书装
出 版 发 行	西南交通大学出版社
	（四川省成都市金牛区二环路北一段 111 号
	西南交通大学创新大厦 21 楼）
营销部电话	028-87600564　028-87600533
邮 政 编 码	610031
网 址	http://www.xnjdcbs.com
印 刷	成都市新都华兴印务有限公司
成 品 尺 寸	185 mm × 260 mm
印 张	15.5
字 数	330 千
版 次	2024 年 12 月第 1 版
印 次	2024 年 12 月第 1 次
书 号	ISBN 978-7-5774-0132-4
定 价	75.00 元

序

让思维在显现和交流中得到发展

成都市新都区刘品兰名师工作室在深入而扎实地完成"以'思维可视化'促进学生数学素养提升的应用研究"课题基础上，出版《思维可视化策略下小学数学教学实践研究》一书，可喜可贺！

"学而不思则罔，思而不学则殆。"我们耳熟能详。孟子则说："心之官则思，思则得之，不思则不得也。"这些都强调了思维在学习和生活中的作用与价值。在我看来，在科学技术迅猛发展的时代，教学变革的核心在于：教师角色要由思想的提供者转变为思想的促进者，教学过程要从提供思想走向促进思想。就数学与思维的关系看，有一种说法："数学是思维的体操，思维是数学的灵魂。""数学是思维的体操"强调了数学在锻炼思维能力方面的作用。在学习过程中，学习者通过逻辑推理、空间想象、数据分析等思维活动可以锻炼思维，提高思维的敏捷性、准确性和创造性。"思维是数学的灵魂"突出了思维在数学中的核心地位，数学不是公式和定理的堆砌，而是人类思维发展的结晶。学习者只有深入思考，进行逻辑推理，才能真正理解和掌握数学。

思维重要，思维需要教。"思维怎样教？""怎样能够让思维教学更有质量？"这是摆在教育工作者面前的问题。因为思维是内隐的活动，进行思维教学就是让思维的过程与方法显现出来。"语言是思维的外壳"，只有让学生说出来，才能了解他们的思维过程、思维方式、思维内容，然后对他的进行引导。另一种方式就是思维可视化。思维可视化有两个方面的内容：第一是教师的教学内容、教学活动以可视化的方式呈现，让学生有逻辑、有结构、有体系、有关联地学习，提高学习质量，培养进阶思维方式；第二是让学生把自己的思维呈现出来，通过思维导图、概念图、流程图等思维可视化工具展现思维，在与同伴的交流分享中，在老师的指导和帮助下，改善思维、发展思维，建构知识体系，更好地成长和发展。

通过可视化方式发展和提升学生思维本身极有意义和价值。同时，把自己的理论学习和思考、实践探索和研究写出来，对于研究者本身来说，也是一种思维可视化的过程。可以说，写作就是锻炼和表现自己的思维、培养和提升自己的思维。在这里，选择"以'思维可视化'促学生数学素养提升"做题目，把相关研究和实践表现出来，分享给大家，以期对教育实践工作者有所启示和帮助。这是作者编写《思维可视化策略下小学数学教学实践研究》的用意所在。

从全书的内容来看，"探索与思考"部分，作者从不同角度剖析了如何将抽象的数学思维转化为直观、可视的教学形式，从而帮助学生更好地建构数学概念，将知识关联起来。"实践与反思"部分通过一系列具体的教学案例，展示如何在小学数学教学中有效运用思维可视化的方法。这些案例涵盖测量的感知、图形的转换、整体化思维的培养等多个方面，充分表现思维可视化在教学中的灵活性和实用性。对教学实践进行深刻反思，展示了老师们教学思维的发生和发展过程。"教学实录"部分呈现了真实、生动的教学场景，通过《小小商店》《数图形的学问》等教学案例实录，可以看到教师们如何引导学生发现问题、分析问题并解决问题，从而培养他们的数学思维和创新能力。"作品示例"部分展示了教师们的课堂板书、单元复习和板块梳理等作品。这些作品体现了教师们对教学内容的深入理解，反映了他们对教学形式的创新尝试，为学习者提供了更加多样的学习资源。

思维教学不仅是课堂教学的永恒主题，还是当下 ChatGPT 时代的教育新命题。希望这本书能够激发更多教育工作者关注学生思维的培养和发展，以更科学、更有效的方式培养学生的思维，培养学生敢于思考、敢于质疑、善于思考、善于创造的核心素养。

成都大学教授，四川西部教育研究院院长

2024 年 6 月 18 日

目　次

01　探索与思考

02　实践与反思

03　教学实录

04　作品示例

01

探索与思考

思维可视化工具在小学数学教学中的应用初探

新都区新新路小学校　谭　敏

摘　要： 数学是一门具有较强逻辑性的学科，若小学阶段数学教学肤浅化、碎片化，学生学习表面化、机械化，则不利于学生今后的学习。因此，在小学阶段就开始注重对学生思维能力的训练是必要的。如何在教学中运用教学策略，促进学生的深度学习，提高学生的数学能力，从而促进学生的思维发展，这是一线教师亟需解决的问题。本文笔者利用思维可视化工具，对小学生的思维过程进行辅导，帮助学生整理思维、总结题目解法，以期能达到上述目的，并从预习复习、概念学习、题目解答、知识总结等方面做了一些探索。

关键词： 思维　可视化　教学　应用

一、小学生数学学习中存在的问题

目前，小学数学学习中普遍存在以下问题：一是缺乏自主性，在教师的带领下感觉数学学习轻松，一旦独立完成任务就倍感吃力，学习依赖性太强，脱离老师就不会自主预习和复习。二是学习肤浅化，习惯死记硬背，依赖记忆去生搬硬套解决问题，一旦问题变化就感到无所适从。三是学习热情不高，对数学符号、文字提不起兴趣，觉得数学学习枯燥乏味。四是缺乏解决问题的能力，尤其惧怕应用题。

基于上述困难，笔者就所执教班级学生数学学习的状态进行了一次调查，主要围绕以下几个问题：在课堂上能否清楚地理解所学知识、课堂上注意力是否集中、课堂上是否敢于发言，以及课后自主完成作业的情况如何。共计发放问卷 104 份，回收 104 份，剔除无效问卷 2 份，最终得到有效问卷 102 份，有效率为 98.1%。调查采用无记名方式，以书面形式展开，调查结果见表 1。

表 1　学生数学学习状况统计表

	非常多	多	一般	少	非常少
理解所学知识	20.2%	40.3%	30.7%	5.8%	3%
课堂积极发言	15.7%	25.3%	35.2%	19.6%	4.2%
课堂专注度高	10.2%	20.9%	58.7%	7.8%	2.4%
作业障碍	8.7%	29.6%	32.1%	20.5%	9.1%

调查结果显示：学生对数学知识的理解程度不深，约 1/3 的学生表示对数学知识理解一般，不透彻；超过一半的学生在课堂上不爱发言，专注度也不高；近 30% 的学生存在或多或少的作业障碍。其原因是：由于数学知识本身的枯燥性，学生在课堂上的注意力不能够持续集中，不喜欢对问题进行深入思考，所以对所学知识一知半解；不喜欢思考，在课堂上不敢主动回答问题，作业也存在很多问题。那么，如何培养学生的数学学习热情？如何提高学生的自我学习能力？如何提高学生解决问题的能力？这些都是一线教师亟待解决的问题。

二、思维可视化及其优势

（一）关于思维可视化

"思维可视化"是由华东师范大学刘濯源教授首次提出的。所谓思维可视化，是指以图示或图示组合的方式把原本不可见的思维结构及规律、思考路径及方法呈现出来，使其清晰可见的过程。[1] 利用思维可视化，可以将抽象的思维变成形象的图示，有助于以感性认识为主的小学生更加直观和形象地理解。

从广义上理解，思维可视化更偏向于一种策略和方法，而不是某种图示工具本身，一切用于将抽象思维形象化的办法都可以视为思维可视化，如图片、图标、漫画、表格乃至教师自己设计的各种图形等。本文主要将思维可视化作为一种教学策略，研究在实际教学中充分发挥图示方法的优势，研究在课堂教学中如何利用可视化手段，化抽象为具体，解决教学中的重难点，达到提高教学效率的目的。

从相关的文献来看，国内思维可视化研究在教育教学方面涉及学前儿童、小学生、中学在、高校学生，但主要以中学生和高校学生为主。使用思维可视化时，使用需要学生具有一定的抽象概括能力，小学生的数学学习还处于数字的运算阶段，抽象思维能力薄弱，概括和归纳能力发展不成熟，故而将对其作为研究对象的相关研究较少。笔者试图对小学数学教学中如何使用思维可视化来提高教学效率进行探索。

（二）思维可视化的优势

1. 可以培养小学生学习数学的兴趣

小学生处于具体运算阶段，抽象思维能力较弱，数学学习时多依赖实物和直观形象进行逻辑推理和解决问题。[2] 因此，相比文字描述，学生对数字和图示的感觉比较好，对直观形象的内容更感兴趣。数学问题是对实际问题数学化的抽象描述，很多时候需要在脑海中进行加工，这样的过程对于以感性认识为主的小学生来说是一件非常不容易的事情，而"思维可视化"工具的应用可以有效地弥补之方面的缺憾。"思维可视化"可以通过在数学课堂教学中创设情境，把情境教学融入教学过程中，拓展和加强感性认识，再由感性认识发展到理性认识，激发课堂教学的活力，有利于提高小学生学习数学的积极性。

2. 帮助学生更好地理解数学知识

学习数学知识，不能靠死记硬背，而要先真正理解，然后才能熟练地运用知识。教师可以根据不同思维可视化工具的特点，充分发挥其优势，灵活选用一种或多种可视化工具辅助教学，帮助教师更清楚地呈现知识的结构，有条理地组织教学。通过"思维外显"的途径，将脑中的抽象知识直接转化成形象具体的知识，在培养学生思维能力的同时，帮助学生感性地建立概念，加强对规律的理解。在教学当中运用思维可视化，能够对学生的想象能力进行培养，从而让学生独立构建知识体系，更加深入地理解知识。

3. 培养和训练学生的思维能力

数学是一门内在逻辑性极强的学科，教师在传授学生数学知识的同时，还要将数学思维方法传递给学生，以便学生迁移到其他学科，尤其是理科的学习中。思维可视化工具在培养和训练学生思维上有很好的辅助作用。例如，思维导图可以培养学生的发散思维能力和创新能力，流程图可以通过拆分问题教会学生有序思考，气泡图可以培养学生的类比和迁移能力，树形图可以培养学生的归类能力等。

4. 理清各类数学习题解题脉络

针对较复杂的数学题，教师可以引导学生利用思维可视化工具，将题目中涉及的条件和信息整理出来，一步一步厘清楚解题脉络；利用思维可视化的外显性特征，真正掌握题目的解题方法和过程。教师还可以将一类题目用思维可视化工具总结解题方法，让学生做到举一反三。

三、理论基础

（一）元认知理论

一个人意识到自己的思维并进行反思的知识和技巧即元认知。学生在学习过程中需要意识到并指导自己的感觉、知觉、思维、记忆、情绪等，以便更好地完成学习任务。所以，把思维可视化工具应用于培养学生应用题解题能力，可以让学生对自己的思考进行有效监控，实时优化调整，实现深度学习，最终提高思维能力。

（二）顿悟说

顿悟，即在解决问题的过程中，人们的思维遇到障碍时产生的暂时停顿，停顿之后突然明白的过程。停顿是因为学习者不能立刻完整地表征这个问题的解决办法，通过回忆、检索、复习等方式找到思维过程中的问题，最终得到了解决问题的方法或答案，这就是顿悟的全过程。使用思维可视化工具将有用的问题信息一一表征出来，分步骤直观地呈现问题，促使解题过程更加有据可循，可帮助学生思考，跨越表征知识的障碍，实现顿悟，达到深度学习的目的。

（三）发现学习

发现学习是由美国心理学家布鲁纳提出的，强调不应该将学习的内容直接呈现给学生，而应该让学生经历发现的过程，自己得出结论或找到解决问题的办法。在数学应用题的教学中，很多题型都有相应的公式和规律，如果教师不让学生经历探究过程，直接告知学生这些规律和公式，学生就只能死记硬背，无法灵活解决问题。利用思维可视化工具，可以让探究过程显性化，思考过程更容易被学生理解和掌握，从而产生迁移，使不同的知识建立联系，从而找到解决问题的办法，实现深度学习。

（四）迁移理论

学习迁移是指学生在学习过程中，把以前学习的知识或解决问题的能力，自觉地迁移到新的知识内容的学习或应用中。[3] 在中学阶段的学习中，学生会应用小学阶段的思维方式、思想观念、学习方法来迁移，从而帮助自己学习知识和解决问题。所以在小学的教学活动中，教师应该教会学生学会理性思考，掌握知识和方法背后的思想内核，促进学生在中学阶段产生正迁移。

四、采取的策略

通过上述分析，笔者认为利用思维可视化工具解决上述问题，可以从以下三个方面入手。

（一）注重对知识的构建过程

只有提高学生学习过程中对知识加工构建的能力，才能培养学生的数学学习能力。小学数学知识是螺旋式上升的形式，因此很多时候相互之间是脱节且零散的，必须通过构建加以有效联系，形成清晰的知识框架。构建的过程往往是在大脑中对知识点或问题的一部分内容进行思考，然后思考另一个部分，通过有意识的提示后再相互联系。由于记忆具有短时性，学生很难对一个知识或问题涉及的相关知识脉络有清晰的把握，学习效率就会降低。利用思维可视化工具，可以将知识或问题的全貌通过图示再现，减轻记忆的压力，让思考过程从杂乱无章到有序且有逻辑性，清除在构建过程中的思维障碍，使各部分知识相互联系、相互影响，成为一个逻辑结构严密的整体，帮助学生全面把握，提高学习新知识和解决问题的的效率。[4]

（二）培养主动思考习惯

在实际教学中很多老师会发现：同一个类型的题目，讲的时候学生都懂，但是独立完成作业的时候就会出现各种困难。这说明对于数学知识点本身，学生并不存在看不懂的情况，但是学生仅仅对知识方法有表面理解，没有把握知识背后的思维规律，以致无法深度掌握。其原因在于这是浅度的学习，而没有深度的思考。学思结合是孔子的学习观点，从这个观点出发培养学生的数学能力，需要通过学生主动参与思考。同时，在教学中要遵循循序渐进的原则，按照学科逻辑体系和认识活动顺序教学，使学生获得系统的科学知识。教师在教学设计中进行合理的规划，在教学中以问题为导向，给予学生足够的思考时间，让每个学生都参与进来。

（三）注重总结和反思

很多时候，学生都是通过背诵知识点和方法来解题的，通过对题目解法形成记忆，以完成这些题目作为掌握知识的依据，力争在考试当中取得高分。虽然知识确实需要通过相当数量题目的练习来掌握，但是仅仅通过大量的练题来掌握知识，往往事倍功半。此时，必然要多思考，还要总结归纳。多总结、多反思，就会对所学知识的方法越来越熟悉。教师可以利用思维可视化工具，帮助学生对新授课知识点进行回顾和总结，对章节知识进行复习和反思，对相似题型进行变式练习，总结类似题型的结构化解法。学生可利用思维可视化工具，自主归纳整理知识点，整理反思错题，提高学习效率。

五、应用案例

（一）课前预习中的应用

思维可视化工具可以改变以往预习流于形式，只看文字表面、不深入进行预习的局面，让预习变得更有目标，更有针对性，从而进一步提高学生预习的效果。[5] 教师可以用思维可视化形式布置预习任务，如对三角形分类的学习可以用图1的形式让学生完成预习，这样的设计有利于培养学生分类归纳的能力。

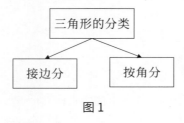

图1

（二）课堂教学中的应用

1. 概念课的应用

应用思维可视化工具进行概念教学，用简易的图示表示出概念间的异同点，更好地厘清概念之间的内在联系。例如，在讲解"平年和闰年"时，为了让学生理解区分平年和闰年，可以进行如图2所示的板书。通过板书我们可以清晰地理解，年分为平年和闰年，但是它们的区别在于2月的天数不一样，以致一年的天数也不一样，整百年份能被400整除的年才是闰年。

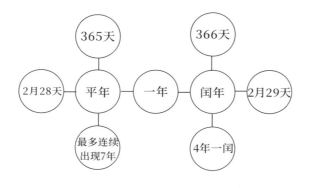

图 2

2. 习题课中的应用

针对较复杂的题目，学生的思维存在一定的困难，这时需要借助思维可视化图示，将思考过程显现出来，从而找到解题思路。利用思维可视化工具，可以将题目的情景完整地通过图示再现，让思考过程一目了然。除此之外，整个解题的流程也会清晰地显示出来，便于学生理解知识之间的联系，从而理解解题的思路。

(1) 显示思考的流程。

题目 1：一根丝带用于捆绑礼物，第一次用去 2 米，第二次用去余下的一半，第三次用去 2 米，第四次用去余下的 1/3，还剩下 2 米，这根丝带原本有多少米？

逆向思维对学生来说有一定困难，我们先采用顺向流程图，把整个过程显示出来，通过顺向流程图推导出逆向流程图。思维图示见图 3。

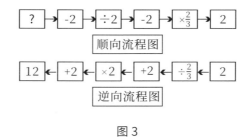

图 3

(2) 突出构造解法的思维过程。

题目 2：用简便方法计算。

$$21 \times 40 + 8 \times 21 + 79 \times 48$$

$$333 \times 334 + 999 \times 222$$

上述两道题是在学习乘法运算律后的两道拓展题。有的学生通过记忆运算律公式完成第一道小题，但是针对第二道小题，没有找到共同的乘数，因此遇到解题障碍。为此，笔者通过思维可视化手段，将算式各个部分的意义进行更深一步的挖掘，通过更加直观的方式进行呈现，然后让学生通过观察寻找规律，从而达到锻炼思维的目的。教学过程如图 4

所示。

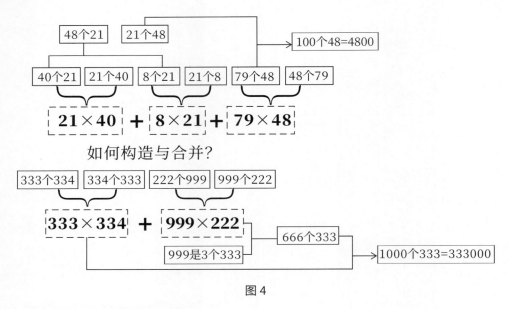

图 4

（3）帮助学生把握解题关键。

题目 3：甲的存款是乙的 5 倍，如果甲取出 60 元，乙存入 60 元，那么乙的存款是甲的 2 倍。甲、乙原来各有存款多少元？

这是一道四年级数学题，学生并未学习列方程解应用题。首先，让学生认识到这个问题的关键隐含条件，即甲取出 60 元，乙存入 60 元，那么甲和乙存款的总量不变，也就是总份数是不变的，变化的只是甲和乙分别占的份数。此外，初始状态是甲的存款是乙的 5 倍，总量就是 6 份（甲占 5 份，乙占 1 份），最终状态是甲的存款是乙的 2 倍，若此时总量是 3 份（甲占 2 份，乙占 1 份），则违背了总量不变的原则，因此，最终状态的总量也是 6 份（甲占 4 份，乙占 2 份）。最后，利用甲或者乙份数的变量来解题。教学流程如图 5 所示。

（4）总结解题的方法。

利用思维可视化手段引导学生，通过更直观的图示辅助思考，可以更快捷地找到解决问题的关键；同时利用图示，找出同一类型问题的共同点，总结出一套解决这种类型题目的方法，锻炼学生的思维。例如，在如下"和倍问题"题目的总结中，笔者设计了这样的教学流程。

题目 4：

1. 苹果和梨共有 30 个，苹果的个数是梨的 2 倍，苹果和梨各有多少个？

2. 苹果和梨共有 30 个，吃了 3 个苹果后，苹果的个数是梨的 2 倍，原来苹果和梨各有多少个？

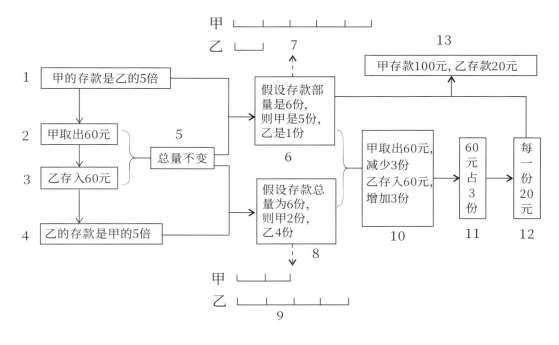

图5 求甲乙各自的存款

3. 苹果和梨共有30个，拿来3个苹果后，苹果的个数是梨的2倍，原来苹果和梨各有多少个？

4. 苹果和梨共有30个，拿来5个苹果，吃掉2个梨后，苹果的个数是梨的2倍，原来苹果和梨各有多少个？

5. 苹果和梨共有30个，苹果的个数比梨的2倍多3个，苹果和梨各有多少个？

6. 苹果和梨共有30个，苹果的个数比梨的2倍少3个，苹果和梨各有多少个？

7. 苹果和梨共有30个，拿来8个苹果，吃掉2个梨后，苹果的个数是梨的2倍多3个，原来苹果和梨各有多少个？

8. 苹果和梨共有30个，拿来8个苹果，吃掉2个梨后，苹果的个数是梨的2倍少3个，原来苹果和梨各有多少个？

教学流程如下：首先让学生由易到难解答上述题目。由于题目的难度具有递进性，在笔者的引导下，学生一步步解完这8个题目；最后，引导学生对这类题目的解法进行总结。

第一个题目已知苹果和梨的总个数，根据倍数关系确定总份数，最后依据各自所占的份数，得到各自的数量。第二题增加了"吃了3个苹果"这个条件，一样满足"苹果的个数是梨的2倍"这一倍数关系。首先应该明确，这个"2倍"关系是基于"吃了3个苹果"条件后，此时总个数不再是30个，而是27个，因此利用新的总个数和倍数关系先求出"现在苹果和梨的个数"，再求出"原来苹果和梨的个数"。相较于题目一，题目二增加了一个利用新的总数求现在的总数的过程，其他思路同题目一。经过教师的引导，学生顺利地完成三、四题。

在五、六题中，没有提到总数变化，这时候引导学生去发现增加或者减少苹果的个数就能满足倍数关系，所以可以假设增加或者减少苹果，而苹果增加或者减少过后总数发生了变化，在这个变化后的新总数下，用第一题的方法就可以得出现在苹果和梨的个数，从而进一步算出苹果和梨的实际个数。第七、八题则是前面几个题的解题方法综合应用，但是在引导学生的过程中，核心依然是去找那个"总数"，再利用第一题的方法解题。

通过 PPT 课件展示图 6。按照题目顺序，呈现给学生这 8 个题目的解法。

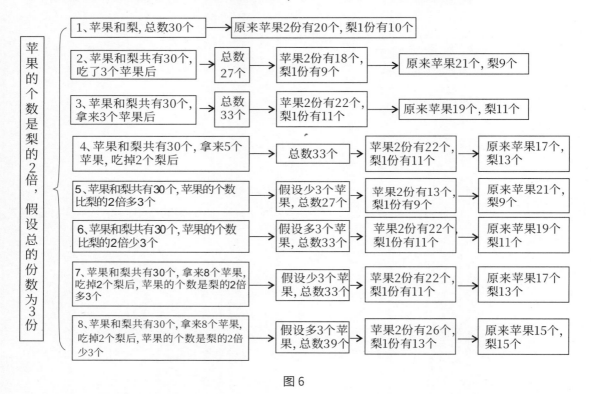

图 6

（5）体现题目的情景

题目 5：小明从家到学校，如果以每分钟 60 米的速度行走，就要迟到 5 分钟；如果以每分钟 75 米的速度出发，则会提前 4 分钟到校。小明出发时离上学时间有多少分钟？

分析：这是一个行程问题，解这种问题的关键是要结合实际情景抽象出数学问题。所以在讲解这道题的时候，需要回归到实际情景，利用思维可视化工具将小明两次在不同速度下上学的情景用简单的线段表示出来，同时利用图示引导学生复习和回忆速度的意义。解这道题，要么是时间相同比较路程，要么是路程相同比较时间。原来题目是共同的路程时间不一样，我们没能找到规律，所有这里把问题的条件就转换为时间一样路程不一样，而这个时间就是上学用的时间。

解题过程如图 7 所示：以每分钟 60 米行走迟到 5 分钟，那么学校上课时，他距离学校就差 $60 \times 5 = 300$（米）。以每分钟 75 米速度看，提前 4 分钟，上课时他还可以走 $75 \times 4 = 300$（米），即速度不同，到上课的时间所走的路程就不一样。从图 7 可以看出，在这个时间内，每分钟走 75 米比每分钟走 60 米可以多走出 600 米的距离。那么这又是如何和速度联系在一起的呢？通过对速度的含义，即单位时间走过的路程进一步理解，每分钟 75 米的走法会比每分钟 60 米的走法每分钟多走 15 米，而最后多出的 600 米就是在这每分钟多的 15 米的路程上积累起来的，所以上学时间为 $600 \div 15 = 40$（分钟）。

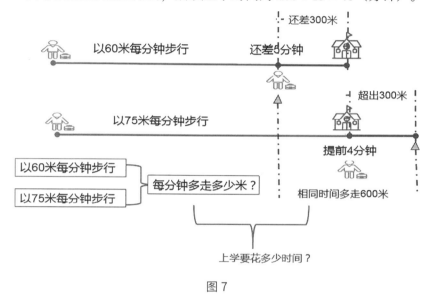

图 7

3. 课堂小结中的应用

思维可视化还可以用于课堂总结，如对正负数这一内容的复习，可以用如图 8 所示的板书。

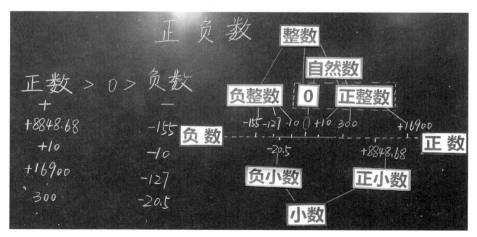

图 8

（三）课后复习中的应用

思维可视化可以将细碎的数学知识整合到一起，形成简明的知识框架，方便学生结合知识框架，及时查漏补缺，巩固所学的数学知识。教师既可以让学生按照章节进行整合，也可以按照知识类型进行整合。例如，学习完单位换算，教师可以将所有的单位整理到一起，绘制出如图9的图示。

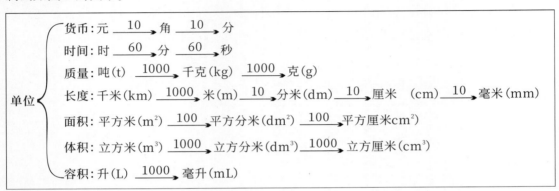

图9

教师也可以以完形填空的形式布置成作业让学生完成，如三角形分类这一知识点，可按图10所示构建知识体系。

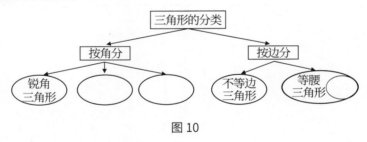

图10

六、成效分析

（一）学生的问卷反馈

经过一段时间的教学后，笔者就学习情况对学生再次进行问卷调查，发放104份问卷，回收104份，剔除无效问卷4份，最终得到有效问卷100份，有效率为96.2%。调查采用无记名方式，以书面形式展开，结果如图11所示。

可见，思维可视化在提高课堂教学的质量上有一定的促进作用。思维可视化工具可以将思维过程用图示的形式呈现出来，不仅降低了知识的难度，而且让学习变得更加有序、有趣。学生在课堂上更能集中精力，对知识的学习更加清楚，从课堂质量大大提高。

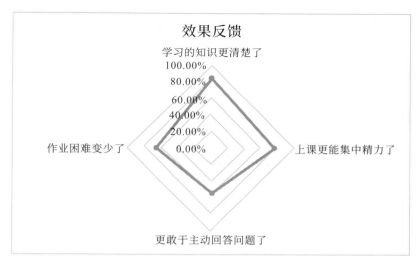

图 11

（二）学生成绩的提升

除此之外，学校举行了"解决问题竞赛"，笔者将执教班级的得分率与年级平均得分率进行对比分析，结果如图 12 所示。

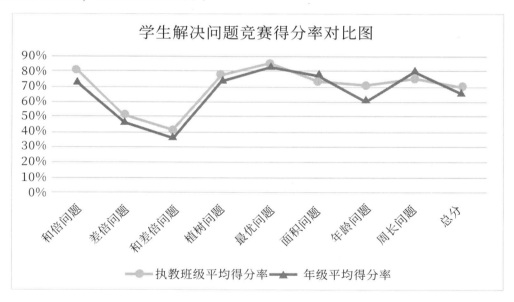

图 12

由图 12 可知，利用思维可视化工具教学对提高学生总成绩有促进作用。思维可视化工具对解决"和倍问题""差倍问题""和差倍问题""植树问题""年龄问题"效果较显著，对"面积问题""周长问题"效果不显著，今后笔者还要对思维可视化工具应用于"几何问题"进行更深入的研究。

七、结　语

小学生的数学思维能力训练是一个长期而系统的过程，在教学中我们必须注重教学过程的设计和学情分析，引导学生充分发挥自主性，真正达到深度学习，使学生的解题能力得到进一步提升，数学思维能力得到更好的发展。在教学中引入思维可视化工具，能有效提高学生参与的积极性，促进深度学习，使学生思维能力得到良好发展。

参考文献

[1]　刘濯源. 当学习力遇到思维可视化——基于思维可视化的中小学生学习力发展策略 [J]. 基础教育参考,2014(21):7-10

[2]　黄丽丽. 思维地图在小学数学教学中的应用研究——以人教版小学数学教材为例 [D], 集美大学,2017.

[3]　沈瑜. 学习迁移理论下的高中数学教学策略探析 [J]. 中学数学,2020(1):73-74.

[4]　陈涵. 思维可视化提升高一学生物理解题能力的应用研究 [D]. 四川师范大学,2019.

[5]　杨世学. 思维地图在小学数学教学中的应用 [J]. 西部素质育,2017,3(24):237-241.

以"思维可视化"促"结构化学习"

成都市新都区新新路小学校　刘品兰

摘　要: 随着《义务教育数学课程标准(2022年版)》明确提出"课程内容结构化"要求，我们力求把"思维可视化"运用于小学数学教学设计和课堂呈现中。本文以"面积的认识与计算"为例，展示我们对"以'思维可视化'促'结构化学习'"的探索与实践。

关键词: 思维可视化　结构化学习

"思维可视化"由原华东师范大学现代教育技术研究所、思维可视化教学实验中心的刘濯源教授率先提出，是指以图示或图示组合的方式把原本不可见的思维结构及规律、思考路径及方法呈现出来,使其清晰可见的过程。本工作室于2020年10月开始启动"以思维可视化促学生数学素养提升的应用"研究,"可视化"策略已逐步成为大家引领数学教学、解决数学问题的重要工具与方法。

2022年4月，教育部发布新修订的《义务教育课程方案》（以下简称"新课程方案"）和《义务教育数学课程标准(2022年版)》（以下简称"数学新课标"）后,"结构化学习"就成为小学数学教研的热点。因为知识是逐步学习、逐渐积累的，但在头脑中不是简单地堆积储存，而是以一种层次网络结构的方式储存。所谓"结构化学习"，就是基于对学科内容的整体理解、知识本质的准确把握和核心元素的动态关联，引导学生经历个性化、立体式的认知转化过程，实现知识元素间的沟通与联系，将教材的学科结构高效转变为学生认知结构，是一种学生的认知发展规律与知识发生规律相融合的学习方式。

数学是研究数量关系和空间形式的科学。小学阶段，《图形与几何》的内容包括"图形的认识和测量""图形的位置与运动"两个主题。对于"图形的认识和测量"，教材是从孩子们熟悉的生活用品开始编排的，先按"体—面—线"的顺序初步认识各类图形，再按"线—面—体"的顺序深入认识图形特征及其相关测量与计算。作为数学教师，我们要有大单元、大概念意识，从课时新授到单元整理到模块架构，从概念理解到计算掌握到问题解决，引导学生进行结构化学习，实现数学基础知识与基本技能、基本活动经验与基本数学思想的有机融合。下面，我们以"面积的认识与计算"为例，谈谈如何以"思维可视化"促进"学习结构化"。

一、厘清概念，公式建模

三年级下册五单元《面积》，在学生对长（正）方形特征、周长意义以及长（正）方形周长计算正确理解并灵活运用的基础之上，要求学生进一步认识"面积""面积单位"以及长（正）方形的面积计算，实现从一维"直尺测量、推算周长"跃升到二维"方片铺量、推算面积"。因为"直尺测量"在学生生活中常见常用，对"推算周长公式"就不陌生；而"方片铺量"在学生生活中少见少用，"推算面积公式"就一定要加强"方片铺量"操作，让学生在充分体验的基础上感悟：长方形的面积＝铺陈方片的总个数＝长边铺的块数 × 宽边铺的块数。

（一）辨析概念，明晰标准

第一课时《什么是面积》，在学生深刻感知"面积"与"周长"的内涵差异后，我们首先在黑板上贴示了这样的长方形，抽学生上台去摸出它的周长与面积，加深学生对"周长是封闭图形边线的总长"（用红线标识）和"面积是封闭图形平面的大小"（用蓝面标识）的认识。继续引导学生比较图形的面积，让学生感受当两个平面图形的面积相差较大时，可以用观察法直接判断面积的大小；当两个平面图形的面积比较接近时，可以用重叠法比较面积的大小；重叠后，两个图形完全重合面积就相等；不能完全重合，就需进一步再比较。以此引导学生：① 把相同部分剪下来，继续比较剩下的不同部分，直到比出面积大小为止。②用小正方形纸去摆一摆、数一数。③在两张长方形纸上画出相同大小的方格，然后数一数。再在黑板上贴示另一张长方形图片（与前长方形图片非完全重叠在一起），让学生进一步感受：方格纸是比较或度量图形面积的重要工具。

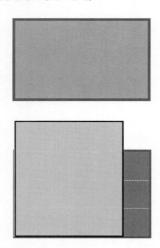

第二课时《面积单位》。在第一课时"画方格"比较图形面积的经验之上，以认知冲

突"相同数学书的封面铺量结果不一样"创设问题情境，让学生在冲突中意识到"每个格子的大小不一样"，需要"统一格子大小"确定标准，也就是建立"单位"，对面积单位"平方厘米、平方分米、平方米"的认识自然引入。我们也及时在黑板上贴示边长为1米、1分米、1厘米的三个正方形（因版面原因，此时仅示缩小图），让学生自觉把指甲盖面、橡皮擦上面、粉笔盒正面、数学书封面、黑板面、教室门面与这三个正方形作比较，进而得出：指甲盖面约1平方厘米、橡皮擦上面约8平方厘米、粉笔盒正面约1平方分米、数学书封面约4平方分米、黑板面4平方米多、教室门面2平方米多，从而建立面积单位与实物面之间的对应关系，以利于学生在生活中联系实际灵活选用面积单位。

（二）由形到式，公式建模

第三课时《长方形的面积》。在第一课时"画方格、铺方片"的经验和第二课时对面积单位的认识基础上，引导学生用"1平方厘米"的方片来铺陈；在直接投屏显示铺陈结果的比较中，让学生发现：无论是满铺还是沿着长宽边线铺，长方形的面积都等于能铺陈方片的总个数，都等于长边能铺的个数乘以宽边能铺的个数。

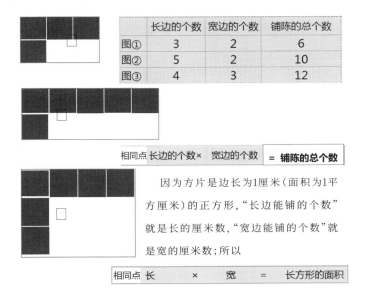

	长边的个数	宽边的个数	铺陈的总个数
图①	3	2	6
图②	5	2	10
图③	4	3	12

| 相同点 | 长边的个数× | 宽边的个数 | = 铺陈的总个数 |

因为方片是边长为1厘米（面积为1平方厘米）的正方形，"长边能铺的个数"就是长的厘米数，"宽边能铺的个数"就是宽的厘米数；所以

| 相同点 | 长 | × | 宽 | = 长方形的面积 |

黑板贴示与投屏演示相呼应，让学生对实践操作有深刻的记忆，长方形的面积计算公式推导水到渠成，正方形（特殊的长方形）的面积计算公式也相应得到了，后续"面积单位换算"和其他图形面积的计算方法就有了生发的基础。

二、方法建模，举一反三

以长方形面积计算公式为基础，后续有五年级上册四单元《多边形的面积》、五年级上册六单元《组合图形的面积》，六年级上册一单元《圆》与"面积"相关的教学内容。

（一）比较面积，多法渗透

五年级上册四单元第一课时《比较图形的面积》，让学生经历借助方格图探究比较方法的过程，数方格法、平移重叠法、翻转（对称）重叠法、旋转重叠法、等量代换法、割补法（出入相补）、拼接组合法，每一种方法不仅让学生能动手操作演示，还要能边做边说，给同桌或全班同学说清比较中的思维过程与方法，教师适时辅助学生演示解说，并引导学生进一步为比较方法命名并板书。

（二）化新为旧，方法建模

五年级上册四单元第三课时《探索活动：平行四边形的面积》以"猜想—验证—结论"串联全课。从"长方形的面积 ＝ 长 × 宽"引发思考：平行四边形的面积可否等于两个量相乘？猜想：是底乘高还是邻边相乘？为什么？放手学生借助方格图展开验证——

1. 方格图中，邻边长 6 和 5 的平行四边形面积明显小于长 6 宽 5 的长方形面积，所以"平行四边形的面积 ＝ 邻边相乘"是错的。

2. 数方格：平行四边形的面积是 18，因为 18 ＝ 6×3，所以猜想：平行四边形面积 ＝ 底 × 高。

3. 受第一课时"割补法"经验启示，可以把平行四边形割补成长方形，因为"出入相补"，所以新长方形面积 ＝ 原平行四边形面积。因为：新长方形面积 ＝ 长 × 宽 ＝ 原平行四边形的底 × 原平行四边形的高，所以，原平行四边形面积 ＝ 原平行四边形的底 × 原平行四边形的高，也就是：平行四边形面积 = 底 × 高。在整个验证过程中，割补转化是关键，边线对应是重点，等量代换得公式。

在以上验证中，孩子们把平行四边形割补成长方形进行面积计算研究，是他们第一次根据"出入相补"，把新图形转化成已学图形。如此化新为旧，是继续探究面积计算的重要方法，需要厘清思路、把握关键，根据转化前后的对应相等关系进行公式推导。此时，课堂板书为——

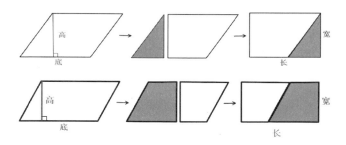

（三）化新为旧，方法推广

五年级上册四单元第四课时《探索活动：三角形的面积》和第五课时《探索活动：梯形的面积》可合并进行，以此前把平行四边形转化成长方形研究为基础，课始鼓励学生大胆猜想：能否把三角形、梯形转化成已学过的长方形或平行四边形来研究？它们的面积计算公式是否和长方形、平行四边形一样，也是两个量相乘的积？然后放手让学生实践操作、全班汇报，课堂板书如下：

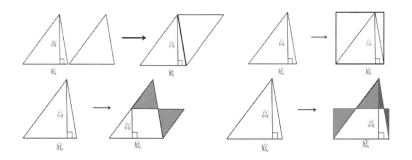

让学生在逐一计算每个新图形面积的过程中得到：无论是完全相同的两个三角形拼成一个新平行四边形，还是一个三角形割补成平行四边形（或长方形），一个三角形的面积 = 底 × 高 ÷ 2 = 底 ×（高 ÷ 2），也就是：三角形的面积 = 底 × 高 ÷ 2。

（四）化繁为简，转化多样

五年级上册六单元第一课时《组合图形的面积》，以生活中常见的"铺地砖"为问题情境，让学生在"估一估"和智慧老人的"提示"中唤醒对"转化"策略的回忆，放手让学生自主探究、合作交流、全班汇报，相应板书如下：

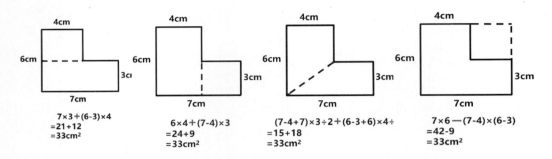

$7×3+(6-3)×4$
$=21+12$
$=33cm^2$

$6×4+(7-4)×3$
$=24+9$
$=33cm^2$

$(7-4+7)×3÷2+(6-3+6)×4÷$
$=15+18$
$=33cm^2$

$7×6-(7-4)×(6-3)$
$=42-9$
$=33cm^2$

教师小结由多个基本图形组成的图形叫组合图形。计算组合图形的面积，可以用"割"的方法，把组合图形分割成几个能计算面积的基本图形，然后把基本图形的面积相加；也可以用"补"的方法，把组合图形补成一个更大的基本图形，最大基本图形的面积－增加部分的面积＝组合图形原来的面积。无论是"割"还是"补"，都要能根据已知条件求出最后得到的基本图形的面积，也就是要"化繁为简"。

三、"转化"入心，触类旁通

六年级上册一单元第八课时《圆的面积（一）》，课始让学生置身于认知冲突中，促使其积极调用已有经验思考: 能否将圆转化成以前过的图形呢？然后放手学生"做一做"，让学生在比较中发现：平均分的份数越多，拼成的图形越像四边形；接着，教师借助现代信息技术，让学生继续细分圆，进一步感受：平均分的份数越多，拼成的近似四边形就越接近平行四边形。然后，引导学生发现：平行四边形的底相当于圆周长的一半（πr），高相当于圆的半径（r）；因为圆的面积＝平行四边形的面积＝底×高＝$\pi r×r$，所以：圆的面积＝πr^2。

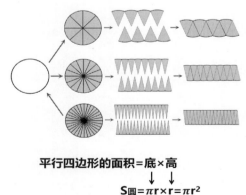

平行四边形的面积＝底×高

$$S_圆=\pi r×r=\pi r^2$$

四、梳理归纳，建立结构

从三年级下册到六年级上期，历时接近三年，孩子们对平面图形面积的认识和计算推导基本完成。这些知识应该如何储存到孩子们的大脑中呢？这需要我们教师引导学生梳理，具体如下图所示。

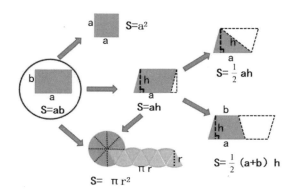

让学生在回忆整理中将书本读薄，不仅能说"学了什么"，而且能回答"为什么"，还能说清"怎么来的"，从而实现：知识的本位与派生在学生头脑中留下"一生万物"的深刻印象，不仅习得基本知识、基本技能，还积累基本活动经验、悟出基本数学思想，促使学生数学素养的有效提升。

学习，是为了获得智慧。如何高效学习，本身也是一种智慧。让学生高效学习，获得更多的智慧，引导学生从真实、生动、具体的情境中和纷繁复杂的信息中积极思维、有效思维，用直观的图表呈现新授课中的策略方法对知识发展的促进、呈现复习课中的知识脉络和知识体系，从而在"可视化"中领悟结构、创造结构，并带动学生学业发展和素养生成，这就是"结构化学习"的意义所在。

参考文献

[1] 中华人民共和国教育部 . 义务教育数学课程标准（2022 年版）[M]. 北京 : 北京师范大学出版社 ,2022:1.

[2] 孙谦 . 小学数学结构化学习整体意义关联的教学理解与设计 [J]. 江苏教育研究 ,2020(9).

[3] 吴玉国 . 数学结构化教学中"五学"的内涵与践行策略 [J].《江苏教育》小学教学 ,2021(5).

"画"数学，让孩子的思维可视化
——探究数形结合在小学数学教学中的应用

成都市新都区汉城小学校　杨　莎

摘　要： "数形结合"是非常重要的数学基本思想，也是行之有效的解题方法，不仅能激发学习兴趣、降低学习难度，还能培养学生解决问题的能力。本文从应用意义、应用原则、应用策略三方面对数形结合思想进行阐述，旨在提升教师教学研究水平，提升学生理解运用能力，有效促进学生思维发展。

关键词： 小学数学　数形结合　思维可视化

数学是一门对数理知识和逻辑性要求极高的基础学科。数学学习是对数与形互相结合的学习。所谓数形结合，是基于对几何图形和数量关系的理解和感悟，运用图形将抽象的数字或数理知识直观地展现出来，也就是用画图来实现对图形的解读，从而进一步探究数与数、数与形之间的内部关系。画图能够帮助学生形成数理知识结构，促进学生对数学知识点的理解，提高学生的解题能力，最终融会贯通。

在新课程标准中，培养学生"解决问题"的能力是对教师的一项基本要求，而"数形结合"作为一种最基本的解决问题的策略，可以帮助学生理解数学概念、厘清数量关系、解决数学问题、验证计算结果等，教师可以借助图形、符号化抽象为形象、化复杂为简单，从而更好地帮助学生解决问题。

所以，画图这一数学语言在学生的数学学习过程中发挥着重要作用，教师应归纳总结出画图教学的有效策略，加深学生对数学本质的理解，提高学生的思维能力。

一、数形结合思想在小学数学教学中应用的意义

（一）激发学生的学习兴趣

数形结合思想应用于小学阶段，可以使很多抽象的数学问题直观化、生动化，能够将抽象思维以形象思维的方式呈现，化难为易。这样既可以激发学生的学习兴趣，也有助于学生把握数学问题的本质。

（二）降低学习难度，帮助理解知识

在小学学习阶段，教师教学生在解题中使用数形结合的方法，复杂的、隐形的数量关

系就会变得明朗化，解法会变得简捷，也能避免复杂的计算，降低学习难度。另外，数学概念大都抽象，数形结合有利于学生深刻地理解数学概念。

二、数形结合思想在小学数学教学中的应用原则

（一）适度性原则

数形结合思想的应用要遵循适度性原则，并不是所有教学内容都适用。教师要对教学内容加以区分和归类，哪些是可以利用数形结合思想的，哪些是可以直接讲解的，这些都需要教师在备课阶段认真分析，并选择合理的教学方式开展教学。

（二）简化性原则

从简化性原则角度分析，数形结合思想的应用目的在于将复杂的数字转化为简单的图形，或者借助数的逻辑性和严密性帮助学生量化图形，探索图形规律、描述物体的运动，简化问题。

（三）常态化原则

渗透数形结合思想有个最重要的原则即常态化原则。做好数形结合常态化教学工作，需要让学生养成良好的解题习惯——会进行画图、列表等动手操作活动，理解题意后立即思考是否可以用画图表示。如果可以，该怎么画？这种意识的培养需要教师给学生行之有效的教学示范，能给予学生一套完整的解题步骤，包括理解情境、数量感知、寻找关系以及数量运算。其中，寻找关系对学生来说有一定的难度。这个时候，教师可以引导学生通过画图表示题意，在画图的过程中将抽象的知识以及数量关系形象化、明朗化，从而找到关系，得到解题思路，最后进行简单的数量运算。

三、数形结合思想在小学数学教学中的应用策略

（一）以形助教，直观表达

小学阶段的数学学习要经历从形象思维向抽象逻辑思维过渡，学习数学时仍依赖具体表象，仍需要借助直观形象认识、理解与应用数学知识。

1. 在直观中把握概念，理解关系

数学概念是数学知识的种子，开始学习数学时，学生对概念的理解往往浮于表面，数形结合有利于学生直观感受，在理解概念的同时能够抽象出概念的内涵与外延，从而正确把握科学的数学概念。同时，借助数形结合将抽象的数量关系直观化，从而更清晰地理解数量关系。

例1：北师大版数学四年级上册"近似数"通过借助画数线图在数轴上进行直观分析，既帮助学生理解近似数的概念，又使学生在头脑中建构近似数的数学模型，使学生对后续学

习精确小数的位数有初步感知（见图1）。

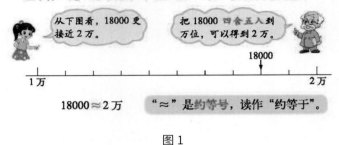

图1

2. 在学习中感悟方法，突破难点

伴随年龄的增长，小学生的思维由形象化逐步走向抽象化，而数形结合正是两者之间相互转化最常用的基本思想。教师利用数形结合思想对抽象知识进行简化，能够让学生更加透彻地理解题意，从而找到解题思路与方法，实现重难点的突破。

例2：北师大版数学五年级上册《分数的再认识》，同分子分数的大小比较不好解释，学生不易理解，是本节课的一大难点。可以利用形象直观的图形来表示大小，从而得到比较方法，使得抽象的方法具体化、简单化，实现重难点的突破，促进学生思维能力的提高（见图2）。

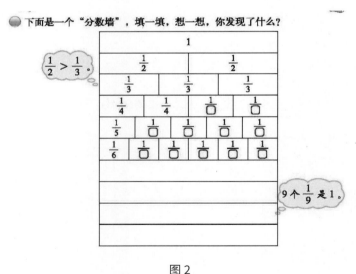

图2

3. 在过程中探索算理，解决计算

计算教学都具有很强的逻辑性和思维性，利用数形结合思想，可以将计算题目形象化、直观化，使学生在见数思形的过程中理解算理，从而快速掌握计算方法。

例3：北师大版数学二年级上册《长颈鹿与小鸟》中的整数除法中，通过画点子图、数线图和列表格等活动，使学生在数与形的联系中充分感受解决问题策略的多样性（见图3）。

图3

（二）数形结合，提升思维

使用数形结合的思想方法解决问题，使"数"和"形"有机结合起来，可以在小学数学教学中解决一些看似复杂的问题，有效提高学生的理解能力，使其掌握数学知识，培养思维能力。

1. 数形结合，在融合中构建新知

学生借助数形结合思想在画图、列表等操作活动中找到数学知识与图形之间的联系，以更加形象生动的方式呈现数学知识，有利于学生更好地理解数学知识，从而构建新知识。

2. 形结合，在理解中提升思维

数形结合有助于小学生数学思维的发展。科学研究表明，人的左半脑擅长抽象思维和逻辑思维，主要针对"数"的活动；右半脑擅长直观的形象思维，主要关注"形"的活动。从"数"和"形"以及两者间的转化角度来思考问题，有利于促进学生形象思维、创造性思维和直觉思维的发展。

3. 数形结合，在思考中提高素养

恰当地运用数形结合思想，让学生见数思形，从数的角度描述形；见形思数，从形的

角度抽象出数，做到外化于形、内化于心。这有利于学生逻辑思维能力的提升以及空间观念的形成，有助于小学生全方位感知数学世界，从而提高学生的核心素养（见图 4）。

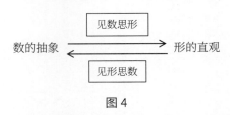

图 4

总而言之，在小学数学教学中应用画图等数形结合的方式，可以将抽象的问题形象直观地展现出来，加深学生对数学本质的理解，发展学生的直观思维，引导学生创新性地解决问题，培养学生的应用意识与创新意识。教师在教学过程中应结合学生的实际情况积极开展数形结合思想的渗透，对教法不断优化，不断提升学生的核心素养。

参考文献

[1]　中华人民共和国教育部 . 义务教育数学课程标准 (2022 年版)[M]. 北京 : 北京师范大学出版社 ,2022:1.

[2]　刘濯源 . 当学习力遇到思维可视化——基于思维可视化的中小学生学习力发展策略 [J]. 基础教育参考 ,2014(21):7–10.

[3]　张启凤 .”数形结合”思想在小学数学教学的应用研究 [D]. 四川师范大学 , 2016.

小学高段数学思维可视化的实践探索

新都区新新路小学校　高　雷

摘　要： "思维可视化"教学策略广泛运用于教学实践中，直观展示算理的一致性探究计算方法，运用转化法推演公式的得来，画图展示知识或方法间的联系，新授课、练习课和复习课中随处可用"思维可视化"策略。

关键词： 思维可视化　新课生长点或探究点　单元整理复习或总复习

"思维可视化"是一种借助图示工具为学生清晰呈现思考方法和路径的教学方式，能够帮助学生更加直观地理解和掌握数学知识，按图索骥探寻解题思路或方法策略，从而有效高学习效率。步入小学高段，学生不仅要学习大量的数学知识，还要解决各种复杂问题。因此，数学教师在高段课堂中推广"思维可视化"极具必要性，能增强学生学习数学的信心，使其体验到学习数学的乐趣。

为了有效探索"思维可视化"教学的策略与方法，教师应尝试建立一套与之相匹配的教学体系。下面，我以北京师范大学出版集团出版的义务教育教科书《数学》五、六年级教学内容为素材，探索思维可视化在小学数学课堂教学中的有效尝试。

一、在寻找新课生长点时，有效借助思维可视化。

以五年级上册《异分母分数加减法》为例，学习之前，我带领班级 4 名学困生回忆小学阶段已经学过的整数加减法、小数加减法、同分母分数加减法，让他们想办法说明题组中 3 个加减法的意义、运用场景和计算方法，允许同伴之间相互提醒。

$40+5=$	$15+6=$	$56-30=$	$42-15=$
$1.2+3=$	$1.6+0.4=$	$2.28-0.5=$	$10.29-6.8=$
$\dfrac{3}{7}+\dfrac{2}{7}=$	$\dfrac{5}{9}+\dfrac{4}{9}=$	$\dfrac{4}{5}-\dfrac{1}{5}=$	$1-\dfrac{3}{4}=$

四个孩子跃跃欲试、交头接耳——

1. 都用画小棒图的方法呈现自己的第一道整数加减法，答案全对。我随机指图抽问：4 捆与 5 根合起来应该是 4+5 = 9 吧，咋会是 45 呢？ 42 – 15 中，4 个 10 减 1 个 10 应该是 3 个 10，咋十位是写 2 呢？突出：计数单位相同的数才能直接相加减，4 个 10 加 5 个 1 不能等于 9 个，而是合成 45，所以答案是 45。个位上 2 个 1 减 5 个 1 不够减，要从十位上借 1 个 10 变成 10 个 1，合成 12 个 1 后再减 5 个 1 等于 7 个 1；十位上就只剩了 3 个 10，再减去 1 个 10，就只剩 2 个 10 了，所以答案是 27。我们可以列竖式记录前面的画图过程，相同数位的数对齐相加减，满 10 进 1；不够减，借 1 作 10 再相减。

2. 第二道小数加减法。第二个孩子写：1 元 6 角 +4 角 = 2 元；其余 3 个孩子都列竖式，但是竖式有对有错。及时组织现场讨论：哪些对？哪些错？为什么？让他们明确：小数加减法也是计数单位相同的数才能直接相加减，但是因为小数部分的位数有可能不一样，所以列竖式时，需要小数点对齐。所以：1.2+3 中，整数 3 在个位要和个位的 1 相加，而不是和十分位的 2 相加。

3. 第三道分数加减法，生 1 和生 3 画图，正确；生 2 只有计算过程，也对；生 4 未做。我率先抽生 2 说出自己的计算方法或思考过程：根据分数的意义，5 个 $\frac{1}{9}$ 加 4 个 $\frac{1}{9}$ 等于 9 个 $\frac{1}{9}$，刚好就是 1。我让生 4 重复了生 2 的话，再问他能不能计算 $1-\frac{3}{4}$。生 4 迟疑时，旁边的生 1 开口了：你看嘛（指图），我这里的 1 是 $\frac{7}{7}$，3 号这里的 1 是 $\frac{5}{5}$，把 1 平均分后，它就是分子和分母相同的分数。生 3 接着说：你的 1 就可以想成是 $\frac{4}{4}$，4 个 $\frac{1}{4}$ 减 3 个 $\frac{1}{4}$ 就等于 1 个 $\frac{1}{4}$，也就是 $\frac{1}{4}$。

从第一轮的几个十、几个一到几元、几角，再到几个、几个，孩子们基本把握了加减法的要领：把相同计数单位的个数相加减，所以，整数需要个位对齐、小数需要小数点对齐、分数需要分母相同（分母不变，分子相加减）。

随即，我出示图，问：会算吗？四人一起摇头。再问：为什么？回答：两个数都是分数，分母不一样。再问：能不能变得一样？面面相觑，无人回答。现在，老师就教你们秘诀……于是，"要什么（分母相同）""为什么（分数单位才相同）""怎么办（找分母的最小公倍数）"在上新课前弄得清清楚楚、明明白白。

启迪：直观形象的图示，为学生深刻理解知识提供了依托和凭借。

二、在新课探究过程中，充分运用思维可视化

以六年级《圆柱的体积》为例，我先调用学生已有学习经验——探究平面图形的面积公式，我们用得最多的方法是什么？答：把新知识转化成旧知识。问：我们现在要探究圆柱的体积公式，有啥旧知识能转化吗？答：长方体或正方体的体积公式。于是，出示学习目标：请仔细观看视频，我们采用了什么方法对圆柱体进行转化？（切拼）转化成了什么图形？（长方体）在转化的过程中，长方体和圆柱体作比较：哪些发生了变化？哪些保持不变？圆柱体的体积等于什么？为什么？

观看视频（把圆柱体实物切拼成近似长方体的过程）。

小组讨论（视频循环播放），填写学力单。

全班分享：

1. 把圆柱体切拼成（近似长方体）。

2. 在切拼转化的过程中，（形状）发生变化，（体积、底面积、高）保持不变。

追问：形状发生变化，最明显的是什么？（表面积增加了左右两个侧面，形状是长方形，长是圆柱原来的底面圆半径，宽是圆柱的高）

为什么说"体积不变"？（因为切拼过程中，实物的数量或重量都没有增加或减少）

为什么说"底面积不变"？（因为底面由圆变成了长方形，长是底面圆周的一半、宽是半径，底面长方形面积 = 长 × 宽 = 面圆周的一半 × 半径 = 2ΠR/2×R = ΠR×R = ΠR2 = 圆的面积）

为什么说"高不变"？（因为切拼的是上下两个面，对高没有影响）

在追问过程中，教师针对学生的研讨或回答，配合演示视频中的动画特写镜头，突出"变"与"不变"。

3. 因为长方体的体积 =（长 × 宽 × 高），所以圆柱体的体积 =（底面积 × 高）。见图1。

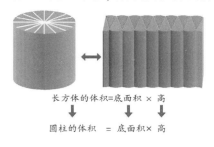

图1

追问：为什么是"近似长方体"呢？继续播放视频：圆柱被平均分成的份数越多，拼成的图形越接近长方体。让学生深刻感受化曲为直的极限思想。

启迪：听到不如看到，看到还需做到。在教学中，能让学生自己动手操作的，应动尽动；不能提供实物实际演练的，模型、模拟都行；确实没法动手实操感受的，就利用现代信息技术制作视频现场播放（循环放、重点放、极限放）……如此，不仅可以帮助学生降低数学抽象性、概念性知识的学习难度，轻松理解掌握课堂教学的重点和难点，还可以给学生提供举一反三、触类旁通的思维空间，为未来学习奠定坚实的基础。

三、在单元整理与复习中，引领示范思维可视化

以六年级上册《圆柱与圆锥》为例，本单元涉及的基本概念较多，概念与概念之间容易混淆；公式探究还有三大块，稍不注意，圆柱的体积与表面积、圆锥的体积与圆柱的体积公式又容易混淆，极易出错。因此，在进行单元整理与复习时，先引导学生说出各知识

点，教师根据之前有意识的布局谋划进行列举。然后，抽生说出知识重点的独特思考以及知识与知识之间的相互关联。教师穿针引线，帮助学生建构本单元知识体系和方法系统，让学生后续学习有路可循、有法可用。也可以引导学生将日常每课时学习后做的单一知识点思维简图进行串接完善，积少成多、聚沙成塔，形成单元知识结构图（见图2）。

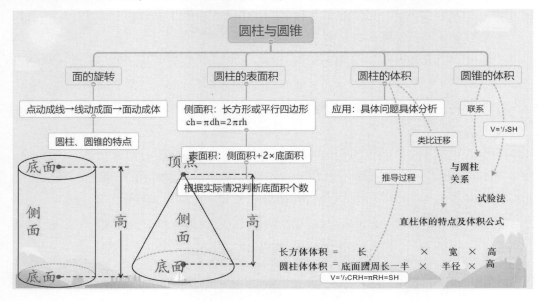

图2

此类知识结构图，以图文相结合的方式对相关知识领域进行系统化建构，不仅包括单元知识的整体框架，还囊括学生以往所学的部分内容。这既起到奠基作用，帮助学生梳理"四基""四能"，还起到纽带作用，帮助学生厘清前后联系、促进知识融合。这种图像式的记忆方法，能够为不同层次的学生所接受，有效引导学生高效学习。

四、在总复习时，鼓励尝试思维可视化

例如，教学六年级下册《平面图形的认识》复习课时，我带领学生首先从整体上把握"平面图形"这一部分应该掌握的内容是：平面图形的分类，各类平面图形的基本特征以及与其他平面图形的相互联系。孩子们一反常态，此前惯用的树形图特增关系图，直观形象的图示让学生清晰感知：三角形的两种分类方法中，子集之间的关系完全不同，千万不能简单地说——三角形根据三边的关系分成等腰三角形、等边三角形和不等腰三角形三类，因为等边三角形和等腰三角形不是简单的并列关系，而是包含关系。大大小小的集合圈，清楚地画出了图形与图形之间的联系与区别（并列、包含、交叉等）。我们可以这样说，三角形根据三边的关系（有无相等的边）分成了等腰三角形（有相等的两条边）和不等腰三角形（没有相等的两条边）两类，其中等腰三角形又包括更特殊的等边三角形（三条边相等一定包含两条边相等），见图3。

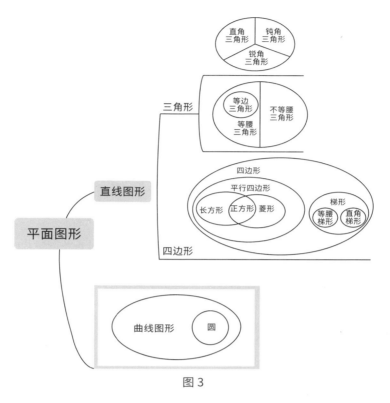

图 3

如此直观形象的关系图，再过五年、十年，甚至二十年、三十年，学生都会记忆犹新，绝不可能出现张冠李戴、阴差阳错的现象。因为，学生亲自参与了此结构图和关系图绘制。为什么要这样画集合圈？怎样画图区分"交叉与包含、并列"是三种不同的关系？这是孩子们以适合自己的逻辑方式对所学知识进行归纳和总结，并简明扼要、形象直观地给予表达，既极大地提高了学生的复习兴趣，又极大地增强了他们的数学思考能力。教师应引导学生关注事物的本质和事物间规律性的联系，推动学生在分析的过程中养成数学逻辑思维意识，帮助学生建立一定的信息框架，从而使数学知识条理化和结构化，进一步提高数学学习效率和学习兴趣。

在小学高段的数学教学实践中，教师应不断提升自身的科学素养和专业技能，积极拓展和完善"思维可视化"的教学视野和实操技能。从扶到放，不断培养学生运用"思维可视化"自主学习、深度学习的能力，多形式、真实效激发学生的学习兴趣，降低学生的学习难度、减轻学生的课业负担，帮助学生重塑学好数学的自信，提升数学课堂的教学质量和教学效率，真正实现学生核心素养的有效提高。

参考文献

[1]　刘濯源. 当学习力遇到思维可视化——基于思维可视化的中小学生学习力发展策略 [J]. 基础教育参考,2014(21):7–10

[2]　叶宝香. 论数学知识的关联点、生长点与延伸点 [J]. 基础教育，2018（7）.

利用"思维可视化"
发展与提升学生的数学抽象能力

新都区繁江小学　李　路

摘　要： 本文在明确义务教育数学课程标准中学生核心素养内涵的基础上，着力探讨利用"思维可视化"发展提升学生的数学抽象能力（数感、量感、符号化意识）。运用典型课例有效展示日常教学中利用"思维可视化"策略提升学生抽象能力的优势和可操作性。

关键词： 思维可视化　数学抽象能力　小学数学　教学策略

数学是研究数量关系和空间形式的一门科学，源于对现实世界的抽象，基于抽象结构，通过符号运算、形式推理、模型构建等形成数学的结论和方法，帮助人们认识、理解和表达现实世界的本质、关系和规律。2022版义务教育数学课程标准明确将小学数学课程要培养的学生核心素养概括为三句话——会用数学的眼光观察现实世界，会用数学的思维思考现实世界，会用数学的语言表达现实世界。其中"数学眼光"的主要表现之一就是抽象能力（还有几何直观、空间观念、创新意识），而抽象能力包含数感、量感、符号化意识三方面。

因为数学高度抽象，在日常教学中，部分学生谈及数学就面露难色，对数学望而生畏。数学教师应该如何发展与提升学生的数学抽象能力呢？这需要我们找到一些学生容易掌握的且行之有效的方法与策略。

我所在的新都区刘品兰名师工作室认真开展"以'思维可视化'促学生数学素养提升的应用研究"并积极申报立项，于2020年10月被批准立项。我作为成员之一积极投入研究，现将我在参与研究过程积累的经验和感受分享给大家。

一、什么是"思维可视化"

刚开始，我和多数同行一样，把思维地图、思维导图、概念图等这些可视化工具与"思维可视化"混为一谈。通过工作室组织的一次次学习研讨，我知道"思维可视化"就是将本来不可视的思维方法、思维路径和思维规律，运用图示、声音、画面、语言、肢体动作等呈现出来，变不可视为清晰可见，其本质就是隐性思维显性化。通俗地讲，就是把大脑中的思维"画"出来的过程。思维可视化是一种教学的策略，并非某一种图形。从广义上来讲，图示、表格、思维导图、思维地图、情景模拟表演、实验、语言描述等，凡是能将隐性思维外显出来的方式，都能作为思维可视化的工具与手段。

二、利用"思维可视化"策略提升学生抽象能力的优势和可操作性

"思维可视化"策略就是从形象思维到抽象思维的一个杠杆，可以有效地使儿童的形象思维过渡到抽象思维。

首先，儿童是在逐渐成长的过程中才慢慢丰富自己语言的，才学会准确表达的。如果从低学段开始培养他们利用画图、表演、动作、语言等"思维可视化"工具和方式来把自己的思考过程呈现给大家，对于儿童的思维发展更为有利。

其次，儿童喜欢涂涂画画，也愿意把自己的想法画出来，也许画得并不标准，但是画中代表他的思考过程与方法，他可以语言给大家解释，把他的思维让大家能感知、可理解。即使画得不好或表现不充分，也是一个在学习中逐步修正的过程，或者说规范化的过程。儿童是愿意画的，愿意把自己的想法通过画画的方式表达出来。另外，我们的教材中有很多适合用"思维可视化"策略开展教学的内容，可以帮助学生发展和提高数学抽象能力。

三、如何利用"思维可视化"策略来提升和发展学生的数学抽象能力

在过去两年的日常教学中，我有意识地选取了一些典型课例，利用"思维可视化"策略组织教学，有效发展和提升了学生的抽象能力。

例1：北师大版一年级上册中《数的意义》，认识基数和序数。我让孩子们用自己的方式来表达出自己的理解。

生1：○ ○ ○ ○ ●

生2：数手指头

生3：请同学站起来

图1

生1表示"5"就画出5个圆圈，"第5个"就是涂色的最后那个圆圈，他用画图的方式让大家清楚自然数的两种意义（基数和序数），而且能区别。

生2边指着手指头边数：1、2、3、4、5，然后摇摇小手告诉大家这里有5根手指头；他

又数了一次，第 1、第 2、第 3，第 4、第 5，他捏住最后的小手指头告诉大家这是第 5 根手指头。

生 3：边数边请 5 个同学站起来，又把第五个同学指出来。

在孩子们的充分展示下，我追问：5 个和第 5 个意思一样吗？学生们在刚才同学的解释中充分体会到了 5 个和第 5 个的意思不同。我再来小结：5 个表示物体的个数，表示数量；第 5 个表示事物排列的顺序。老师的教转变成学生之间的互学后，他们能把内隐的思考与想法通过用图示、演示、语言和动作等方式呈现，体会数的两种意义，发展了数感，逐步形成抽象能力。

例 2：北师大版一年级下册 70 页有这样一道"排队问题"——我前面有 6 人，后面有 18 人，这一排共有□人，直接要求六七岁的孩子正确解答有些困难，所以我试着让孩子们动手画一画。

生1：○○○○○○ △ ○○○○○○○○○○○○○○○○○○

生2：｜｜｜｜｜｜ □ ｜｜｜｜｜｜｜｜｜｜｜｜｜｜｜｜｜｜

生3：　6 △ 18
　　　6 +1+18=25(人)

图 2

学生的呈现方式，确实让我惊喜。首先，从他们的图示能够清楚地看出他们正确理解了题目意思，而没有掉进"坑"。其次，他们也会用一些简单的方式来表达，认为人数较多画起来麻烦，第 2 种方式比第一种更简洁。第三种就更简洁，而且配合算式这样的方式，能让大家看懂他的意思，大家都很喜欢第三种。学生在解决问题的过程中，不仅能用符号来代替，还能进一步优化，找到既能简单明了地分析问题的方式，又能找到正确的答案，感受符号化的优越性。

为了让孩子们进一步感受画图的魅力，我将原题做了以下修改：从前面数，我站在第 6 个；从后面数，我站在第 18 个。这一排共有□人。

孩子们再次动笔画起来，巡视中，我有意识地关注学困生，指导他们思考：这两道题一样吗？如何画出"从前面数，我站在第 6 个，从后面数，我站在第 18 个"？让学生深切感知：原题中的"6"和"18"里都没有我自己，所以需要 6 + 18 + 1 = 25 人；新题中的"6"和"18"里都有我自己，我被算了两次，所以需要 6 + 18 – 1 = 23 人。

例 3：北师大版一年级下册中有这样一道习题：用 2、5、8 三张卡片中的两张组成两位数，最大的数是多少？最小的数是多少？我利用思维导图带着同学们思考从哪里入手，问题分析的步骤、思考路径都一一展现在图中，一张图就能看出解决问题的来龙去脉。

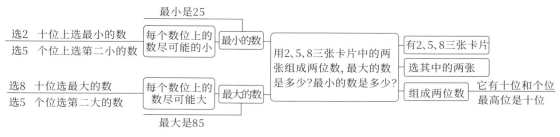

图 3

例 4：北师大版三年级上册《搭配的学问》，让学生在实物搭配或图例操作中体会搭配的过程要有序才能做到搭配方法不重不漏；再通过搭配方法的记录探究，感受到用图形或者符号来记录的简洁和高效。学生用三角形代表帽子，正方形代表裤子，同时有几件不同的帽子和几条不同的裤子，我们还可以用图形加数字来高度抽象区分帽子和裤子。在利用图形、符号、数字抽象的过程中，无形的搭配方法用有形的线段连接起来。在以上过程中，"思维可视化"策略运用充分，将隐形的思维展现出来，直观、形象地呈现出搭配中的每一种方法，不重复、不遗漏，学生在此过程中体会到符号的作用与价值，有了初步的符号化意识。

通过对这些典型课例的探索与实践，学生对"思维可视化"策略有了一些了解和认识，也逐渐掌握了一些"思维可视化"工具。如分析问题时，常常画出示意图或线段图来帮助自己理解题意、寻找解题思路。

总之，在平时的数学教学过程中，学生思维外显的方式很多，利用思维可视化的表征方式不仅有利于提高学生的抽象能力，还能培养学生的数学语言表达能力，使学生的数感和敏锐度提升，习惯使用符号语言有效提高学生的核心素养。

参考文献

[1] 中华人民共和国教育部．义务教育数学课程标准(2022 年版)[M]．北京：北京师范大学出版社，2022:1．

浅谈思维可视化在小学数学教学中的应用

成都市新都区桂林小学校　林清芸

摘　要: 为了培养学生的数学思维等核心素养,教师可借助思维可视化工具,将思维可视化方法策略与课堂教学有机融合,用思维可视化的方式,使零碎和抽象的数学知识可视化、逻辑化、层次化,提高学生的思维能力,促其全面发展。

关键词: 思维可视化　数学思维　核心素养

数学是小学阶段的基础学科之一,对学生后续学习和发展有重要意义。但因其有高度的抽象性,许多学生学习时望而生畏。在实际教学过程中,教育者需改变传统单一的教育模式,学习并重视思维可视化教学,通过一种更直观的方式将知识传授给学生,让学生能够深入并有效地体会知识与知识之间的联系,从而构建出属于他们自己的数学知识体系,让其感受数学的魅力和学习数学的乐趣。

一、思维可视化的定义

在教育领域,随着学校和社会对学生思维和核心素养的重视,越来越多的研究者开发了各种有关思维教学的方法和工具,试图通过显性的方式来训练思维。在我国,刘濯源教授最早提出了思维可视化的概念。他认为:"思维可视化"(Thinking visualization)是指运用一系列图示技术把本来不可视的思维可见化。在此基础上,有研究者认为,可以使用图示或图示组合的方式来完成思维可视化。[1] 还有研究者认为,思维可视化是指学生用符号或动作等方式,把抽象的知识直观地表现出来,让自己的思维显现。由此可见,思维可视化的概念还在不断更迭。综合各类研究者的观点,并联系数学学科特点和现代化教育理念,可以把思维可视化定义为:在学习或者处理数学问题时,利用文字、符号、图示或图示组合等方式把学生不可见的思维规律、结构或路径进行可见化,以便于学生进行思考、理解、交流和表达,提升学生的数学核心素养,培养学生的"三会"能力,促其全面发展。

二、思维可视化教学的意义

(一)激发学生的学习兴趣

在思维可视化的课堂教学中,教师利用有关图示或文字等方式,并结合小学数学知识内容,对思考方法进行展示,让学生能深入理解、掌握和吸收知识,提高学习能力。思维可视化教学模式是一种非常新颖的教学方式，具有较强的吸引力，因此能够很好地激发学生的学习兴趣。从小学生的生理与心理特点我们知道，小学生拥有极强的好奇心，对新鲜事物有强烈的求知欲望。所以，他们对思维可视化具有一定的好奇心。因此，教师在课堂教学的过程中，采用思维可视化的模式会在一定程度上调动学生的课堂参与度，提高学生的学习效率，同时激发出学生学习数学的兴趣。

（二）发展学生的数学思维

数学课标总目标提出，通过对数学的学习，学生能够体会数学知识之间、数学与其他学科之间、数学与生活之间的联系，能够借助数学思维的方式去思考问题，并提高发现问题、提出问题、分析问题和解决问题的能力。[3] 由此可见，发展学生的数学思维对学生有重要的意义和价值。所以，教师在课堂教学的过程中，需要重视和培养学生的思维能力和品质。教师可借助思维可视化的教学模式，帮助学生对数学知识点进行理解，让学生在此过程中完成知识体系的建构，学会数学思想方法，并举一反三，为其思维迁移到其他各学科学习和日常生活应用方面打下坚实的基础。

（三）提高学生的数学核心素养

在小学阶段，数学核心素养展现了数学学科对学生培养的相关要求。此学段的数学核心素养内容主要表现为数感、量感、符号意识、运算能力、几何直观、空间观念、推理意识、数据意识、模型意识、应用意识和创新意识。通过对应相关的标准要求我们可以发现，以上核心素养中包含小学数学教育实践方面的思维培养，而几何方面虽然没有明确思维培养方面的要求，但其中渗透了数学学习的可视化要求。[4] 核心素养是在数学学习的过程中不断发展形成的，具有整体性、一致性和发展性，学生是不断发展中的人，教师需结合核心素养的相关要求，借助思维可视化的方法来优化课堂教学，让学生理解知识之间的内在联系，实现思维层面上的阶梯性发展。

三、探析思维可视化促核心素养

（一）利用学具促教学

核心素养是具有数学基本特征的思维品质、关键能力以及情感、态度和价值观的综合体现。《新版课程标准（2022）年版》新增了"量感"这一内容，而几何的本质在于度量。为了加强小学生的几何直观，培养空间想象能力，我们可借助尺规作图进行教学。教师带领学生动手操作，鼓励学生在实践中探索新知。学生也可进行分组合作交流，让数学课堂充满活力。

比如，我们在学习《课桌有多长》这一课时，教师可结合教材中的实例引出知识，吸引学生注意力，然后抛出问题："我们的课桌有多长呢？"引发学生思考，从而引出直尺这一测量工具。"如何使用直尺来测量长度呢？"此时学生会产生好奇心，教师可在完成本课重点内容的讲解后，让学生自己动手操作。可让学生先自行完成再小组讨论，教师巡视课堂并及时指导，最终再请几名同学上台展示，让学生把他的思维过程再现出来，同时让其他学生进行评价，真正做到把课堂交给学生。教师完成课堂教学内容之后，应及时让学生巩固本节课的知识，可利用思维可视化方式，让学生在作业本上画一画、量一量，再次巩固对厘米的认识。

（二）利用思维导图促教学

在小学数学的教学过程中，教师可借助思维导图完成相应的教学工作。思维导图有很多优势，如可以让学生对知识有清晰的认识，帮助学生建立起知识与知识之间的联系，促进学生把握好整体的知识框架；也可以标记重难点以及知识前后的联系，学生通过思维导图有针对性地完成学习和查缺补漏工作；思维导图的逻辑性明显，学生可以及时删减或补充一些知识点，让数学知识体系更加完善。不论是在新课教学、复习课还是习题课上，应用思维导图进行教学都会使课堂更加游刃有余，使学生的学习更加轻松。新课的教学板书，教师可利用思维导图，把知识直观地、有层次地、有逻辑地传授给学生，让学生对本节课的知识一目了然。教师可在适当时机让学生用思维导图的方式完成知识梳理，让学生在整理过程中完善数学知识体系，从而逐渐培养学生的"三会"能力。以下是日常教学中利用思维导图进行教学的案例。

1. 教师"课堂板书"示范例（见图1）

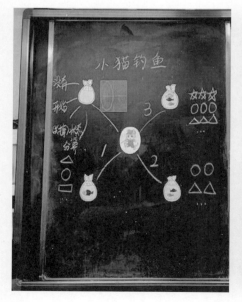 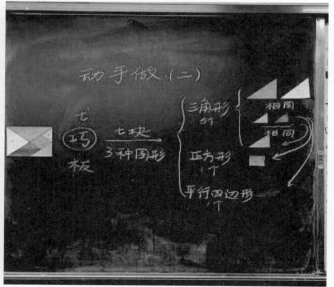

图1

2. 生生互助"单元整理与复习"（见图2）

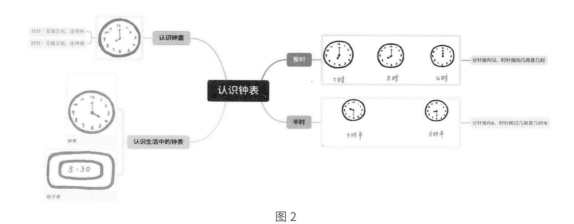

图 2

3.师生合作"知识版块梳理"（见图 3）

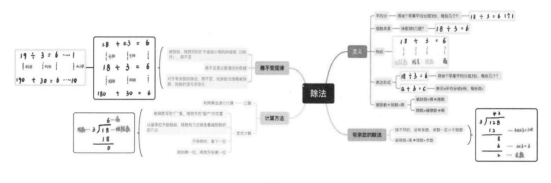

图 3

（三）利用生活案例促教学

在小学数学课堂中，教师可以创设一些生活案例来辅助教学，把数学和学生息息相关的生活情景联系起来，激发学生学习的兴趣和求知欲望，从而降低学生学习的畏难情绪，帮助学生更好地理解知识、掌握方法。教师可借助思维可视化理念，结合生活案例进行教学。例如，在教学《古人计数》这一课时，教师就可以创设"古时候牧羊人放养，但他想知道自己每天放了多少只羊"这样的问题情景，调动学生学习的积极性。再例如，在教学《生活与百分数》一课时，教师可以创设"菜市场的猪肉价格为每千克 30 元，到下午时折扣为九折，问下午时的猪肉价格为多少元？"[2]这样的生活案例，可以鼓励学生多留意生活，帮助学生更好地学习数学、运用数学。

"思维可视化"在小学数学教学中目前尚处于探索阶段，作为教育工作者，还需不断探索、有效实践、认真反思，将思维可视化理念有效落实到课堂中，着力发展学生的"四基"和"四能"，让学生会观察、会思考、会表达、会迁移。

参考文献

[1] 谢莹 . 思维可视化在高中数学教学中的应用研究 [D]. 华中师范大学，2017.

[2] 苏茸花 . 思维可视化在小学数学教学中的运用 [J]. 名师在线，2021(23):71–72.

[3] 纪梅花 . 让课堂彰显思考的力量——浅析思维可视化在小学数学教学中的运用 [J]. 阅读，2022(47):35–37.

[4] 袁瑞，吴丽红 . 我国高等数学教学改革研究现状的可视化分析 [J]. 河南教育学院学报 (自然科学版)，2019，28(4):58–63.

"思维可视化"策略促进深度学习

成都市新都区新新路小学校　刘品兰　陈小庆

摘　要： 如何在小学数学教学中，运用教学策略促使学生深度学习、提高学生解决问题的能力，从而实现学生思维发展、素养提升，这是一线教师亟需解决的问题。本文作者指导学生使用思维可视化工具将数学学习的思维过程或思维结果直观形象呈现出来，提出了让学生"说得出""看得见""做中悟"等教学策略，并结合具体案例进行说明。

关键词： 思维　可视化　深度学习

所谓"思维可视化"，是指以图示或图示组合的方式把原本不可见的思维结构及规律、思考路径及方法呈现出来，使其清晰可见的过程。[2] 利用思维可视化工具，可以将抽象的思维变成形象的图示，使处于以感性认识为主的小学生能更加直观和形象地理解知识点。

"深度学习"是美国学者 FerenceMarton 和 RogerSaljo 以学生为对象，经过实验研究后提出的"有意义的学习过程"。[1] 数学的深度学习，是指围绕某个学习主题，学生在教师的引导下全身心地参与体验，对经验、知识、技能、思想进行深度理解、加工和反思，形成知识之间的结构性认识，实现知识的迁移，从而获得数学能力的发展。

在现实生活中，很多学生小学阶段数学学得很轻松，升入初高中后却渐感吃力。追根溯源，除了学科增多、精力分散外，重要的原因就是小学阶段数学教学肤浅化、碎片化，学生学习表面化、机械化，缺乏深入细致的思考经历和系统完善的思维训练，学生思维能力不足、数学素养缺乏……因此，"转变育人模式、优化课堂教学、促进深层思维、助推深度学习"，将是我们数学教师迫切想要达到的目标。而要解决这些问题，就要让小学生抓取信息，勤于思考，在思考中提高解决数学问题的能力，通过深度学习，形成相应的思维习惯。

一、让思维在操作演示中感悟

深度学习，不仅要知其然，还要知其所以然。对数学知识的理解掌握，不仅要知道是什么，还要明白为什么、怎么来、怎么用。作为数学老师，面对好奇心强、求知欲旺的小学生，我们要充分发挥他们的主观能动性，为他们提供充足的探究空间，让他们在动手操作中感悟、在同伴互助中提升。

小学数学教材中数学知识点的编排大多是循环往复、螺旋上升的。例如，学生们对"十进制计数法"的认识，从一年级"10 以内、20 以内、100 以内数的认识及比较大小"开始，教师就引导学生用小棒数数，做到数与小棒一一对应：一根一根地数，数到 10 根捆成一捆；一捆一捆地数，有几捆就是几十根……让学生清晰地感受"捆"和"根"是不同的概念，为后续使用计数器计数——理解"不同数位上的数字表示不同意义"奠定基础。二年级下册"千以内、万以内数的认识及比较大小"，小棒变成了小方块：一个一个地数，数到 10 个是 1 条；一条一条地数，数 10 条是一片，一片有 100 个小方块；一片一片地数，数 10 片是一个大正方体，一个大正方体有 1000 个小方块；一千一千地数，10 个大正方体就表示"10 个一千是一万"……再引导学生在计数器上拨珠计数，十、百、千、万等"计数单位"顺次说出，十位、百位、千位、万位等"数位"的出现也水到渠成。再到四年级上册"亿以内数的认识及比较大小"，学生已在前列一次次数数中多次感受"满十进一"，从而清晰感悟"十进制计数法"，有效建构"十进制数位顺序表"。

二年级教学《元、角、分》一课时，多数学生对人民币的使用是陌生的，因为跟随大人外出购物，家长朋友大多喜欢用微信或支付宝支付。但是，人民币是中国的法定货币，我们有必要让学生对人民币有全面的了解并灵活使用。所以在教学最后一课《小小商店》时，我借助"小小商店"这种学生熟悉的生活场景，运用"角色扮演"这种生动有趣的活动形式，组织学生自主在教室里布置三个（价格分别为整角、整元、几元几角）柜台，让教材附页的"人民币"有效流通起来——通过柜台经理的竞争，引导学生回忆对人民币及其单位的认识；通过柜台经理对收银员的选拔，引导学生回顾人民币单位换算的常识；通过三个柜台成交次数和收支平衡的比赛，激励柜台经理热情友好接待顾客、激励收银员快速正确收钱找零……其余学生手持"人民币"跃跃欲试，流连于柜台前，瞄准自己可以购买的物品……教师在一旁巡视，发现问题及时介入，引导学生互助解决……课前的准备是艰辛的，课中的成效是显著的，课后的实操是令人满意的。

五年级下册二单元、四单元《长方体》，教材有意对"点—线（棱长和）—面（表面积、侧面积、底面积）—体（体积、容积）"进行区别。若仅停留在讲解、记忆层面，多数学生就会眉毛胡子"一把抓""胡乱猜"，公式运用与实际场景"牛头不对马嘴"。因此，我们分解并重组教材，首先设计前置实践活动，具体如下。

1、认一认

请在爸爸妈妈的帮助下，认一认生活中常见的长方体物品（让学生在"认一认"的实践中具体感知长方体的现状，建立长、宽、高的基本概念）。

2、动手试一试

（1）先用铁丝焊成长 30 厘米、宽 20 厘米、高 10 厘米的长方体框架，最少需要多少厘米铁丝？（让学生在"焊一焊""算一算"的实践中感受铁丝长的"线型"，为把实际问题抽象成"棱长和"奠定基础；"最少"意即焊接不计重叠）

（2）如果把框架的表面全部糊上彩纸，最少需要多少平方厘米彩纸？（在"糊一糊""算一算"的实践中感受彩纸大的"面状"，为把实际问题抽象成"表面积"或"底面积""侧面积"奠定基础；"最少"意即粘贴不计重叠）

（3）如果框架的上面不糊彩纸，往里装棱长为 1 厘米的小正方体，最多可以装多少个？（在"装一装""算一算"的实践中感受彩架体的"空间"，为把实际问题抽象成"体积"或"容积"奠定基础；"最多"意即盛装不能切分）

然后，在评价"前置实践活动"的过程中正确建立"棱长和""表面积"或"底面积""侧面积""体积"或"容积"的概念，推导计算公式。

最后，开展小组合作学习，以题组形式呈现长方体（正方体）的棱长和、表面积、体积的"综合运用"，放手让学生在辨析中实现生活问题向数学问题的转化。在辨析中，"认一认""焊一焊""糊一糊""装一装"的经历就成为学生的宝贵经验，随时可以调出来进行比对、迁移。

二、让思维在图表绘制中呈现

语言是思维的外壳。数学语言不仅有数字、符号，还有图表。检验学生是否深度学习、深层思考，可以让其把思维的过程或思维的结果用图表的形式呈现出来。

"线段图示法"在小学阶段的"行程问题"中应用比较广泛，需要把两个（或两个以上）运动物体的"出发时间、出发地点、运动方向、运动结果"符号化并描画出运动路线，通过分析每两个运动物体之间的路程关系，从而：或根据路程关系建立方程，或由"路程和（差）、速度和（差）、同行时间"三个量知二求一……进一步得到问题的解。例如：甲乙两车分别从 A、B 两地同时相向而行，第一次在距 A 地 38 千米的地方相遇，相遇后又继续前进，分别到达 A 与 B 后又立即返回，第二次在距 A 地 90 千米的地方相遇，求 A、B 两地相距多少米。仔细审题后，我们可以画图分析：在两车共行第一个 AB 全程时，甲车行了 38 千米；整个运动过程中，两车共行了 3 个 AB 全程，那么甲车就应该行 3 个 38 千米。观察甲车行过的路程，38×3 加上 90 千米恰好是两个 AB 全程。所以，AB 全程相距 $(38 \times 3 + 90) \div 2 = 102$（千米）。

在四年级下册的学习中，孩子们常常混淆三角形"按角分"与"按边分"两种分类方法，可以在学习过"三角形分类"后出示两个图，让孩子们把"锐角三角形、直角三角形、钝角三角形、等腰三角形、等边三角形、不等腰三角形"填入图中相应位置，得到不同分类标准下的关系图——三并列，两并列中一包含，如图1所示。

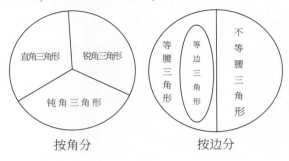

图1

再如，小学阶段，"**小数"众说纷纭，要帮助孩子们正确建立概念及其相互联系，可引导孩子们说出自己知道的小数名称及其判断方法，然后小组合作梳理制作概念图（见图2）。

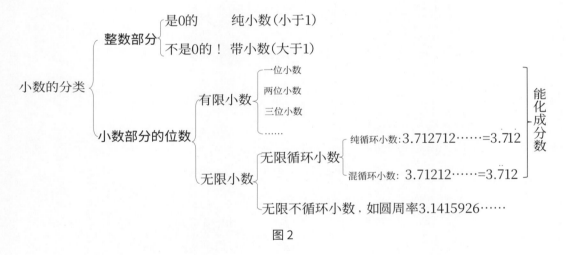

图2

三、结语

小学数学教学，我们以"思维可视化"策略为指导，让学生在数学学习与应用活动的过程中实现思维的做中悟、图表显，在数学文化知识和数学能力不断内化的过程中实现"深度学习"，逐渐形成"数学化"思维意识，培养以"数学化"方式观察世界，以及发现提出问题、分析解决问题的能力。

参考文献

[1] 何翔. 促进学生化学概念深度学习的教学策略探索 [J]. 化学教学，2017(7):26-30.

[2] 左博文，周利君. 我国思维可视化研究回顾与展望——基于中国知网 2014—2019 年论文分析 [J]. 中国教育信息化，2020(13):14-20.

经历数学表达　走向深度学习

新都区木兰小学　陈　倩

摘　要： 数学表达是指把思考数学对象、解决数学问题的过程用数学语言表示出来，以达到阐明自己的观点、意见的目的。它是思维表征的过程，具有理解性学习、高阶思维、主动倾听等深度学习的特质。在教师的带领下，学生围绕有挑战性的主题，全身心参与，积极表达，在这个过程中有倾听、有思考、有评价、有质疑、有反思、有修正，这就是深度学习，是提高学生核心素养的重要方法。

关键词： 数学表达　深度学习　核心素养

《小学数学新课程标准（2022 版）》中指出，学生核心素养目标之一是学会用数学语言描述现实世界，运用数学语言合乎逻辑地进行讨论和质疑。因此，学生数学表达能力的发展尤为重要。而通过对小学生课堂表达能力的观察发现，一年级到六年级的学生回答问题后得不到及时的反馈，积极性就会逐渐降低，且数学语言表达流于表面等，没有思考、质疑、修正想法等深度学习。本文就上述现象对学生表达能力的培养提出以下思考。

一、言之有"氛"，主动思维想表达

表达是把个体思维加工得到的对事物或问题的认识，通过外显的方式传递给他人，进行沟通与分享的一种行为。因此，在表达前，倾听与思考是必不可少的。了解学习任务，掌握问题形式，有表达的内容才能够有目的地进行思考。为了培养学生的表达能力，教师在课堂上要不断推动"对话式"学习，积极引导学生，创建表达的平台，不断实现"生生对话、师生对话、小组对话"，打破"害怕表达、不敢表达、不愿表达"的局面，为学生营造轻松的表达氛围，创造良好的数学语言环境。

数学来源于生活，为人们提供了一种理解与解释现实世界的思考方式。教师可以根据学生的思维方式和兴趣爱好有意义地呈现学习材料，从生活中抽象迁移知识经验，清楚解释生活现象，帮助学生理解数学本质，主动思维，主动表达。我将以下面的案例进行阐述。

课件先出示淘气、奇思、不马虎三名队员的罚球数情况。

师：在一场足球比赛中，猛虎队获得一次罚点球的机会，他们准备派三名队员中的一名去罚点球。你认为该派哪名队员？

生1：我认为派奇思去，因为他罚球的次数最少。

生2：我不同意，这里的罚球不是技术不好才罚球，只是踢球的个数。

生3：我觉得现在还看不出来该派谁去，因为只知道罚球个数，不知道进球个数。

【课件出示三人进球个数情况】

师：为什么要知道他们分别进球的个数？派谁去是看他们的什么？

生4：派谁去是看谁踢得比较准，不能只看罚球个数，也不能只看进球个数，要看他们之间的关系。

生5：就是看进球的个数占罚球个数的几分之几。

对于学生来说，选派球员的教学情境是很吸引他们的，但从理解题意到分析题意会出现多种不同的认识，从而让学生陷入思考，开启思维模式。什么是罚球？为什么要罚球？学生对足球比赛的规则理解是不到位的。此时，应唤起学生的生活经验、知识经验，找到知识迁移的固着点，接着让部分同学找出信息的不充分——不能进行比较、选派，引起认知冲突。罚球一个、进球一个或罚球十个、进球一个，学生在这种思考中认识到不能只看罚球数或进球数中的一个量，应该看的是两个量之间的关系，从而对百分数有初步的感知，是表示两个数之间的关系，而不是具体的量。一个问题提出后，要留有足够的时间让不同经验、不同水平的学生之间展开热烈的互动，师生交流对百分数概念的初步了解情况。

在整个引入环节，老师没有过度解释，而是给课堂留下空白，保持适当的沉默，将发言权交给学生——你有什么想法？你认为呢？你支持他说的吗？你再来说说。这是一种邀请者的姿态，是一种倾听者的姿态，是一种欣赏者的姿态。这种'无声的表达'也在营造浓浓的表达氛围，使学生的表达欲望得到充分激发。对于不同的想法，先不判断对错，即使学生说错了，也可以说："你的想法很有意思，想法比较新颖，你又给大家的思考提供了一种新的方向。"肯定他表达的勇气，有表达才有思维的外显、观点的展示，教师才可以调整自己的教学。

二、言之有"范"，积极思维能表达

张奠宙先生提出数学素质包括能初步运用简约、准确的语言交流数学问题．提升学生的数学素养客观上要求提升"数学语言表达能力"。何为准确？准确性是指对概念的描述要准确，不含糊其辞，语言要精确。例如，在六年级上册《圆的周长》教学时，经常会出现圆周长的一半和半圆周长这两个概念，半圆的周长是围成一个半圆一周的长度，还包括一条直径，是不同的。教师在教学时用词要清楚，如"圆的认识一"中，圆、正方形、椭圆在直尺上滚动一周点 A 留下的痕迹，圆心的痕迹是一条直线，因为圆心到圆上任意一点的距离是相等的，但是正方向不是，且不能说是它的圆心，圆心是圆所特有的，正方形只能叫做中心点。这不是口误，是学生对圆心的定义不明。

由此可见，教师在课堂教学时应注意语言的规范性，引导学生用准确的语言表达。教师在学生数学语言的表达上起到很重要的带头作用，首先要对概念的实质和术语的含义有透彻的理解。其次必须用科学的术语来讲解。比如，教师在讲解分数的意义时，口误常说分数的意义是把一个整体分成了几份，取了其中的几份。分数的意义关键就在于这个"平均"两字，从把一个数拿来平均分成几份，到把一个整体拿来平均分成几份。从刚认识分数起，就给学生建立一个稳固、健全的根基。在此基础上，学生了解分数与除法的关系、分数应用题才有正确的导向。

三、言之有"理"，形式多样善表达

数学语言一般是指文字、图形和符号三类，数学表达即以这三种语言进行口头或书面表达。数学有多种多样的表达方式，我们经常告诉学生题目中如果出现"请你说一说理由"的题，我们可以变换不同的方式来证明，可以是数学模型、数学符号、数学图像等。我们在数与代数、图形与几何、统计与概率和综合实践这四个板块中灵活选择和运用，用多种形式简单、明了阐释自己的想法。下面我举例来说明（见图1）。

在一个长125cm、宽80cm的长方形纸上，最多可以画多少个半径为20cm的圆？对于这道题来说很多同学很难理解，就算理解了也很难表达，为什么要用直径来算？为什么要看长方形的长里面有多少个这样的直径、宽里面有多少个这样的直径？有同学会借助图像来表达。因为圆内最长的线段是直径，所以要看长方形的长里面有多少个这样的直径。125cm里面只有3个这样的直径，剩下的5cm不够画，所以一排有3个，一共可以画2排，最多只能画6个这样的圆。将题意抽象为数学图像，再将它进行口头表达，整个过程就是一种对知识有意义加工的过程，将认知结构中已有的知识——五年级下册学习边长为100m的正方形中有多少个边长为10m的小正方形与圆的知识时，就可以建立起非人为的、实质性的联系。这就是学生深度学习的表现方式之一。

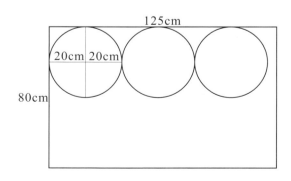

图1

四、言之有"序"，形成思维乐表达

思维有序，语言才能有序，更有逻辑性，才会形成自己独特的思考体系。在刚学习数学时，提问：你看到了什么？学生可能会回答看到了一些树、花鸟，还有两个人等，学生不会用数学的眼光观察世界，自然不会用数学的语言表达现象。教师通过一步步引导，再仔细观察，说一说：你看到了什么吗？或者你可以试着从上往下、从左往右的顺序来描述一下他们分别有什么变化。从字面上看，这是教师在教学生有序观察，其实有序观察的背后蕴含有序表达、逻辑性思考。

1. 案例分析（见图2）

○ 计算下列各题,把得数大于6的算式圈起来,你发现了什么?与同伴交流。

$$6 \div \frac{3}{5} \qquad 6 \div \frac{3}{4} \qquad 6 \div 1 \qquad 6 \div \frac{3}{2} \qquad 6 \div \frac{5}{3}$$

一个数除双小于1的数（0除外）……

○ 算一算,并观察这些算式,你发现了什么?

唉，我知道了，一个数如果乘一个小于1的分数，积……

可以借助分数的意义来解释……

图2

低年级学生这样描述减法运算"一个数变小，另一个数就会变大。"从中可见学生只是关注部分，表述不严谨。像这样描述规律的发现探索类题，其实都是一种思路，教师要及时引导、干预，提供范式。什么变了、什么没变，先要大体观察。

思考变了的数是怎么变的，两个变化的数之间有什么关系。学生从有逻辑的表达中体验变化规律。规律1：两个数相乘，其中一个乘数不变，另一个乘数变大，积就变大。规律2：在乘法算式中，一个数（不变的）乘以一个比1小或比1大或等于1的数（变化的），积小于它本身、大于它本身或等于它本身（随之变化的）。这样的表达就是对知识的加工过程，可以在之后的学习中形成合理的判断或决策。

2、案例分析（见图3）

北师大版六年级上册二单元《分数混合运算三》关于情境图，从三年级下册老师带领学生认识分数的意义，到五年级时对分数的再认识、分数的乘除法，这是小学阶段对分数认识的知识体系。而此课中的内容是九月比八月节约了多少水，教师提问："这句话是什么意思？你是如何思考的？"

师：是什么意思？我们要把哪个整体拿来平均分？

生1：我知道的意思是把一个整体平均分成7份，取了其中的一份。

生2：这句话完整的表达应该是九月的用水量比八月节约了。

生2：比八月节约了，就是在八月的基础上把八月这个整体平均分成7份，而九月比八月少了其中的一份。

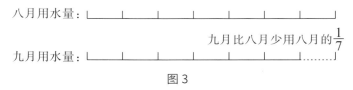

图3

华罗庚先生提出："学生在数学表达上要想得清楚，说得明白，写得干净。"案例中，学生的知识结构不同，对同一个问题的理解也不同。要肯定学生敢于思维，从分析开始，用清晰的语言表达自己能够想到的结果，在有理有据的表达中发展自己敢说乐说的能力。当然，教师在这个过程中要对学生的表达予以肯定，多用鼓励性的话语。不难发现，小学阶段，学生的学习主要依靠外部学习动机，爱回答问题的大部分都是被老师表扬过的，回答问题后有成功的体验。不给予学生反馈，往往会使学生觉得回答问题没意思。我们可以把"好的"换成"你真是一个会思考的同学"，把"不对"换成"你的想法很有意思，为我们提供了一个新的思路，值得我们来验证一下"，把"还有没有不同的意见"换成"相信善于倾听的人有对这个想法独特的思考"等，让学生在一次次思考之后不断提高思维能力、表达能力，学会用数学语言来表达现实世界。

参考文献

[1] 中华人民共和国教育部. 义务教育数学课程标准（2022版）[S]. 北京：北京师范大学出版社，2022.

[2] 陈静. 数学表达：支持深度学习的关键能力 [J]. 教育研究与评论（小学教育教学），2019(9)：5–10.

[3] 刘红娟. 图形语言：用数学表达触发学习思维 [J]. 新教育，2022(29):110–111.

[4] 江建珍. 基于多元表征促进学生数学表达的研究 [J]. 数理化学习 (教研版)，2022(8):56–57.

小学数学教学促进学生深度学习的策略探索

新都区南丰小学 冯光倩 杜 鹃

摘 要: 深度学习更加注重高阶思维的培养，是通过对问题的分析和研究，结合以往的知识和经验，将获得的新知识迁移到新的应用情境中，创造性地解决实际问题的一种学习方式。在课堂教学中探索新的教学方法，尝试用小组合作、自主探究的学习方式去学习，不仅能够培养实践创新能力，还可以培养团结协作意识，从而向更深层发展，逐步形成核心素养。

关键词: 数学教学 深度学习 问题导向

一、导 语

深层学习源于 20 世纪 60 年代布卢姆提出的认知结构理论，深层学习是相对于浅层学习而言的。布卢姆将认知领域学习目标分为记忆、理解、应用、分析、评价、创造这六个层次（布卢姆，2009）。浅层认知停留于"记忆、理解"两个层次，主要是知识的简单描述、记忆或复制；深层学习对应"应用、分析、评价、创造"这四个认知层次，更注重知识的应用和问题的解决。而"深度学习"这一概念是由费伦斯·马顿（Marton）和罗杰·萨尔乔（Saljo）1976 年在《学习的本质区别：结果和过程》一文首次提出的。

在大多数基础教育的传统课堂上，教师的教与学生的学更加关注于浅层认知的学习，极少触及学习的内核和本质，因而出现了先学后用、学用分离、脱离实际等问题。笔者认为深度学习更加注重高阶思维的培养，通过对问题的分析和研究，结合以往的知识和经验，将获得的新知识迁移到新的应用情境中，创造性地解决实际问题。

2022 年版数学课程标准再次强调，要倡导自主、合作、探究的学习方式。在课堂教学中探索新的教学方法，尝试用小组合作、自主探究等方式，不仅能够培养学生的实践创新能力，还可以培养学生的团结协作意识，同时让学生的学习向更深层发展，逐步形成核心素养。

二、促进学生深度学习的策略

（一）单元设计理念

在教学设计阶段应注意单元的整体性设计并从揭示问题开始。深度学习的前提条件是改造"单元设计"，而单元设计正是撬动"课堂转型"的杠杆。教师在对教学设计时应当关注的是基于单元的整体设计，这里既包含知识单元，也包含能力单元、文化单元和思维单元。在传统教学中，大多数教师对教学的设计只是针对本节课的具体内容，而忽略了这个单元的整体设计和本课在单元整体中的地位。另外，教师更关注的也只是具体的知识单元，强调具体的知识记忆和机械的理解。这些表征都指向浅层学习，故而学生很容易在简单的知识记忆中挣扎，而没有得到高阶思维的锻炼和能力的提升。深度学习要求教师在教学设计时从整体单元出发，既关注学生知识能力的培养，又侧重学生思维能力的训练；既注重学生学习能力的促进，又关注其文化意识的养成。

（二）问题推动思考

此外，教学设计也要从揭示问题开始。深度学习并不是从传递特定知识内容的教科书开始，而是从揭示问题开始的。所以，教学设计并不仅仅是向学生传递具体的知识内容的知识罗列分布设计，还要从一开始就明确学生在学习本单元后需要"明白什么？理解什么？得到什么？能够做什么？"通过一系列课堂活动之后，学生围绕单元问题能够引出种种思考，通过积极的探索找到解决问题的方法，与此同时获得知识、提升技能、得到文化浸润。

在教学活动的执行阶段，既要关注学生本身的知识建构过程，又要注意生生间的建设性交互作用。人的知识构建过程和建设性交互作用是深度学习的理论支撑。学生个人对知识的构建受本身既有知识和经验的影响，也受特定情境的制约。在进行教学活动时，教师需要根据学生原有的知识、经验背景合理地创设情境，建立学生新旧知识间的联系。从个人知识构建的角度来说，课堂活动需要给学生提供"脚手架"，通过执行具有挑战性的任务、活动获得新的知识。

但是在个人新知建立之后，再去修改更新原有知识认知是困难的。此时，需要开展生生之间的交互活动。比如，教师可以通过建立"学习共同体"，让学生通过合作学习进行有效的对话和互学，使水平较高的同学对自己不清楚的地方进行反复思索、深化理解，水平较低的学生在水平高学生的解释下进一步深化理解，最终达到共同进步的目的。

（三）反思促进学习

深度学习的达成要求学习者从学习过程的各个阶段进行反思。在学习发生之前要反思已有的知识和经验，搭建其与新的学习内容的关联，激活原有知识；在学习活动中，通过反思监管整个学习过程，及时纠正和改进学习策略，调整思维角度，达到更深层次的学习目的；学习活动结束后，及时回溯整个学习过程，修补不足、汲取经验、深入理解并迁移创新。

教育对人的培养不仅仅局限于"行动的百科全书"，还要培养顺应社会潮流、积极思考、应用知识创新性地解决问题的，具有社会责任感和文化荣誉感的新型人才。这就意味着教育工作者应当在实际工作中践行与之相适应的教育理念和教育策略，深度学习便是其中之一。

三、促进学生深度学习的具体措施

（一）创设情境，激发学生进行深度学习的兴趣

小学数学教师要结合学生的学习情况和教学内容，精心设计教学环节，营造出轻松的学习氛围，设计一些以学生为主体的数学教学活动，丰富学生表象，通过趣味游戏等激发学生探究的兴趣，引发学生独立思考，让学生能积极主动地参与数学教学活动，经历知识的形成过程，实现深度学习。例如，一年级下册《阅览室》一课。师：同学们，你能用竖式计算 29 - 14 吗？生：相同数位对齐，从个位减起，个位上 9 - 4 = 5，十位上 2 个十减 1 个十是 1 个十，计算结果是 15，这是不退位减法。接着播放一段视频，激发学生帮助淘气解决问题的欲望，引出今天要学习的退位减法，提出问题请学生独立思考：①如何列式？②怎样计算？③用竖式计算时有什么发现？学生积极参与数学教学，经历探索过程。

（二）问题引领，促进学生深度思考

由"儿童画报还剩多少本？"这一问题，学生列式为 30 - 7，学生自己动手操作，用喜欢的方式来计算。学生通过摆小棒计算，如何利用拿来的 3 捆小棒得到计算结果？引导学生动手操作，自主探索。一捆小棒是 10 根，将 1 捆小棒拆开后减掉 7 根即可。师继续提出问题，引发学生思考：你还有哪些不同的方法？学生借助计数器来探索并理解算理，十位上的一个珠子是 1 个 10，而 1 个 10 就是 10 个 1，十位上的一个珠子变成 10 个珠子放在个位上，只要个位上有 10 个珠子就可以计算了，体现借一当十的算理。追问学生能否用竖式计算，引发学生思考：这和前面的 29 - 14 中个位上不同，个位上 0 减 7 不够减，该如何计算？探索退位减法的计算过程，当个位不够减时，从十位借一当十，个位上 10 - 7 = 3，十位上剩下 2 个 10，体现退位减法借一当十的计算策略。整个课程为学生创设情境，学生在学习过程中深度参与其中，真正在学习中思考，感受深度学习的乐趣。

（三）自主探究，将知识进行联结

学生经历退位减法算理的探索过程，鼓励学生自主探究，进而发现知识点的本质属性，组织学生继续讨论："故事书还剩下多少本？"列式为 25 - 8，通过小组合作、摆小棒、拨计数器、竖式计算等方法，当个位上 5 减 8 不够减时，从十位借一当十，个位上是 15 减 8，也可以先用 10 - 8，再用 2 + 5，再一次经历退位减法算理的计算过程，再次感知借一当十的思想。联结之前的知识，数位、位值，10 个 1 就是 1 个 10，引发学生思考：满十进一和借一当十之间有什么联系或区别？学生感知计算进位加法与退位减法之间的相同和不同，在知识联结的过程中渗透位值原理，引导学生对知识点进行探究，提高学生的课堂参与度，不再沉于"机械式"教学模式。深度学习可以帮助学生感受所学知识之间的联系，学会知识的迁移和运用，进而对知识加工、内化，帮助学生养成梳理知识的学习习惯，真正掌握知识点，提高学习能力。

四、结 语

小学数学是一门逻辑性很强的学科，小学数学知识也是"强思维化"的，每一个算式背后，都是需要思考的，有隐含的数量关系，不容易理解。学生在课堂学习过程中可以积极思考、主动探索，不依赖教师的讲解和引导，对知识有自己独到的见解和认识，能清楚表达自己的方法，能够自主发现问题和解决问题。深度学习是一种科学的学习方法，有助于培养学生的思维能力，帮助学生掌握学习的技巧，促使学生挖掘数学知识的本质属性和特征，提高对知识的理解和掌握能力。在今后的教学过程中，教师还需要继续探索，加强培养学生独立思考的能力，使其对知识进行由浅入深的探究学习，提高分析问题和解决问题的能力，提升数学素养。

参考文献

[1] 李小平. 小学数学教学中实现学生深度学习的策略探究 [J]. 学周刊,2022(35):19-21

[2] 施洁. 加强深度学习指导 提高小学数学教学效率 [J]. 小学生（上旬刊），2022(11):46-48.

[3] 张英. 刍议小学数学课堂中深度学习教学策略 [J]. 小学生（上旬刊），2022(11):58-60.

[4] 王淑珍. 主问题引领下的小学数学深度学习探究——以人教版三年级下册"小数的初步认识"为例 [J]. 新课程导学，2022(30):49-51.

[5] 杨秀云. 深度学习下小学数学单元整体教学实践研究 [J]. 试题与研究，2022(32):141-143.

[6] 朱彩红. 基于深度学习的小学数学概念教学研究 [J]. 教学管理与教育研究，2022，7(20):101-102.

[7] 周二伟. 模块化教学视角下小学数学深度学习的策略 [J]. 天津教育，2022(30):16-18.

[8] 张璇. 浅谈小学数学深度学习教学策略 [J]. 小学生（中旬刊），2022(10):88-90.

[9] 冯英鸽. 树立小学数学深度学习的"五观"——以"运算律"单元教学为例 [J]. 中国教师，2022(10):70-72.

[10] 孙明洁. 小学数学深度学习下单元整体设计策略的实践尝试 [J]. 新课程，2022(37):76-78.

基于"成都 16 点"的深度学习实施路径

新都区新新路小学校　　谭　敏

摘　要：数学是一门具有较强逻辑性的学科，若小学阶段数学教学肤浅化、碎片化，学生学习表面化、机械化，则十分不利于学生今后的学习。因此，在教学中，如何运用教学策略，提高学生的数学能力，促进学生的深度学习，促进学生的思维发展，是一线教师亟需解决的问题。笔者利用成都 16 点教学策略实施教学，从教师对知识的深度认知入手，引导学生在课堂中深度参与，对知识进行深度思考，最终转化为学生对知识的深度认知，从而达到深度学习的目的。

关键词：深度学习　成都 16 点　教学策略

一、小学生数学学习存在浅层学习的困境

　　小学生的思维方式以感性思维为主，因此很多时候，教与学都停留在"感知记忆"层。由于小学低年级内容的难度低，故仅仅对知识的机械重复和表层理解，就能在考试中取得不错的成绩。若长时间使用这种功利化的教学方式，学生就会养成"懒思考、不思考"的不良习惯，面对较复杂的问题时，就不懂得将已有的知识合理地迁移到新的学习中，构建出新的知识，就会遇到学习障碍。因此，利用教学策略，引发学生深度思考和深度参与，从而实现对知识的深度认知，达到深度学习的目的，这是一线教师亟须解决的问题。

二、深度学习和成都 16 点

（一）深度学习

　　"深度学习"是美国学者弗伦斯·马顿（Ference Marton）和罗杰·萨尔乔（Roger Saljo）以学生为对象，经过实验研究后提出的。数学的深度学习，是指围绕某一个学习主题，学生在教师的引导下全身心地参与体验，对经验、知识、技能、思想进行深度理解、加工和反思，形成知识之间的结构性认识，实现对知识的迁移，从而获得数学能力的发展。[1]简而言之，学生在深度参与教学活动的情况下，对所学问题产生深度思考，才能实现对知

识的深度认知，从而实现深度学习。

（二）"成都16点"深度学习导学策略

成都市教育科学研究院于2019年5月8日在全市隆重推广了龙泉驿区的优秀教学成果"三性教育课堂教学策略"。郑大明及其团队在此基础上深入研究，提炼了深度学习的基本模式和导学策略，即在现代课堂教学中要以"四问"落实"四知"，以"四学"提升"四思"。为了便于记忆，简称"成都16点"深度学习导学策略（图1）。[2]

以"学什么"为重点的"四知"导学策略

四问：学什么	
陈述点	是什么 为什么
程序点	怎么想 怎么做
策略点	好不好 巧不巧
情意点	爱不爱 敢不敢

以"怎么学"为核心的"四学"导学策略

四问：怎么学	
首学点	知道了 还想知道
互学点	学会了 还想学会
群学点	解决了 还想解决
共学点	掌握了 还想掌握

以"想什么"为方向的"四问"导学策略

四问：想什么	
起始点	从哪里来的 从哪里做起
终结点	到哪里结束 到哪里去用
着重点	从哪里着力 从哪里深入
疑惑点	哪里不明白 哪里不会做

以"怎么想"为路径的"四思"导学策略

四问：怎么想	
己思点	我想了什么 我怎想的
他思点	他想了什么 他怎么想的
审思点	都怎么想的 都想对了吗
创思点	想清楚多少 还能想多少

图1

利用"四学"提升"四思"，利用"四问"落实"四知"，着力点是教师。教师在授课之前对本课的知识、学生的起始点和困难点进行分析，以便学生能够通过课堂学习掌握本课知识。教师对"四知"进行深入分析，利用"四学"的教学过程实现学生的深度参与，利用"四思"和"四问"的教学过程促进学生深度思考，最终实现学生对"四知"的深度认知。"成都16点"之间的逻辑关系如图2所示。

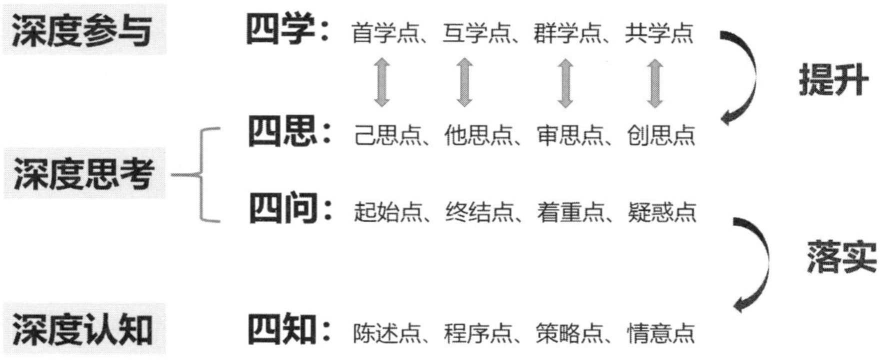

深度参与 **四学**：首学点、互学点、群学点、共学点 **提升**

深度思考 **四思**：己思点、他思点、审思点、创思点

四问：起始点、终结点、着重点、疑惑点 **落实**

深度认知 **四知**：陈述点、程序点、策略点、情意点

图2

基于此，笔者认为在小学数学教学中引入"成都 16 点"导学策略促进学生的深度学习是可行的。

三、理论基础

（一）建构主义理论

建构主义是一种关于知识和学习的理论，强调学习者的主动性，认为学习是学习者基于原有的知识经验生成意义、建构理解的过程。学生在对新知识进行学习时，既要对新知识"本身"进行理解，又要将新知识与自己已有的知识建立有机的联系，将新知识与原有的认知结构相关联，通过纳入、吸收、改造和重组等，形成新的认知结构，发展其自身的认知能力与水平。这就要求教师在活动设置中要多注意学生的已有经验，贴近生活实际设置活动，从而启发学生有效思考，锻炼学生的数学能力。

（二）发现学习

发现学习是由美国心理学家布鲁纳提出的，强调不应该将学习的内容直接呈现给学生，而应该让学生经历发现的过程，自己得出结论或找到解决问题的办法。利用"成都 16 点"，将教学设计细化为"四知""四思"和"四问"，利用"四学"的教学环节，把教学内容进行合理预设和感知，使老师的教和学生的学之间建立联系，为学生创造发现学习的条件，促进深度学习。

（三）迁移理论

学习迁移是指学生在学习过程中，把以前学习的知识或解决问题的能力，自觉地迁移应用到新的知识内容的学习或应用中。迁移理论在数学学习中应用尤其广泛，如学生学习有余数的除法计算方法时，将其迁移到推测重复的事物上，将画图法和除法进行有机结合，这就是正迁移；学生学习了数学符号，如√、×、A、B 等，将其迁移到表示重复的规律中来，也是正迁移。老师在教学中要善于激活学生的旧知，促进学生产生正迁移。

四、案例说明

（一）教材及学情分析

《"重复"的奥妙》一课是教材第一次设置独立的课节引导学生探索规律，其意义在于培养学生通过观察、思考，体会简单的"重复"规律，进而引导学生用数学语言对规律进行表达。对于二年级的学生而言，"规律"一词并不陌生，一年级时学生就已经有了找规律填数字的知识经验，因此在借助自身丰富生活经验的基础上，大部分学生都能准确找到物体的排列规律。

难道本节课就只是让学生学会几种记录方法？如何才能让学生学有所获？我对学生进

行了前测，发现学生具备发现物体规律的能力，但是对于"重复"规律的描述具有随意性，会出现如"花是一朵红色一朵黄色排列的"这样不完整的语言表达，学生说不清楚"重复"的概念，也不懂重复有什么奥妙。

（二）教学流程设计思考

结合教材、教参和对学生学情的了解，我将本课的重点落到对"重复"和"奥妙"的解读上，教学流程如图 3 所示。

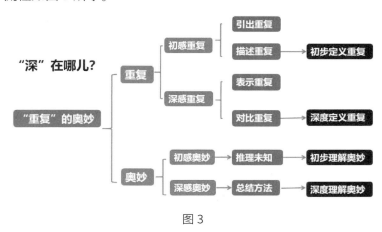

图 3

（三）深度学习的实施过程

1. 初感重复——引出重复

本环节的"四知"和"四问"如图 4 所示，学生已经会根据前面的规律推测下一个物体，本环节的目标主要是在激发学生学习兴趣的同时，清楚表达规律是什么、如何推测，从而引出课题。

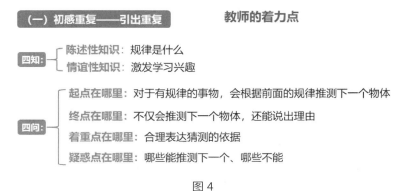

图 4

四学：首学—互学—群学—共学。四思：己思点、他思点、审思点、创思点。其中，首学任务是观察、思考、猜测下一颗珠子的颜色；群学任务是组织学生在组间表达交流，交流的时候说清楚"己思点"和"他思点"；共学时师生一起交流碰撞，老师提出"疑惑点"，最终引出课题"重复"的奥妙。具体教学过程如图 5 所示。

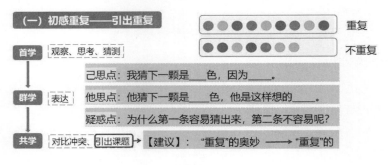

图 5

2. 初感重复——定义重复

本环节的"四知"和"四问"如图 6 所示。教学重点是用规范的语言描述重复的规律,借助实物图抽象出重复的定义。

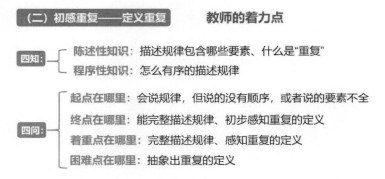

图 6

教学过程如图 7 所示,重点是老师提出的创思点:手指着圈出来的一组一组的灯笼实物图,问学生有什么新发现,从而引出对"重复"的定义:一组一组重复出现,每组相同。这是借助实物图得出的对"重复"的定义。

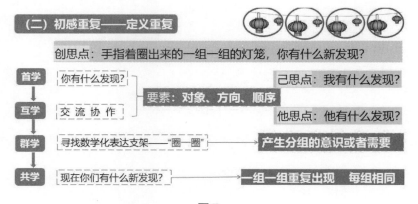

图 7

3. 深感重复——表示重复

本环节的"四知"和"四问"如图7所示，重点是尝试用数学化符号表示灯笼的规律，说清楚是用什么表示女生、用什么表示男生，说清楚人物性别的排列规律。

（三）深感重复——表示重复　　**教师的着力点**

四知：
- **陈述性知识：** 表示规律的方法
- **程序性知识：** 表示规律的步骤（怎么思考，怎么记录）

四问：
- **起点在哪里：** 接触过数字、图形、√×等符号，会用语言完整描述规律
- **终点在哪里：** 简洁表示重复的规律
- **着重点在哪里：** 简洁表示重复的规律
- **困难点在哪里：** 有的学生因为不能理解"表示"二字的意思无从下手，有的学生表示出来看不出事物的规律。

图 7

教学过程如图8所示，重点是审思点：他说的和表示的一致吗？引出本环节的着重点：不管采用哪种数学符号，都应该做到数学符号和客观事物一一对应，如在表示人物性别规律时，男生可以用□表示，女生可以用○表示，只要全部一致即可。

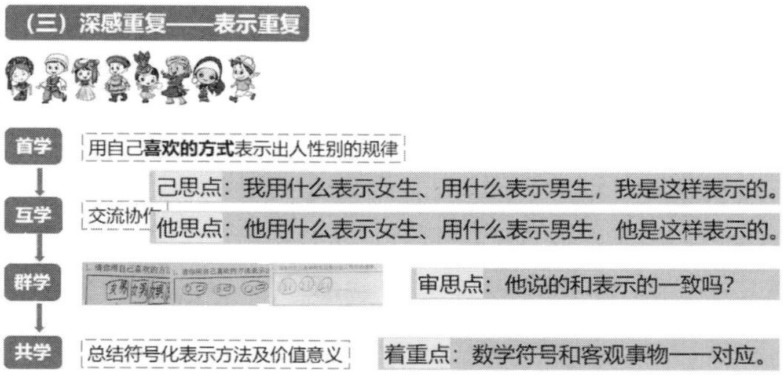

（三）深感重复——表示重复

首学	用自己**喜欢的方式**表示出人性别的规律
互学	交流协作　　己思点：我用什么表示女生、用什么表示男生，我是这样表示的。 他思点：他用什么表示女生、用什么表示男生，他是这样表示的。
群学	审思点：他说的和表示的一致吗？
共学	总结符号化表示方法及价值意义　　着重点：数学符号和客观事物一一对应。

图 8

4. 深感重复——对比重复

本环节的"四知"和"四问"如图9所示，选择其他物体用喜欢的方式进行表示，从而巩固数学化的表示方法。

（四）深感重复——对比重复　　**教师的着力点**

四知：
- **陈述性知识：** 深入重复的本质内涵
- **程序性知识：** 简洁表示其他物品的规律

四问：
- **起点在哪里：** 初步理解重复的内涵、了解不同的表示方法，会表示人物性别的规律
- **终点在哪里：** 深入理解重复的内涵、灵活选用方法表示其他物品的规律
- **着重点在哪里：** 灵活选用方法表示其他物品的规律
- **困难点在哪里：** 深入理解重复的内涵

图 9

教学过程如图 10 所示，本环节的重点是在学生对其他事物的规律进行记录后，在抽象的记录中寻找共同点。教师此时提出创思点：这些记录有什么相同的地方？这次在对比重复的过程中，在抽象的记录中，再次感知重复的定义，理解不管是什么物体的规律、采用怎样的记录方法，它们的共同点都是一组一组重复出现的，每组相同。这次对"重复"定义的理解脱离了具体的实物图，是通过符号化的记录进行的，是思维的一次飞跃。

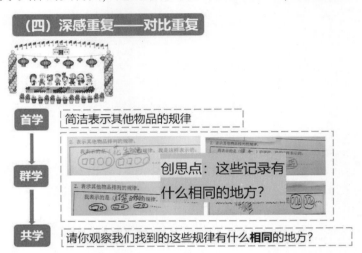

图 10

5. 初感奥妙——推理未知

本环节的"四知"和"四问"如图 11 所示，本环节的设置主要是揭示"奥妙"是什么，学生很容易想到用画图法来解决，也有学生会想到用除法算式。

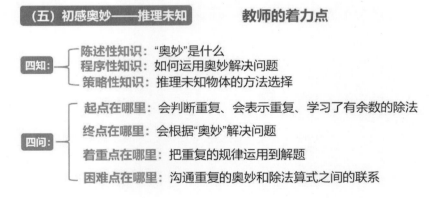

图 11

教学过程如图 12 所示，教学重点则是让学生探索第 15 个人的性别，"画一画"和"算一算"，再将画图法和算式法结合起来。不管采用何种方法，都要说清楚创思点：第 15 个人应该是第几组、第几个？在学生汇报的时候，培养其他学生仔细倾听的好习惯。

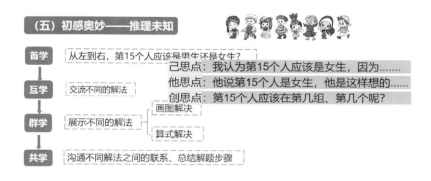

图 12

6. 深感奥妙——总结方法

本环节重点是总结策略性知识, 探究画图法和算式法的适用条件, 形成策略性知识(如图 13 所示)。

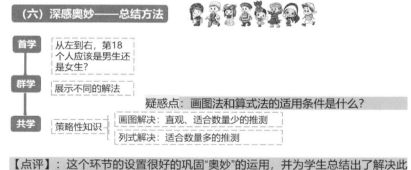

图 13

7. 板书设计

本课的板书设计如图 14 所示, 三类知识分块呈现, 重点突出, 板书设计可视化。

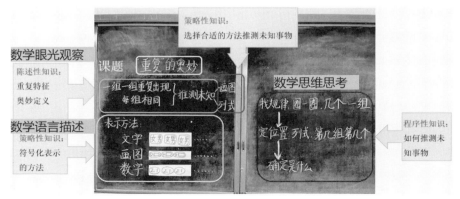

图 14

五、结语

在教学中引入"成都 16 点"导学策略，能有效地提升学生参与的有效性，促进深度学习，使学生思维能力和核心素养得到良好发展。小学生的数学能力培养是一个长期而系统的工作，在教学中我们必须注重教学过程的设计和对学生学情的分析，引导学生充分发挥自主性，使学生真正达到深度学习，使学生的数学能力得到进一步提升，数学核心素养能力得到更好的发展。

参考文献

[1] 董晶 . 基于深度学习理论的小学课堂教学的实践研究 [D]. 山西师范大学，2019.

[2] 郑大明 . 建设有质量的深度学习——"成都 16 点"深度学习导学策略简析 [J]. 教育科学论坛，2019（12）：16–18.

大概念统整的跨学科项目化学习实践研究

成都市新都区北星小学校　何　欢　冯程香　杨薪叶　叶丹萍　章　磊

摘　要： 大概念跨学科项目化学习是指抓取所学知识核心，将不同学科零散的知识进行联系学习，通过项目设计和跨学科合作，让学生在实践中学习和应用知识的教学方法。这种方法不仅可以帮助学生更好地理解和应用数学知识，还可以培养学生的合作能力、创新思维和实践能力。本文将结合小学数学实际案例谈谈如何进行大概念统整的跨学科项目化学习。

关键词： 大概念　跨学科　项目化

一、跨学科学习背景

数学是人类劳动实践和智慧的结晶，数学课程与劳动课程有天然的亲缘性，将数学课程与劳动课程整合，有助于提升学生的学习能力。

目前小学数学课程以探究学习为主要方式，要求给予学生充足的探究与思考时间，让各个层次的学生都能充分思考，强调学生在体验和探究过程中的主体学习地位，开发学生的创造能力，培养学生的创新精神，而劳动教育也提倡学生亲身经历，在实践过程中动手动脑。因此，劳动教育课程与数学课程融合是学生体力、智力、情感的结合，是相得益彰的。

劳动教育的出发点和归宿点与数学课程是一致的。《小学数学课程标准》中指出，义务教育阶段的数学课程强调从学生已有的生活经验出发，把学生亲身经历的实际问题抽象成数学模型，再回到生活中进行应用。

由此可见，在数学课程中引导学生将在数学中形成的模型和得到的认知融入生活，通过劳动教育，实现"教劳"有效结合，进一步培育学生的综合素养，达到全面育人的目的。

二、提炼大概念

（一）"向上"解读课标

《周长》单元在义务教育数学课程中属于"图形与几何"中的"图形的认识和测量"板块。第二学段内容要求指出：需要结合实例认识周长，探索并掌握长方形、正方形的周长计算公式；在图形的认识和测量过程中，增强空间观念和量感。其中，空间观念是指对空间物体或图形的形状、大小及位置关系的认识，本单元培养的空间观念主要在于根据物体特征抽象出几何图形；量感是对事物的可测属性以及大小关系的直观感知。无论是何种属性的计量，都要让学生在精心设计的操作体验活动中，感受量的大小、量与量的关系。在生活实践与理论推算的对比体验中，形成量感这一重要的数学素养。本单元所要培养的量感，主要是感知度量工具和方法引起的误差，能合理得到或估计度量的结果。

可以看出，空间观念和量感两个数学核心素养都需要在测量活动中进行更好的建构。《义务教育劳动课程标准（2022版）》在学段目标中对测量活动也提出了明确的要求：根据劳动任务选择合适的材料和工具，即学生在测量之前需要根据测量劳动任务选择合适的测量工具；能规范地使用常用的劳动工具，了解常用材料的作用与特征，也就是需要学生在测量的过程中对测量工具进行规范使用，达到测量目的。针对学生在测量过程中遇到误差较大的问题，《义务教育劳动课程标准（2022版）》在学段目标中指出：对劳动过程中遇到的问题具有好奇心和探究欲望，需要学生对测量过程中遇到的误差问题进行探究并解决。

（二）"向下"分析教材——纵向梳理

学生在一年级下册认识长方形、正方形、三角形、圆等基本图形，在二年级上册认识了长度单位厘米、米，在二年级下册认识了分米、毫米、千米，长度单位认知进一步丰富，又认识了长方形、正方形特征，以及平行四边形，对基本图形又有了深入的认识。本单元的主要内容为三个：认识周长，会计算长方形、正方形、多边形周长，运用周长等知识解决生活中的简单问题。后续还将认识面积，认识面积单位，计算长方形、正方形面积等。

由此可见，在之前的学习中，学生积累了大量关于长度的认知，为本单元周长概念的认知奠定了基础；积累了大量测量经验，帮助学生积累测量周长的活动经验；积累大量图形认知，为本单元图形周长的简便计算奠定了基础。本单元也是以后进一步学习其他平面图形周长和面积有关知识的基础。看来本单元是连接一维测量与二维图形的关键，借助测量长度的经验获得相关周长的直观经验，从表象中建立周长的概念，形成初步的空间观念，学生的量感也得到发展。

（三）"向下"分析教材——横向梳理

本单元共计3课时，《什么是周长》一课结合具体实物即树叶和书本，在观察、思考、操作等活动中，认识物体表面或图形的周长；"试一试"尝试计算不规则多边形的周长，从多角度理解周长的意义，解决身边简单的周长问题。《长方形周长》一课旨在理解并掌握长、正方形周长的计算方法，并能正确计算。能运用长方形和正方形周长的计算方法解决实际生活中的简单问题，体会策略的多样化。对图形周长的计算方法的探索需要经历实际测量的过程，在做中学、学中做，再一次印证了选择周长单元和劳动进行融合是比较契合的。

综上分析，大概念为：在实践操作中理解周长的意义。三级概念如图1所示。

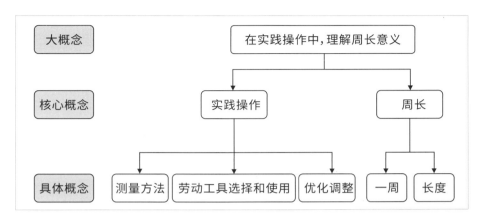

图1 三级概念图

三、外显大概念

提炼出大概念后，需要将大概念以目标细化的形式进行外显。基于大概念的单元教学总体目标是以大融合、大发展，总目标是促进学生综合理解和融合创生；再根据大概念架构出教学内容体系：从学生知道什么（知道什么是物体的一周，知道什么是周长，知道长，正方形周长计算公式）、理解什么（理解什么是周长）、能做什么（会测量物体的周长，会计算物体的周长，会用优化的方法解决问题）、想成为什么（成为一个会用多学科知识解决现实问题的人）。

四、建构大概念

在前面的分析中，我们已经认识到本次学习要发展学生的空间观念和量感这两个数学素养，以及会正确使用测量工具等劳动能力。那应该如何进行建构呢？根据发展学生核心素养的最终目标以及本次学习内容的特殊性，我们认为可以通过项目化学习进行建构，通过解决真实性的问题，引导学生积极主动完成学习任务，在实际操作中建立周长的表象，从而更加清楚地理解现实生活中空间物体的形态与结构，以便于形成空间观念；在测量过程中提高学生正确使用测量工具的能力，以便于形成量感。

项目化学习需要借助真实的问题。那么，借助什么样的真实事件来展开本次项目化学习呢？契机来自我们学校劳动育人中的种植园课程，三至六年级的班级都有属于自己班级的种植基地，他们在这里孕育新生命。随着所种植的蔬菜长得越来越好，问题也随之出现。由于种植园是对外开放的，在种植园散步的居民们很容易"顺手"带走一些蔬菜。长此以往，孩子们的蔬菜就变得越来越稀少。基于这一背景，我们确定了本次项目化的主题为"种植园保卫队"，驱动性问题为：由于种植园是对外开放的，蔬菜容易被盗，如何减少这类现象的发生？其对应的本质问题是：至少需要多少篱笆？

要完成这个项目，需要一个个子任务群的驱动以及学习活动序列，帮助学生完成这个挑战，从而建构大概念。我们设计了 4 个递进式的具体课时，对应子问题群和学习活动。

（1）**入项活动课**：在与学生共同探讨种植园问题时，教师提出驱动性问题，并对此展开讨论，最终达成共识：用围篱笆的方式来解决，并确定下一步解决方向：要想保护好种植基地，至少需要多少篱笆？

（2）**新知建构课**：针对"至少需要多少篱笆"进行探讨，明确解决这一问题需要解决"在哪里围篱笆""围多长的篱笆"等问题。本节课借助菜地图片等学具对周长及周长的计算方法进行学习，为后续的实操奠定基础。

（3）**探索、形成成果课**：有了上一节课的理论学习，本节课就带领学生到种植园进行实际测量，在测量过程中遇到问题及时反馈并进行调整，最终得出篱笆的长度。教师结合篱笆的长度提供可购买的多个商家，学生综合考虑多种因素，如材质、高度、价格等，最终确定购买方案。

（4）**成果展示课**：购入篱笆后，就"怎样围好篱笆"进行深度思考，带领学生进行实际操作，对菜地的篱笆进行搭建，并挂上标语；完成后书写劳动日记，对整个过程进行反思总结（见图 2）。

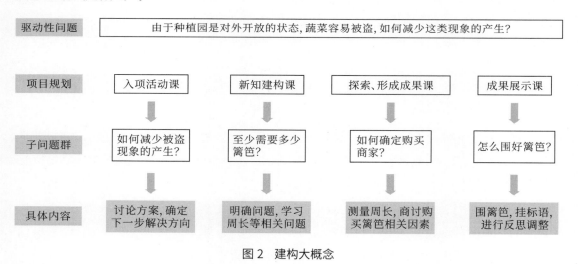

图 2　建构大概念

五、项目具体实施过程

（一）入项课

本次课堂围绕"种植园的蔬菜总是被人顺走"这个实际问题展开，教师适时提出驱动性问题："由于种植园是对外开放的，蔬菜很容易被盗，如何减少这类现象的产生？"学生们进行讨论交流，并秉持节约的原则确定了"至少需要多少篱笆"这个本质问题。此环节旨在借助真实情境提高学生解决问题、分析问题的综合能力。

（二）新知建构课

活动一：对比感知

学生通过画一画的方式为菜地加上围栏，通过对比不同的加围栏的方式，体会什么是一周，明确应该沿着菜地的一周加上围栏。此环节旨在帮助学生分析本质问题，要解决"至少需要多少篱笆"，先要解决"在哪里围"这一问题，并明确其实质就是图形的一周。

活动二：明晰问题

在学生明确了应该沿着菜地的一周加上围栏后，教师顺势提出"要解决的问题是'至少需要多少'围栏"。另外，我们还需要知道什么呢？学生通过生生互动明确要解决"至少需要多少围栏"就要知道"菜地的一周有多长即菜地的周长是多少"。此环节旨在引导学生记清本质问题，将其转化为学生能够理解的具体学科能力点和知识点，在本次项目化活动中具体体现为数学学科中的周长。

活动三：实践操作

此环节为小组合作环节，学生借助直尺、线等测量工具对模拟菜地的周长进行测量，探索测量周长的方法，进一步感悟周长是一周的长度。此环节旨在为学生下一节课实地测量菜地的周长打下基础，进一步明确研究对象即菜地的周长。

（三）探索形成成果课

基于学生上节课的学习经验，学生对于周长已经有了较为深入的理解，所以在探索形成成果课中，学生将实际测量不同类型的菜地周长。在测量过程中学生遇到问题自行进行调整，从而解决"需要购买多长篱笆"的问题。由此，在探索形成成果课中设计了以下三个活动。

活动一：实地测量

学生需要实际测量并准确记录数据，用于计算篱笆的长度。在测量的过程中学生积累了发现和解决问题的经验。例如，选择哪类测量工具进行测量，软尺长度不够测量的调整策略，多次测量结果有误差的形成原因。本环节旨在让学生经历做中学，提高学生解决问题的能力。在测量过程中，选择合适的测量工具，掌握准确测量的方法，对测量过程中遇到的误差问题进行探究并解决，提高劳动能力，并发展量感。

活动二：计算篱笆长度

学生根据实际情况计算篱笆长度，包含以下两种模型："靠墙"和"不靠墙"。"不靠墙"类型要引导学生利用长方形的特点简化测量和计算的过程。"靠墙"类型需要借助实际测量经验，帮助学生突破"菜地周长≠篱笆长度"这个关键点。本环节旨在根据劳动进展情况适时优化调整，发展学生优化的数学思想。

活动三：选购篱笆

教师提供不同的商家让学生对篱笆进行选购。选购篱笆不仅要考虑长度因素，还要综合考虑多种因素，如材质、高度、价格等，这样才能最终确定购买方案。本环节旨在提高学生综合分析和解决问题的能力。

（四）成果展示课

在经历了前面一系列环节后，学生确定了具体的操作方案。此时孩子们就可以去种植园中围篱笆了。在围篱笆的过程中，学生也遇到了一些困难：怎样确定每块篱笆的位置？怎样才能让篱笆稳稳地扎在泥土里？孩子们在这个过程中体会劳动人民的艰辛，感受收获带来的成就感。除了篱笆之外，同学还争相为种植园设计宣传标语（见图3）。

图3

六、评价大概念

在项目完成之后，同学们通过自评和他评回顾自己在这次活动中的表现（见表1、表2、表3），这样能够促进学生对自己的学习进行反思，有助于培养学生的独立性、自主性和自我发展、自我成长能力。

表1

《种植园保卫队》项目化学习自评表（测量活动）	
你在完成这个项目的过程中是否进行了详细的研究？是否对数据进行了分析和解释？请给自己在下列维度上打分，总分5分表示最高分，1分表示在这个问题上还有待努力。	
具体表现	自评分
1. 我测量工具选择是很正确的。	
2. 我的测量步骤是清晰的。	
3. 我和我的小伙伴共同制定了测量方案。	
4. 测量过程中，我们小组分工是明确的。	
5. 小组合作中，我能勇敢提出问题。	
6. 我能用合适的表达方式将我的方法进行整理和呈现。	
7. 我对我的方法进行了严谨的推理论证。	
总体来说，我给我自己的成果打分是（　　　　）分。	
原因：	
一旦你签名了，表明你对自己的评价是公正而客观的，是诚实而准确的。	
签名：	

表2

《种植园保卫队》项目化学习自评表（测量活动）	
你在制作这个成果的过程中是否进行了详细的研究？完成效果怎样？请给自己在下列维度上打分，总分5分表示最高分，1分表示在这个问题上还有待努力。	
具体表现	自评分
1. 我能选择合适的围栏。	
2. 我能构思合适的安装步骤。	
3. 我能准确找到安装围栏的位置。	
4. 我能把围栏安装得牢固。	
5. 我能把围栏进行美化。	
6. 我安装的围栏能达到效果。	
7. 我能对安装方法进行总结。	
总体来说，我给我自己的成果打分是（　　　　）分。	
原因：	
一旦你签名了，表明你对自己的评价是公正而客观的，是诚实而准确的。	
签名：	

表3

数学项目化学习研究性实践评价量规		
评价内容	评价标准	得分
数据收集	能找到适当的方法减少测量中带来的误差，使数据准确。	☆☆☆☆☆
数学思考	能根据实际情况思考怎样测量周长以及优化测量方法。	☆☆☆☆☆
数学表达	能在课堂将实际测量过程中遇到的问题以及解决的策略进行表达。	☆☆☆☆☆
个性展示	能运用数学、美育等知识完成标语的设计小报。	☆☆☆☆☆

七、评价与反思

从本次项目化活动中，可以看出数学与劳动的紧密联系。如何把握这两者之间的关系呢？我们认为准确分析课标，利用小学数学教材当中一些相关的劳动教育资源，是开展数学与劳动融合教育的重要前提。一方面要充分利用教材中的"显性"劳动教育资源，如整理房间、烙饼问题、测量等；另一方面，善于挖掘"隐性"劳动教育资源。具体来说，我们认为有以下几个途径。

（一）借助数学文化，理解劳动的意义

基础教育阶段的数学要求"能为学生未来生活、工作和学习奠定重要的基础"。在北师大版一年级上册《古人计数(11~20各数的认识)》一课中，改版后本节内容的课题由原来的"捆小棒"更改为"古人计数"，并增加了"古人计数"的主题情境图"古人计数"的故事，渗透了自然数的产生与发展过程。通过了解"基本数觉→数数阶段→实物计数→手指计数→符号计数"这一过程，学生认识了人类在漫长的生产劳动中创造了文明，人类取得的每一次进步都离不开劳动创造。

（二）通过数学活动，提升适应社会的能力

适应社会是每一位学生成长必然经历的过程。在数学活动中渗透劳动教育有助于让学生在劳动中发现问题并且依靠自己的能力解决问题，并在这个过程中积累经验，增强动手能力。在北师大版教材一年级上册《整理房间》一课中，教学目标首先是在观察、比较、交流等活动中，初步体会分类的含义和方法，感受分类在生活中的作用，获得分类的数学基本活动经验，形成分类的意识，养成良好的劳动习惯。小劳动也有大思考，在低学段数学教学中，我们适时在"综合与实践"活动中将数学教学与劳动教育有机结合在一起，促进学生劳动习惯的养成，进一步提高其孩子适应社会的能力。

（三）利用数学之美，感悟劳动创造美的价值

将数学特殊的、自由的美与劳动教育相结合，使学生真正参与劳动实践并有所收获，获得他人与社会的肯定，产生愉悦感，获得精神上的满足。北师大版教材二年级下册《欣赏

与设计》一课，要求学生在学习三角形、正方形、长方形、平行四边形等基本图形的基础上，通过欣赏漂亮的图案来分析基本图形，使学生能用这些基本图形设计出漂亮的图案，从而发展学生的空间观念。同时，学生在观察、分析、设计的过程中，学会欣赏美、感受美、表达美，体会劳动创造的美。

（四）在数学教学中渗透劳动教育，发展学生的数学智慧

智慧的数学不应该只是一个由讲解到接受再到熟练的程序性学习过程，启迪智慧需要紧密伴随积极的数学思考过程。在数学教学中渗透劳动教育，应努力提供多样化的学习方式和解决问题的思路，并鼓励学生通过交流，丰富数学思考，开启数学智慧。北师大版三年级下册"小小设计师"主题活动，教师可以设置四人一小组进行活动，届时进行小组评比。同时，小组合作在课堂"自己设计图案"环节，让学生进行头脑风暴。不同小组进行竞争，组内成员也会为了设计出与其他人不同的风格而更加专注思考。小组活动既能培养学生在集体中交流合作的能力，也有助于他们感受劳动的快乐。

以上四个途径需要数学教师合理地将劳动教育渗透到小学数学实际教学过程当中，改变过去劳动教育仅仅依靠劳动课的观念，真正将劳动教育融入日常教育教学的点点滴滴。

参考文献

[1] 李静 . 面向核心素养的小学数学跨学科项目式学习研究 [J]. 中国现代教育装备，2024(10):50–52+56.

[2] 彭纯棋，盛礼萍 . 小学数学跨学科项目式学习流程建构与案例设计——以"我是小小营养师"为例 [J]. 南京晓庄学院学报，2024,40(02):16–23，123–124.

[3] 孙庆亮，任亚南，闵梦媛 . 小学数学跨学科教学实践探究 [J]. 小学教学参考，2024(8):93–95.

[4] 杨林，林莎莎 . 大概念统领下的初中数学跨学科项目式学习的实践分析 [J]. 数理天地 (初中版)，2023(21):86–88.

浅谈小学数学培养学生知识结构化能力的策略

新都区西街小学　罗　兴

摘　要: 数学是研究数量关系和空间形式的学科, 主要研究数量和数量关系、图形和图形关系。小学阶段知识结构呈螺旋式发展, 新旧知识有紧密联系。[1] 根据学生的认知规律和心理发展规律, 学生在小学阶段要掌握的知识是零散未成体统的, 教师在从事教学工作中, 应该有意识培养学生对知识的整理概括能力, 发展学生知识结构化能力和逻辑思维品质。

关键词: 小学数学　知识结构　逻辑思维

《义务教育数学课程标准（2012 年版）》提出, 课程内容结构化特征明显, 重点对内容进行结构化整合, 探索发展学生核心素养的路径, 明确学生要"三会", 体会数学知识之间、数学与其他学科之间、数学与生活之间的联系。教师既要根据学生的认知规律和心理特征帮助学生建立知识的认知结构, 还要深入理解教材并对部分知识进行重构, 从整体性和系统性出发, 设计结构化的教学活动, 有意识地培养学生知识的结构化能力, 从而构建高效课堂, 培养学生核心素养。

小学知识结构应该是一个整体, 点连点成为一条线, 线连线成为一个面, 面与面碰撞形成一个系统。通过每一节课对知识的探究, 帮助学生发现问题、探究问题、解决问题, 掌握基础知识、基本技能, 获得基本经验和方法。下面基于"点"—"线"—"面"—"体"思路浅谈培养学生知识结构化能力的策略。

一、夯实基本概念（基础知识"点"）, 养成归纳总结习惯

（一）丰富表象, 不断抽象概括

根据学生的心理特征, 小学低学段学生以培养学生学习习惯为主, 基础知识点较少, 教学任务比较轻松。习惯包括倾听习惯、表达习惯、做题习惯等。随着年级的升高, 知识点由易到难, 层层递进, 牢固掌握每个知识点成为数学学科学习最基本的途径。教师在学生探索知识的过程中, 应有意识地培养学生归纳总结的习惯, 使学生掌握完整的数学知识体系。

例如，在本校一次常规教研课（五年级上册《分数的基本性质》）教学中，教师准备分数墙、纸、绳子、圆片等材料让学生写出几个相同的分数，再通过观察分数分母、分子的变化得出分数的基础性质：分数中，分子和分母同时乘或除以一个不为 0 的数，分数的大小不变。综观这节课，教师通过大量的探索活动最终得出这个结论，用告知学生的教法也可以完成教学任务。但是，以培养学生核心素养为宗旨，让学生观察发现总结得出使结果更有说服力。从学生的发言中，发现学生对概念有了深刻的发现：

生 1：从左往右看，分数的分子和分母同时乘相同的数，但是从右往左看，分子和分母同时除以相同的数。

生 2：乘和除以的数不能为 0，因为分母乘 0 得 0，0 不能作为除数。

生 3：从分子和分母扩大的倍数是 1.5，说明这里"同时乘或除以相同的数"可以是整数，还可以是小数……

生 4：我发现这个规律和以前学习的商不变规律相似……

这样设计教学，学生的总结能力得到了提升，同时学生对分数的基本性质有更深刻的认识。

（二）创设情境，有效唤起回忆

情境可以激发学生浓厚的学习兴趣，常见的创设情境的方法有多媒体展示、故事情境、生活问题和教师提问导入。好的情境不但能够激发学生的学习兴趣，引发学生在情境中发现问题，主动探究新知、获得知识，还能唤起学生对学习内容的回忆。在探究"3 的倍数特征"时，我运用"猜想验证"的思想设计导入环节：昨天我们学习了 2 和 5 的倍数特征，知道要去看"个位"，今天我们要探索 3 的倍数特征，同学们猜一猜它有什么特征呢？这个导入引发了学生浓厚的探究兴趣。学生大胆地猜：个位数可能是 3、6、9。各个数位上的数加起来是 3、6、9。从学生的"猜想"来看，把"2 和 5"的倍数特征迁移到 3 的倍数特征（个位上），又想到与 3 的倍数有关的数字 3、6、9。说明学生思考了的，实现了知识回忆和迁移。

二、理清教材纵横"线"，建构知识结构能力。

（一）横线：整合单元知识，调整教学顺序

教材内容不是孤立存在的，一般和一个单元的其他内容构成一个认识单元。单元与单元之间看似独立，实则也有关联。数与代数、图形与几何、统计与概率等几大领域，一个学期会有 6 或 7 个单元共同呈现这几大领域的知识，其中会出现几个单元共同研究一个领域的问题。因此，教师要理清教材单元与单元之间这条横线。比如，在学习五年级上册第二单元《轴对称和平移》后，教师可以及时调整教学顺序，趁学生对这个单元图形的两种运动方式还有"余热"时，顺势引导学生进入第四单元《多边形的面积》的学习。在研究

平行四边形面积时，通过割补法、平移拼接法转化成长方形。学生充分认识课时内容之间的内在联系，相互渗透，融合衔接，形成单元的整体认知结构。

（二）纵线：知识点前后关联，关注知识点的"再认识"

要使学生掌握教材中的知识体系和重点内容，必须在头脑中形成一个逻辑清晰、逻辑严密的知识网络体系，这样才能有效地培养学生对数学知识的深度理解和归纳总结能力。例如，学生在三年级上册初步学习分数，认识分子、分母、分数线，会简单进行同分母分数的加减运算后，五年级上册第五单元再次学习分数的意义，醒目的课题《分数的再认识》使学生对分数这一知识结构有全面深入的了解。教材别有用心的设计有利于构建结构化知识，教师应该理清"再认识"这条纵线，融会贯通，使知识系统化和整体化。

三、找准内在联系，正确形成知识结构脉络"面"

（一）找准知识的关联点，做到课前有"知识储备"

小学阶段是学生构建整体数学知识体系的重要时期，教师要注重引导学生找到新旧知识之间的关联点，使知识结构得到重组，形成完整的结构认识。如在教学平行四边形面积这一课时，运用猜想验证思想，先让学生猜想：平行四边形的面积可以转化成学过的哪个平面图形？再通过割补法把平行四边形转化成学过的长方形面积。那么，教师在备课时就应该思考在这节课中学生应该具备哪些知识储备（三年级学习了周长和面积概念，在格子图上拼小方块的方法推导出长方形和正方面面积公式，在五年级学习在格子图上比较图形面积的大小，认识了平行四边形、三角形和梯形的底和高的认识）和能力储备（会准确做出给定底边上的高，会用割补、平移等方法转化图形）。有了这些储备，学生在解决这节课的核心问题时会水到渠成。

（二）把握知识的生长点，完善知识结构

数学知识是一个完整的认知系统，教师在教授知识的同时，要帮助学生完善认知结构，把新知识纳入原有的认知结构。

再以平行四边形面积为例，图1把平行四边形转化成学过的长方形面积计算的探究活动，推导出平行四边形面积公式就是知识的生长点，最后探究发现长方形和正方形的面积虽然是两组邻边相乘，但它们的邻边都具有相互垂直的关系，平行四边形面积由底和高相乘，也是一组垂直的线段相乘，后面梯形的面积可以用（上底 + 下底）× 高 ÷2 计算，三角形面积用底 × 高 ÷2 计算，也可以用中位线 × 高表示，也是一组垂直的线段相乘。在学习平行四边形面积后，安排三角形和梯形面积的探究活动，学生有了探究经验，把平行四边形的面积公式从新知转向旧知，为后面两个平面图形的面积推导奠定基础。教材明线是推导平面图形面积计算公式，抓住平面图形面积计算的统一本质属性是一条暗线，教师应该加强对教材的研读，整合板块之间的规律秩序，帮助学生逐步完善知识结构，促进学

生结构性思维的发展。

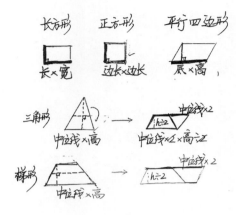

图1

（三）灵活运用知识外延点，培养思维品质

数学知识如一张"蜘蛛网"，一个知识点会演变出许多相关联的知识点，这些相关联的点就是知识的外延点，也是学生思维训练的所在。教师要善于抓住外延点灵活运用，提高学生解决问题的水平。例如，在五年级上册第四单元多边形面积中，学生掌握了平行四边形、三角形和梯形面积后，可以将知识外延（见图2）。

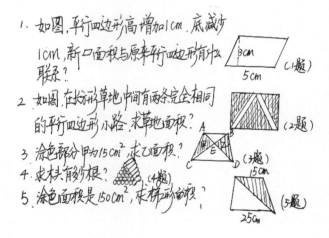

图2

（1）把图形的底和高进行增加或者减少，举例验证图形面积的变化。

（2）运用求多边形面积知识解决实际问题。

（3）运用同底等高的三角形面积相等知识解决问题（蝴蝶效应）。

（4）利用梯形面积求原木根数问题。

（5）运用图形各部分间的关系求面积问题等。

综上所述，巩固学生的基础知识，用生长点完善学生的知识结构体系，用延伸点锻炼学生的思维能力，为六年级学习"体"的知识奠定基础。教师只有立足教材，才能实现数学知识的内化和迁移。

四、立足教材框架结构"体"，运用可视化工具优化教学 [2]

小学教材的内容分为数与代数、图形与几何、统计与概率、数学好玩 4 个领域，根据学生的年龄特征，每个领域都有深层次的知识。我们以"图形与几何"领域"方向与位置"为例，一年级上册学生认识上下、前后、左右；二年级上册要求学生辨认东南西北，下册会辨认东南、东北、西南、西北 8 个方向；四年级能描述简单的路线图，能用数描述位置；五年级下册根据方向与距离确定位置。

教材内容框架是由浅入深培养学生的基础知识、基本技能、基本思想、基本活动观念，提高提出问题、分析问题和解决问题的能力。教材从简单的图画入手，认识示意图、画示意图，最后通过示意图解决方向与位置问题。小学阶段的学生以形象思维为主，到了小学高学段，学生的抽象思维基本形成。由于"位置与方向"的内容独特性，教师还可以利用可视化工具进行辅助教学，帮助学生把抽象难懂的数学知识和题目转化成生动形象的图形、表格等，从而提高教学效率，优化课堂教学（见图 3）。

图 3

五、结　语

发展学生"知识结构化"能力是培养数学核心素养的重要教学手段。教师在教学中要有意识去做这项工作，使学生的能力逐步提升。

参考文献

[1]　叶宝香. 论数学知识的关联点、生长点与延伸点 [J]. 基础教育，2018(7).

[2]　胡月，王曦. 浅谈小学数学培养学生知识结构化能力的策略 [J]. 东南西北，2021(1):395.

[3]　杨小丽. 小学数学知识结构化促进思维结构化的思考 [J]. 基础教育论，2021(1):30, 32.

基于核心素养培养的小学数学课堂构建探析

成都市新都区南丰小学校　　冯光倩

摘　要： 本文分析核心素养对小学数学课堂构建提出的新要求，从创设有意义的教学情境、设计启发性的数学问题、合理构建数学知识模型、注重联系学生生活实际、立德树人渗透数学文化几个方面入手，重点探讨如何以核心素养为导向构建小学数学课堂。

关键词： 核心素养　数学课程　课堂构建

《义务教育数学课程标准（2022 年版）》指出，要围绕核心素养确定课程目标，落实立德树人的教育根本任务，促进学生全面发展。由此可见，新课标对数学课程教学提出了明确要求，需要教师以核心素养为导向，透彻分析学情与教育形势，基于现状找准课程教学方法，构建数学课堂，培育学生的数学综合能力。但是现阶段，部分教师在数学课程教学时存在一些问题，如教学方法单一陈旧、忽视学生主体性、现代信息技术运用不合理、数学文化内涵挖掘不到位等。这在降低教学质量的同时，也制约了学生核心素养的形成与发展。因此，基于以核心素养为导向构建高效优质的数学课程，是本文的研究重点。

一、核心素养对小学数学课堂构建提出的新要求

在教育教学领域内，作为教授数学课程的教师而言，若想于教学中落实立德树人的教育根本任务，则需要基于新课标背景，明确核心素养的内涵，提高其培养重视程度。以此为前提条件，精准定位教学目标，将核心素养贯穿于数学课堂教学的始终，促使其朝着品质化、高效化、生本化的方向发展。

（一）增强教学趣味性含量

小学生爱玩好动，注意力集中的持续时间相对较短。因此，教师要对学生心理规律进行精准化把握和透彻全面分析，将学生年龄、特征融入教学要求，组织趣味化教学活动，让学生积极主动学习，落实核心素养。

（二）构建平等师生关系

教师切勿以强硬的态度对学生加以要求，而要以亦师亦友的方式亲近学生，让学生感受到教师的关心和爱护。因此，在课堂中，教师要鼓励学生大胆质疑，对于学生提出的疑惑和问题加以耐心解答，努力成为学生核心素养之路的"导航明灯"，构建高效课堂。

二、基于核心素养背景的小学数学课堂构建策略

（一）创设有意义的教学情境

对于处于小学阶段的学生而言，其思维以形象为主。因此，教师在讲解抽象晦涩的数学知识时，要对学生的身体发展现状加以分析。基于学生思维能力的实际情况，通过情境创设的方式将数学知识融入其中，从而构建数学高效课堂。对此，教师可立足核心素养培养，结合学生的生活实际创设教学情境，加强现实生活与数学课程之间的紧密联系，降低学生的理解难度，调动学生的学习热情。

例如，在讲解"分数"相关知识点时，为了帮助学生加深对分数基本概念的理解，明确几分之几的真正含义，并在生活中运用分数，教师可以联系学生的生活实际，创设"分蛋糕"这一教学情境。借助熟悉生活情境的导入，调动学生已有的生活经验，随后深化对分数知识的理解，让学生自觉主动地对分数知识的相关内容进行探索。在这一环节，教师可通过如下方式创设教学情境："同学们，现在老师手里有一块蛋糕要分给你和你的同桌，如何分配这块蛋糕才能够确保你和你的同桌拿到的蛋糕一样多呢？"针对这一问题，生活经验较为丰富的学生可以给出"一人一半"这一答案。此时此刻，教师可以导入二分之一这一分数概念。随后，学生可以对分数进行初步理解。在此基础上，教师继续基于教学情境引导学生："把蛋糕分成两份之后又来了两名同学，你应该如何继续分蛋糕呢？"紧接着，学生根据教师提出的问题进行思考探究。通过创设这一生活化教学情境，帮助学生深化对分数含义的理解，营造轻松愉悦的教学氛围，强化学生的学习体验，引导学生深入思考和主动探究，有利于构建品质数学课堂，落实核心素养培养目标。

（二）设计启发性的数学问题

核心素养强调对学生数学综合能力的培养。这就需要教师根据学生的实际情况，精心设计问题，并充分发挥指导作用。引导学生对问题进行思考、分析、解决，降低学生的学习难度，促使学生的思维逐渐朝着纵深化的方向发展。因此，教师所设计的数学问题，不仅要以数学教材为框架，还需要贴合学生的学情，靠近学生最近发展区，让学生围绕数学问题探究思考，从而获得真知，提高学生的数学综合能力，培养学生的数学思维品质，达到构建数学高效课堂的目的。

例如，在讲解"三角形面积"相关数学知识点时，教师可以让学生事先准备好纸张，用剪刀剪出两个相同的锐角三角形。在此基础上，向学生提出问题："同学们！请你通过动

手操作的方式，把这两个锐角三角形拼接在一起。拼接之后你可以得到一个什么样的图形呢？"对于学生而言，在教师问题的提出之后进行动手操作拼接，得到一个平行四边形。此时此刻，教师继续对学生进行引导，启发学生分析平行四边形和锐角三角形之间的关系，并提出问题："同学们！通过实践操作，你得出了什么结论？你能否通过平行四边形的面积推导出三角形面积的计算公式？"借助这些问题，调动学生思考的主动性和积极性，引导学生基于平行四边形面积公式对三角形面积公式进行交流讨论和实践探索。通过实践的方式，验证已有结论。在这一环节中，可以开发学生的智力，帮助学生加深对新的数学知识点的理解，促进学生消化和吸收，对学生推理能力、思考能力、归纳总结能力的培养具有良好的作用。

（三）合理构建数学知识模型

新课标不仅提出了核心素养的课程教学目标，而且对教师教学角色做出了明确说明，需要教师发挥"传道""受业""解惑"的作用。在围绕数学课程知识向学生进行讲解的同时，还需要指引学生思考问题、发现问题、分析问题和解决问题，启发学生掌握数学学习的技巧方法，帮助学生养成良好的学习习惯。在此基础上，引导学生举一反三。因此，在核心素养视角下，教师可以基于数学知识、数学问题构建模型，让学生分析探寻数学规律，掌握解题的技巧方法，进而达到培养学生建模思维的目的。

以"乘法运算定律"数学知识点为例，通过学习这一数学运算定律，学生可以尝试用不同的方式对乘法运算定律进行表示，并将其应用在实际问题的解决当中。因此，在课堂教学期间，教师可以充分发挥自身的教育引导作用，指引学生按照"初步感悟——做出猜想——举例验证——概括应用"的思维构建模型。例如，在讲解"乘法分配律"数学知识点时，教师可以在黑板上为学生展示"$(3+5) \times 14$"和"$3 \times 14 + 5 \times 14$"这两个数学算式，引导学生根据算式计算出正确的结果。在计算过程中，学生可以发现这两个算式虽然类型不同，但是计算结果相同。这样的方式可以强化学生的初步感知。随后，教师引导学生围绕这两个算式进行观察分析，猜想"两个数的和与另一个数相乘，等于两个数分别乘以一个数的和"。紧接着，教师引导学生通过举例的方式对自己的猜想进行验证。最后，学生根据论证对规律进行总结，并尝试用字母对其进行表述，得出"$(a+b) \times c = a \times c + b \times c$"这一结论。在这一教学环节中，通过感知、猜想、分析、验证、概括等数学活动的开展，帮助学生深入理解乘法分配定律。基于数学模型，对类似问题进行有效解决，这对学生建模思维、问题分析解决能力的培养，具有良好的作用。

（四）注重联系学生生活实际

从整体上来说，数学知识与生活实践之间存在千丝万缕的联系。学生对教师所讲解的数学理论知识理解后，可以将其用于解决现实生活问题，从而提高数学应用能力，增强应用意识。这一环节不仅有利于学生对数学理论知识进行消化和吸收，而且可以培养学生的核心素养。因此，在授课中，教师要加强数学知识与生活实际之间的紧密联系。通过生活案例的导入，对现有的数学课程内容和形式加以整合创新，使学生的知识视野在原有基础上得到进一步拓展。

例如，在讲解"折线统计图"相关知识点时，教师可以对最近一个月的天气情况进行收集和整理，以统计表的方式展示给学生。在此基础上，向学生提出问题："根据统计表中所获得的数据，你能得出哪些结论呢？如果以条形统计图的方式对这些信息进行归纳整理，你会如何对统计图进行设计呢？这个月内有几天会出现下雨的情况，如何通过统计图的方式对下雨天进行标注呢？"提出这些问题，引导学生分析数据，随后根据自己的理解绘制统计图。在学生绘制完成之后，教师可以借助学生所绘制的统计图讲解折线统计图相关知识点，帮助学生深化对折线统计图内涵的理解，并对其进行技巧指导，以便进一步完善学生所绘制的统计图。通过这样的方式，学生不仅可以掌握折线统计图的绘制要点，还可以明确自己的不足之处，并采取有效措施加以改正。在这一教学活动中，教师联系学生生活实际讲解数学知识点，有利于构建生活化数学课程教学模式，对学生数据分析能力、反思能力的培养，具有至关重要的现实意义。

（五）立德树人渗透数学文化

《义务教育数学课程标准(2022 年版)》指出："在教学期间，围绕数学学科，从文化层面入手，加强对先进文化的大力挖掘和融合渗透，继承弘扬中华优秀传统文化。"根据新课程标准可知，教师要围绕数学知识，包括概念、公式、定理等，深层次挖掘其中潜藏的数学文化，妥善处理好数学课程与数学文化之间的关系，并将其融合到课程教学的各个环节，实现学生思维能力和人文素养的协同发展。因此，在小学数学课程的授课期间，教师要注重对数学课程中文化内涵的深层次挖掘。

例如，在讲解"小数的意义和性质"这一知识点时，教师可以利用现代信息技术，以微课短视频的方式为学生展示小数的发展历史，包括刘徽的《九章算术注》和《海岛算经》、元代数学家刘杰提出的小数记法、16 世纪法国数学家用小圆点表示小数点等。通过微课视频的展示，可以帮助学生加深对小数点表示方法发展历史的了解，使学生意识到数学学科的发展是一个循序渐进、螺旋式上升的过程，凝结了无数数学家的智慧，引导学生自觉主动学习数学家孜孜以求、坚持不懈的精神品质。在这一教学活动中，教师借助数学发展史，丰富数学课程教学内容，启迪学生的心灵。

此外，教师还可以为学生布置趣味性数学作业，巩固学生所学知识，培养学生数学综合素养。在讲解完"圆柱和圆锥"相关知识点后，教师可以为学生设计"查一查，做一做"作业，让学生通过网络、书籍等多种方式，收集与圆柱、圆锥有关的内容，包括数学家、发展历史等，并据此制作手抄报。在完成作业的过程中，学生可以加深对数学知识点的理解，还可以更好体会数学家精神。

综上所述，在新课改环境下，教师要深刻理解新课标，意识到核心素养对立德树人任务落实、学生能力全面发展、数学课改目标达成所产生的深远影响，于教育教学中做好核心素养培育工作。因此，教师要以核心素养为导向，创设有意义的教学情境、设计启发性的数学问题、合理构建数学知识模型、注重联系学生生活实际等，构建小学数学课堂，实现学生思维品质、数学能力、文化素养等能力素养的全面提升，彰显数学课程的育人价值。

参考文献

[1] 赵冰心. 核心素养背景下小学数学精准教学途径 [J]. 小学生 (上旬刊)，2023(3):115–117.

[2] 马雪亭. 小学数学教学中发展学生数学核心素养的策略探究 [J]. 考试周刊，2023(4):71–74.

[3] 吴春梅. 创新小学数学教学方式培养学生数学核心素养——谈谈小学数学教学如何培养学生核心素养 [J]. 小学生 (下旬刊，2023(1):97–99.

"核心素养"引领"强四基、提四能"

新都区新新路小学校　刘品兰

摘　要： 课程目标从培养"双基"到"四基"到"四基四能"再到"三会"，数学教学也从关注"教"转向"学"，从关注知识技能的获得转向核心素养的提升，实现从"育分"到"育人"的转变。本文从数学眼光、数学思维、数学语言三方面展示了如何夯实"四基"和如何提升"四能"。

关键词： 核心素养　四基　四能

《义务教育数学课程标准（2022 版）》强化了课程的育人导向，将党的教育方针具体细化为数学课程应着力培养的核心素养（简称"三会"）：①会用数学的眼光观察现实世界；②会用数学的思维思考现实世界；③会用数学的语言表达现实世界。课程总目标描述为——通过义务教育阶段的数学学习，学生逐步做到"三会"：①获得适应未来生活和进一步发展所必需的数学基础知识、基本技能、基本思想、基本活动经验（简称"四基"）；②体会数学知识之间、数学与其他学科之间、数学与生活之间的联系，在探索真实情境所蕴含的关系中，发现问题和提出问题，运用数学和其他学科的知识与方法分析问题和解决问题（简称"四能"）；③对数学具有好奇心和求知欲，了解数学的价值，欣赏数学美，提高学习数学的兴趣，树立学好数学的信心，养成良好的学习习惯，形成质疑问难、自我反思和勇于探索的科学精神。

下面结合日常教学谈谈"核心素养"引领"强四基""提四能"的实践和体会。

一、"数学眼光"引领发现问题和提出问题，扎实基础知识，形成基本技能

"数学眼光"是指人们站在数学家的高度，对客观事物或现象从数、量、形三个方面进行刻画，并从信息提取、信息分类、信息加工，以及信息处理的感觉、知觉、意识、能力等方面审视和表达客观世界。

孩子们最开始对"数（去声）"的认识，就是在实物数（上声）数（去声）一一对应的过程中，不断感受的：数的东西越多，对应的数就越大；当物体同样多的时候，不论它们的形状、大小、颜色如何不同，都用同一个数来表示。如此从实物到抽象的数，就是保留本质属性、舍弃非本质属性建构数的抽象过程。若儿童在入学前能做到比较流畅地实物点数，那他就具备了初步的数感，20 以内的加减法自然就容易算得又对又快。随着

学习的深入，从实物数数过渡到学具数数，从最开始"数小棒"一根一根地数到一捆一捆地数，然后"数小正方体"（从一块一块地数到一条一条地数，从一片一片地数再到一方一方地数），引导学生认识"一""十""百""千""万"等计数单位，初步建构十进制数位顺序表。

孩子们对"量"的认识源于生活中对物体大小、多少、长短、高矮、轻重的比较，源于生活中钟表所呈现的用时、分、秒等为单位的时间长短。二年级上册的《统一测量单位的必要性》让学生强烈地感受到当"数"和"单位"结合在一起的时候更能准确表达物体的多少或距离的长短。丰富的单位模型（长度单位"线"、面积单位"正方形"、体积单位"正方体"等）呈现在学生面前时，教师应适时引导学生把这些单位模型与自己的某些身体部位相联系，学生就会自觉地把实物与相应的身体部位作比较，合理选择恰当的度量单位，进而带领学生实际测量实物的长、宽、高，或边走边实地测量路程的远近等，让学生在亲身体验中感受"数"与"单位"紧密联系。对于质量单位"克"和"千克"，在学生初步掂出实物的轻与重之后，可将实物放到天平或秤上实际称重引入；我们再把单位质量分包装袋，让学生再实际称一称、掂一掂，建立相应的量感。对于质量单位"吨"，由学生的平均体重 × 人数逐步累积到 1000 千克 = 1 吨，再联系汽车、火车的载重，建立"吨"的量感。

学生对"形"的认识，从辨认物体形状开始，由物到体再到面，先直观认识、初步认识，再从最简单的认识线（直线、射线、线段）开始，由线到面再到体，深入研究平面图形和立体图形的形状特征以及其中包含的周长计算、面积计算、体积计算等。有了以上的扎实基础，"求图中阴影部分的面积（图 1）"时，学生就会敏锐地确定阴影部分是梯形，求梯形面积所需要的上底、下底和高就分别是大正方形的边长、小正方形的边长和大正方形的边长，所以面积 =（3+5）× 5 ÷ 2 = 20。因此，独特的数学眼光可以让学生不为乱象所迷惑，做到去伪存真得正解。

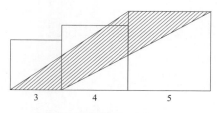

图 1 求阴影部分的面积

二、"数学思维"成就分析问题和解决问题，丰富基本活动经验，提升实践运用

数学思维就是人们通常所说的数学思维能力，也就是用数学的方法去思考问题和解决问题的能力，一般包括运算和推理两方面。北师大版教材四年级下册《奥运中的数学》，就

是引导学生用数学方法去分析、解决体育竞技问题。刘翔的 110 米跨栏是众多"田径"项目中的一种，完成相同长度的奔跑，需要通过比较用时的长短来判定成绩的高低，调用生活经验：用时短、速度快，成绩好；反之，用时长、速度慢，成绩差。因此，第 1 题"计算时间差"就是第 2 题"选择冲刺图"的依据。再如，"跳水"是评委主观打分，调用生活经验：得分越高，排名越前。因此，第 2 题"谁是第一名？谁是第二名？谁是第三名？"需要对三人的得分总分进行比较。但是已知条件仅有"最后一跳前"两两之间的差距和"最后一跳"的三人得分，不能直接计算总分再行比较。从"最后一跳前"两两之间的差距，我们能够初步判断"最后一跳前"何冲第一名、德斯帕蒂耶斯第二名、秦凯第三名。能否找到最后的差距来确定名次呢？"最后一跳"，100.70 分 > 98.00 分 > 96.90 分，何冲仍然领先，全程都领先，何冲肯定是第一名；关键是如何确定第二、第三名。再次比较德斯帕蒂耶斯和秦凯在"最后一跳"中的差距，秦凯比德斯帕蒂耶斯领先 98.00 减 96.90 = 1.10 分，因为 1.10 分 < 7.65 分，不足以弥补"最后一跳前"落后的 7.65 分，所以德斯帕蒂耶斯第二名、秦凯第三名。整个排名过程还可以更简洁，借助画图的方法来思考：何冲是最多 + 最多 = 第一，德斯帕蒂耶斯前面领先的 7.65 大于秦凯后面领先的 98.00 减 96.90 = 1.10，所以德二秦三。

再如，五年级下册《露在外面的面》，这是《义务教育数学课程标准（实验稿）》颁布实施后，北师大版教材较原人教版教材新增的内容，对学生深刻认识"表面积"、解决与表面积相关的实际问题具有重要意义。但是，它与"观察物体"容易混淆。因此，上课开始，我们就要创设情境调用学生的生活经验，引导学生对比"露在外面的面"（是指物体与空气相接触的部分，是客观存在的）与"观察物体"（是观察者实际看到的，与观察者的角度有关，易受主观影响）的异同，从而建立"露在外面的面"的正确概念，为后续正确解决与表面积相关的实际问题奠定坚实的基础。同理，与长正方体的棱长和、底面积、侧面积、表面积、体积、容积等紧密相关的实际问题都需要在活动经验的基础上，经过数学思维转化成数学问题，方能正确解答。

三、"数学语言"助力分析问题和解决问题，积累基本活动经验，凝炼基本思想

数学语言是数学思维的载体，是一种表达科学思想的通用语言和数学思维的最佳载体。数学语言可归结为文字语言、符号语言、图形语言三类，包括数学概念、术语、符号、式子、图形等。不同形态的数学语言各有其优越性——概念定义严密，揭示本质属性；术语引入让体系完整规范；符号指意简明，书写方便，且集中表达数学内容；式子将关系融入形式之中，有助于运算，便于思考；图形表现直观，有助于记忆、思考、问题解决。

任何一项数学内容的学习，都是从具体到抽象的过程。孩子们进入小学，数学第一课就是看图说话《可爱的校园》。鼓励学生仔细观察，从具体的事物中抽象出"数"，用数据描述校园中不同事物的数量，进而让事物与事物之间联系起来，用" + "" - "" = "

联结数成为式子，用这些加法算式或减法算式表达相应的关系，初步抽象出加减运算的意义。图形与图形之间的隶属关系或包含或并列，用文字描述难以厘清，适当借助集合图（韦恩图）就可直观呈现（见图2）。

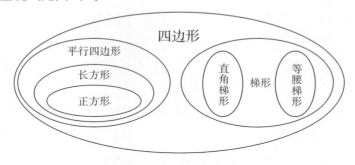

图2　四边形的分类

分类是一种重要的数学思想。北师大版教材一年级上册将"分类"单列为四单元，让学生在"整理房间"的活动中感受分类是需要一个标准的，体会分类在生活中的作用；在"一起来分类"活动中巩固分类需要确定一个标准，体会分类标准的多样化，进而让学生初步感受分类的必要性，初步掌握分类的方法。紧接着，一年级下册"数学好玩——分扣子"活动，让学生再次认识分类标准的重要性，对扣子分类，可以按颜色、形状或扣眼数三个不同的标准分，标准不同，分类的结果就不同；再引导学生分组体验"连续二次分类"，两次分类中，标准的顺序调换，最后分得的结果相同。以上"分类"概念、"标准"术语的启蒙，可以助力学生清楚认识"分类"思想和方法。四年级学习《数图形的学问》，学生就有"按起点分类数"和"按包含段数分类数"两种思路；五年级学习《露在外面的面》，学生也就能理解"按不同方向数"和"按不同主体数"两种方法。

转化思想在小学数学学习中应用比较广泛。在"数的运算"部分，孩子们从认识加法和减法到正确计算10以内数的加减法开始，后续"20以内""100以内""万以内"的加减法都可以通过前面学过的旧知来计算；计算加减法的基本准则"相同计数单位的数相加减"不断明晰，所以小数加减法在把"小数点对齐"后、分数加减法在把"分母变得相同"后，都能转化成相关的整数加减法。在"图形的测量"部分，孩子们从拼摆后计算面积单位的个数得到了长（正）方形的面积计算公式，后续探究平行四边形、三角形、梯形、圆的面积计算公式都可以通过转化前面学过的图形来研究，组合图形的面积计算也通过转化学过的基本图形面积来计算。小学五年级结束时，"化新为旧、化繁为简、化间接为直接"等"转化"策略就会在孩子们脑中根深蒂固，所以六年级学习"圆柱的体积"时便水到渠成了。

参考文献

[1]　中华人民共和国教育部.义务教育数学课程标准(2022年版)解读[M].北京：北京师范大学出版集团，2022:1.

02

实践与反思

大概念统整下的小学数学项目化学习设计与实施
——以"红包里的秘密"项目为例

成都市新都区北星小学校　何　欢　冯程香　叶丹萍　杨薪叶　李　朦

摘　要： 在学科核心素养方面，国家提出了明确的要求："以学科大概念为核心，使课程内容结构化；以主题为引领，使课程内容情境化。"学科大概念是对学科概念之间关系的概括与凝练，是学科知识体系中最上位、最核心和最本质的概念。基于大概念的学科教学将零散的课时（单元）统摄起来，有效解决了目前中小学教学中存在的"浅""散""低"等问题。项目化学习使学生置身于真实情境中，通过问题引发学生对概念的思考与探索，帮助学生深入理解学科概念。因此，将大概念与项目化学习进行有机结合，能更好地促进学生对学科核心知识的理解，是提升学生学科核心素养的有效途径。

关键词： 大概念　项目化学习　学习设计

大概念是学科的关键概念或特质，是学科核心素养的具体化表征，作为学科核心素养融入学科内容的固定锚点，能够让教师沿着清晰明确的线索进行教学设计。大概念统整下的教学实践路径是：确定大概念—外显大概念—活化大概念—建构大概念—评价大概念。下面将结合北师大版小学数学二年级上册"购物"单元谈谈大概念统整下小学数学项目化学习的设计与实施。

一、确定大概念

（一）"向上"解读课程标准，找准单元重点

"认识人民币"包含对元、角、分的认识，隶属于"数与代数"领域中"常见的量"部分。从原则上讲，度量任何事物属性的过程都是一样的，即有被需要度量的对象——用计量单位与被测物体进行比较——得出该物体包含几个这样的计量单位——得出度量的结

果。如图 1 所示，在本单元中，商品价值即度量对象，元、角、分及其个数用于匹配和计量商品价值，最后得到度量结果，也就是商品价格。由此可以看出，计量结果可以通过计量单位及其个数得到，而计量单位是根本。

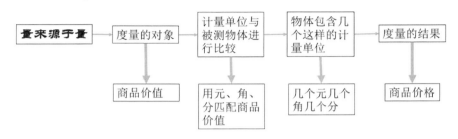

图 1　度量过程

无论何种属性的计量都需要让学生在精心设计的操作体验活动中，感受量的大小、量与量的关系，在生活实践与理论推算的对比体验中形成量感。量感是指学生不使用测量工具对某个量的大小进行推断，并用某个单位表示的量与某个实际物体的大小相吻合的一种感觉。它看不见、摸不着，是一种感觉，更是一种能力，具有一定的抽象性。可见，量感是对事物的可测属性以及大小关系的直观感知。建立量感有助于养成用定量的方法认识和解决问题的习惯，是形成抽象能力和数学应用意识的经验基础。本单元所要培养的量感，主要需要学生知道度量的意义（即货币产生的价值），会对真实的情境选择合适的度量单位进行度量（即对不同的商品选择合适的货币单位进行定价），会在同样的度量方法下进行不同单位的换算（如在我们国家就是对人民币元、角、分进行换算），能合理得到或估计度量的结果。

对人民币的认识不仅是数学学习的内容，还是人们日常生活中必须掌握的生活技能。将数学与生活紧密联系起来，用数学的方法解决生活中的问题，逐步培养学生的应用意识。

（二）"向下"分析教材内容，抓住各知识点的共同属性

本单元主题为"购物"，由 3 课时组成，如表 1 所示，第一课时为"买文具"，结合具体的"买文具"情景，认识小面额人民币，并且知道元、角、分之间的换算关系，感受 1 元的实际价值。第二课时为"买衣服"，结合具体的"买衣服"情景，认识各种大面额人民币，掌握大面额人民币之间的换算关系，并能正确换算。在解决简单的购物问题的过程中，培养学生的数感和思维能力。第三课时为"小小商店"，是对本单元内容的综合运用，感受数学与生活的密切联系，积累购物经验。整个单元都在强调人民币的应用价值，因此需要结合单元目标帮助学生积累购物经验，能够在购物过程中进行有关人民币的简单计算，学会付钱、找钱，感受付钱策略的多样性。由此可见，本单元需要基于具体情境体会人民币在生活中的必要性与实用性，在购物的过程中围绕付钱、找钱的实际情景展开学习，进而

解决实际购物问题，发展应用意识。

表 1　教学目标分析

	教材内容	教学目标
课时一"买文具"	认一认，填一填。	认识小面额人民币，并且知道元、角、分之间的换算关系，也就是 1 元 = 10 角，1 角 = 10 分
	买 1 支钢笔可以怎样付钱？	经历购物过程，感受付钱策略的多样性
	用 1 元买 1 把尺子，应找回多少钱？和同伴说一说，1 元正好可以买哪些物品？	经历购物过程，感受 1 元的实际价值，且能进行简单的计算，积累购物经验
课时二"买衣服"	认一认。	认识各种大面额人民币
	妈妈买 1 件，可以怎样付钱？	掌握大面额人民币之间的换算关系，并能正确换算。在解决简单的购物问题的过程中，体会付钱策略的多样性，培养学生的数感和思维能力
	请你再提出一个数学问题，并尝试解答。	解决生活中的简单问题，培养举一反三的能力
课时三"小小商店"	笑笑买了 1 架和 1 辆，一共需要多少元？奇思付给售货员 20 元，买了 1 盒，找回多少元？淘气想买 1 个，他有 3 张 1 元和 2 张 2 元，他可以怎样付钱？比贵多少元？请你再提出一个数学问题，并尝试解答。	1. 学会付钱、找钱，体验付钱方式的多样性 2. 通过购物活动，巩固 100 以内数的加减法计算 3. 加深对人民币的认识，进一步掌握人民币的换算及计算方法 4. 培养学生应用数学的意识和能力

由此可以看出，教材中本单元的编排目的是通过一系列熟悉的购物活动，激发学生的生活经验。在模拟购物中体会如何付钱、找钱以及其方法多样性，有助于帮助学生积累数学活动经验，发展量感。

通过"向上"和"向下"分析，确定本单元大概念为"借助人民币进行购物，发展学生量感和应用意识"。大概念统整了单元的核心概念与具体概念，只有将核心概念与具体概念找出来，才能更好地理解实现大概念（见图 2）。

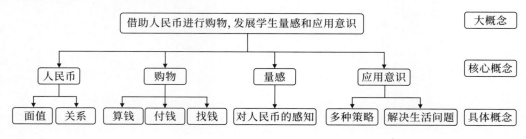

图 2　三级概念图

二、外显大概念

外显大概念是对大概念进行表征和描述，其实质是将核心目标（核心素养）具体化为预期可见的学习目标。借助"KUDB"目标模板，本单元的学习目标设计如下。

Know: 会认人民币。

Understand: 理解人民币元、角、分之间的关系；理解付钱、找钱的本质是计量单位的细分与累加；体验找钱、付钱的多样性。

Do: 能结合具体情境选择合适的人民币支付；会利用元、角、分的关系进行换算；能利用元角分的关系进行多种组合。

Be: 成为一个会购物、具备生活能力的人。

三、活化大概念

活化大概念就是将大概念转化设计成高质量的问题，引导学生在问题解决中学习。

选择何种学习方式，是活化大概念第一步应该思考的问题。本单元建立在一年级学生已经掌握"合"与"分"的基础上。学生对人民币接触较少，在教学中要鼓励学生运用自己的方式找钱、付钱，加强学生购物的体验，结合早期多样化的活动经验，为进一步借助元、角、分学习小数打下坚实的基础。因此，学生对人民币的量感以及与买卖相关的应用意识，必须在学生亲身经历购物的真实情景中才能得到发展。而项目化学习能使学生在学习中更专注、更具有主动性和投入性，同时会让学生对关键概念的理解更为透彻、持久，更容易在新情境中进行概念迁移，培养问题解决的能力和高阶思维。因此，本单元可以采用项目化学习的操作方式。

确认采用项目化的操作方式后，我们就要根据大概念设计核心问题，根据小概念设计子问题群。基于项目化学习的核心问题需要具有情境性，本单元需要解决的本质问题为如何利用人民币进行购物。尽管这一问题本身比较有趣，但代入感不够，因此我们需要将本质问题进行包裹，用学生更感兴趣、更有情境性的方式呈现出来。在科技日益发展的现在，日常生活中孩子们很少接触现金，随着春节的来临，中国人的习俗——发压岁钱，使得孩子们会在这段时间内收到属于自己的红包，拥有部分现金。但即便如此，孩子们对于红包里有多少钱、这些钱可以购买哪些价格的商品是不清楚的。

基于以上分析，我们确定了本次项目化学习的核心问题为：春节作为中国最重要的传统节日，中国人常常会在这佳节时团聚在一起。大年三十，一家人围坐在餐桌旁，对即将过去的一年进行总结，伴随着春晚倒计时的钟声，新的一年在大家的期盼中到来了。此时的你忙着给家人们拜年，伴随"新年快乐恭喜发财"的祝福，他们拿出了你期待已久的红包，但你的妈妈却想帮你保管红包，其缘由便是怕你不认识人民币、乱花钱。你想自己保管红包吗？如何证明你认识人民币，并会合理使用人民币进行购物？

围绕这个项目化的核心问题，我们可以将其分解为四个具有内在联系的子问题：A. 你认识红包里的人民币吗？B. 关于人民币，你知道什么？C. 如何利用你手中的人民币付钱？D. 你能合理使用人民币进行购物吗？这四个子问题分别指向于"认识人民币的面值、关系""购物时算钱、付钱、找钱""利用多种策略解决购物中的问题""提高对人民币的感知"这几个具体概念。

四、建构大概念

建构大概念就是根据大概念设计核心概念及其子问题群，不仅要确保学生始终围绕核心问题及其所承载的大概念展开探究与建构，而且要引导学生围绕子问题群及其所承载的小概念群，逐步解决核心问题和建构大概念。结合以上分析，我们对本次项目化学习的建构过程规划如图 3 所示。

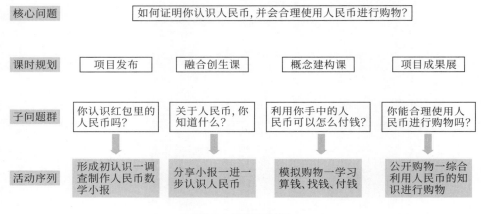

图 3　项目规划图

（一）项目发布

课堂伊始，教师对本次项目化的背景进行介绍：大年三十，一家人围坐，伴随着春晚倒计时的钟声，你忙着给家人们拜年。他们拿出红包，但你的妈妈却想帮你保管红包，怕你不认识人民币、乱花钱。你想自己保管红包吗？如何证明你认识人民币，并会合理使用人民币进行购物？

通过这一情境性问题，孩子们对探究红包里的秘密有了很高的热情，在教师询问"你认识红包里的人民币吗？"这一问题时都激动地喊道："红包里都是 100 元。"教师顺势问道"100 元人民币长什么样？"充分激发学生对人民币组成部分的兴趣，并进一步提出问题："一张人民币中有哪些部分呢？"引导学生进行观察与交流，在学生观察到人民币有汉字、数字、图案后，追问："还有哪些人民币呢？每张人民币都是一样的吗？"将孩子们对人民币的认知渴望激发到最大化，提出探究性任务："请你设计一份认识人民币主题的手抄报。"

（二）融合创生课

在项目发布之后，学生完成了主题为"认识人民币"的数学小报，本节课就是分享学习成果，在分享交流的过程中不断建构与加强对人民币的认识。学生在分享的过程中多数围绕人民币的面额、人民币的单位以及元、角、分之间的关系进行介绍，教师对分享的内容进行总结和归纳。在对人民币已有的事实性内容基本掌握的基础上，教师向学生询问是否还想了解人民币其他方面的内容、对于人民币还有哪些疑问。根据课前对学生的访谈，教师整理了一些问题供学生研究：人民币的面额为什么只有 1、2、5 呢？为什么要发明人民币呢？为什么又要有纸币还要有硬币呢？为什么我们不发行一万一张的人民币呢？通过对以上问题的研究，适当加强学生对人民币背景知识的了解，打开学生的视野，在数学与生活之间建立联系（见图 4）。

图 4

（三）概念建构课（见图 5）

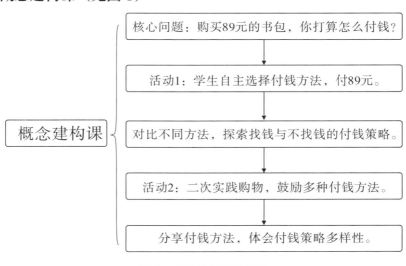

图 5　概念建构课流程图

课堂伊始，教师创设情境购物，随机分发学币让学生走进小小商店进行购物。购买 89 元的书包，你打算怎么付钱？让学生结合手中的学币自主思考付钱方法。在学生独立完成后，在全班进行分享交流（见图 6）。

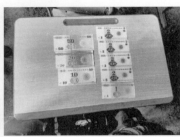

图 6

教师引导学生观察出现的付钱方式，大致分为两种：一种是付的钱刚好 89 元（不找钱），另一种是付的钱数超过 89 元的（要找钱）。在对付钱方式进行分类后，对这两种付钱方法进行逐一探索。对于不找钱的付钱方式，思考有什么相同点和不同点。如果是你，你更倾向于哪种不找钱的付钱方式？此问题不仅引导学生对多种付钱策略进行思考，还在此基础上结合生活实际及自身已有人民币的面值与张数选择更优的策略。对于找钱的付钱方式，思考这样付钱应该找回多少钱，探寻找钱的计算方法。在对付钱方法和策略进行梳理之后，进行付钱的实践活动：购买 28 元的文具盒。这次付钱活动要求学生利用尽可能多的方式进行付钱，比一比谁的付钱方法多。

通过两次模拟购物付钱的实践操作活动，学生进一步认识和熟悉人民币，体会不同面额人民币之间等值兑换的重要性；在付钱、找钱的过程中体会应付的钱、付出的钱与找回的钱三者之间的关系，提高解决实际问题的能力，在多样化的付钱方式中发展量感。

（四）项目成果展

项目成果展示需要有面向大众的仪式感，并且对学生要有一定的吸引力，使学生更加愿意参加成果展示。本次项目化展示分为三个部分，包括向全校师生展示人民币小报、利用红包进行购物的活动课，以及向全校发出节约用钱的演讲号召。

在活动课中，教师向每位同学发放一个红包（红包金额不同），学生根据自己拿到的红包的钱数进行购物。学生在超市里选购自己喜欢的物品，在购买商品时商家需要编制购物小票，购买者根据购物小票判定商家找回的钱是否正确。购买结束后，学生需要带着购物小票对购物过程进行分享，在这个过程中让学生复习巩固付钱和找钱的方式，加强数学与生活的密切联系。

五、评价大概念

基于细化后的三级目标，在知道层面设立"课堂观察、提问对话、开放性问答"等评估证据，在理解层面设立"课堂提问、对话、作业练习"评估证据，在能做什么层面设立"课堂对话、提问、作业练习、项目式学习成果展示"评估证据，在想做层面设立"演讲、项目式学习成果展示"评估证据（见表2）。

表2 评估证据

学习目标	评估方案	评估方式
● 会认人民币	你能分享你的手抄报说说关于人民币，你知道了什么？	课堂提问、访谈
● 理解人民币元角分之间的关系 ● 理解付钱、找钱的本质是计量单位的细分与累加，体验付钱、找钱方式的多样性	你是怎么知道需要付多少元的呢？ 你能有多种策略来付钱或找钱吗？	课堂提问、对话 课堂提问、对话
● 能结合具体情境选择合适的人人民币支付 ● 会利用元角分关系进行换算 ● 能利用元角分的关系进行多种组合	请你说说你打算怎么付钱？ 那现在需要找回多少元呢？ 你能介绍一下你的购物小票吗？说说你买了什么？怎么付的钱？	课堂提问、对话 课堂对话 课堂练习
● 成为一个会购物、具备生活能力的人	能利用红包里的钱购买商品	项目化学习成果展示

六、学生学习效果

（一）让学习真实发生

在整个项目进行过程中，通过核心问题和子问题群的引领，激发孩子学习的内驱力，引导孩子主动进入探索挑战性问题的情境。在平时的课堂中我们发现，总有孩子游离于小组讨论之外，造成虚假学习的现象。在本次项目化学习中，平时游离于课堂之外的孩子也开始积极思考问题了。甚至班里一部分在课堂上从来不敢发表自己想法的孩子，都能在组内交流时发表自己的想法，全身心主动参与学习。

（二）实现了做中学

基于大概念的项目化学习，通过对大概念的解构以及细化的具体目标，最终转化成具体的问题群和学习活动。在具体实施过程中，孩子们经历初设方案、在交流讨论中完善方案，又通过自学、互学等方式解决面临的问题，掌握多种付钱的方法，在解决问题中逐步发展量感。这个过程真正做到了做中学，让学生的思维真实发生。在真实情境中，将数学与生活紧密联系，使学生会用数学的眼光观察现实世界，会用数学思维思考现实世界，用数学的语言表达现实世界。

（三）发展了高阶思维

本次基于大概念的项目化学习，让孩子在问题的引领下经历购买、售卖的过程，在面对找错的情况下，想办法理清是哪个环节出现了问题。学生在学习的过程中，有意义地运用知识，培养学生问题解决的意识和能力，在获取和整合知识的过程中不断拓展知识，逐步发展高阶思维。

参考文献

[1] 张燕，李松林，刘莉，等 . 大概念统整下的项目化学习探究（笔谈）[J]. 教育与教学研究，2021,35(5):94–128.

[2] 李松林，贺慧，张燕 . 深度学习设计模板与示例 [M]. 成都：四川师范大学电子出版社，2020.

[3] 杨冬菊 . 学生量感培养的教学策略——以小学"计量单位"教学为例 [J]. 教师教育论坛，2018，31(4):76–78.

[4] 夏雪梅 . 项目化学习设计：学习素养视角下的国际与本土实践 [M]. 北京：教育科学出版社，2018.

在画图中培养学生的数学思维
——浅谈"思维可视化"在小学数学中的运用

成都市新都区新新路小学校　陈小庆

摘　要：数学是研究数量关系和空间形式的科学，数学知识是相互联系、相互依存的共同体。因为数学具有高度抽象性，对学生的思维能力要求较高，所以部分学生理解数学、学习数学比较困难。因此，教师要思考如何基于数学知识本身的相互联系和学生的思维特点，活跃课堂氛围，激活学生思维。在众多教学策略中，"画图"是最有效的策略之一。

关键词：画图策略　数学思维

数学是研究数量关系和空间形式的科学，通过对数量和数量关系、图形和图形关系的抽象，得到数学的研究对象及其关系；基于抽象结构，通过对研究对象的符号运算、形式推理、模型建构等，形成数学的结论和方法，帮助人们认识、理解和表达现实世界的本质、关系和规律。数学源于生活又应用于生活，基于学生身心发展特点（以形象思维为主，逐步向抽象思维发展），小学数学教学必须从孩子们生活中熟悉的具体事物入手，逐步开始数学的抽象过程，实现知识学习的循环往复、螺旋上升。如果仅仅停留于具体问题的解决就失去了数学的高度抽象性、逻辑思维性和广泛应用性。因此，数学学习是一次次"特殊——一般——特殊"的过程，全程都蕴含丰富的思维活动。

作为数学教师，在日常教学中，我们应注重发挥数学独有的学科特质，加强对学生思维能力尤其是数学思维的培养。数学思维是指用数学的观点去思考问题和解决问题的能力，主要表现为四方面：会观察、实验、比较、猜想、分析、综合、抽象和概括；会用归纳、演绎和类比进行推理；会合乎逻辑地、准确地阐述自己的思想和观点；能运用数学概念、思想和方法，辨明数学关系，形成良好的思维品质。

根据孩子"好涂鸦"的天性，我们应有意识地引导他们把抽象的数学信息具象化，把内隐的思维显性化，画出思维路径（过程），得到思维结果，这样的教学策略我们称为画图策略。下面，我们探讨如何运用画图策略培养学生的数学思维。

一、初涉"示意图"，打开"画图策略"大门

画图策略，我们要尽早起步、从小抓起、有效培养。一年级学生刚进入小学学习，犹如一张"白纸"，所有意识的启蒙、规则的建立、习惯的培养都源于教师的智慧引领。因

此，用图画的方式呈现数学信息、解决数学问题，需要我们教师从开学第一课《可爱的校园》就给予示范、给予启蒙。对阿拉伯数字1-9的认识以及比较其大小，都是通过实物（或其画像）数数来完成的。物象图需要较好的绘图功底且耗时长，对数学研究意义不大。数学需要从一朵花、一个苹果抽象出"1"，还需要能用"1"表示一本书、一张桌、一辆车等；2朵花比1朵花多，所以2＞1；3本书比5本书少，所以3＜5。因此，在一年级数学启蒙中，教师需要引导学生忽略具体事物的非数学本质属性（质地、颜色等），把具体事物抽象化，画出一个个方框、圆圈、三角形等基本图形代表具体事物并开展数学思考。

在教学"求一个数比另一个数多几或少几"类问题时，首先要知道这是基于学生在生活中经常对两种物体的个数进行比较，面对实物能判断哪种实物的个数多、哪种实物的个数少、哪种实物比哪种实物多几或少几的经历，而且有了看图比较一种图形比另一种图形多几或少几的学习经历。所以，在教学中，老师可以应用转化思想，让学生将新知转化为旧知，也就是让学生将此类比较还原到实物对比中进行思考解答。比如，教学"淘气有8支铅笔，笑笑有5支铅笔，谁多？多几支？"——老师可以先引导学生借助实物摆一摆、比一比，解答问题；然后，引发学生思考：如果没有实物或实物图片怎么办？学生可能会说："用画实物图来代替。"老师放手让学生去画一画，在画的过程中，绘画功底较差的学生进展可能缓慢一些。教师应继续引导："画实物对部分同学比较困难，而且浪费时间，我们还有其他更好的办法吗？"引发学生再次思考。经过片刻讨论或思考，有学生说："可以用画简单图形来代替。"如此引出用"画图"解决此题。在画的过程中，我们要让学生思考如何摆放更明了。通过站台投放，让学生在一份份画图示意比较中明确画图摆放的方法——淘气的铅笔画在上面、笑笑的铅笔画在下面，左端对齐，依次向右，下面的每一支分别和上面的一支对应，这样画完就能直观比较，可以看出淘气的铅笔更多，比笑笑多了3支（见图1）。对于"一一对应"，在学生自己用实物或实物图片摆放的过程中，教师要引导学生体验感悟，由"一一对应"到"同样多"，再把大数分成"同样多"和"多余"两部分，实现从实物到实物图到点子图再到数线图的不断抽象……这样，只要学生理解、掌握了加减法的基本意义，遇到相差关系的问题时就实际画图或头脑画图，进而正确判断该用加法还是减法来解答。如此画示意图实现思维外显，学生能清晰感受大数、小数、相差数之间的关系转化成了"总数"与两个"部分数"之间的关系。

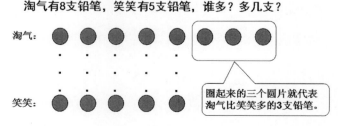

图1

二、在画图中理清数量关系，建立问题解决模型

在数学教学中，问题解决的核心是厘清条件与条件、条件与问题之间的关系。通过对问题情境的理解，掌握数量关系，建立问题解决模型。让学生通过摆一摆、画一画、分一分等实际操作，将看不见的思维可视化；或借助线段图把抽象数量关系直观化、形象化，帮助学生找到解决问题的关键，提高学生解决问题的能力。

因为有自一年级养成的画图研究好习惯，所以在第一次面对"蜗牛爬井"问题时，大多数学生都有画图意识，都能主动画图"试一试"。例如：井底有一只蜗牛，井深 10 米，小蜗牛白天向上爬 3 米，晚上又向下滑 2 米，问小蜗牛多少天可以爬出来。

让学生在读题后先自己独立完成，多数学生都在自己的草稿本上画出了"井深 10 米""向上爬 3 米""向下滑 2 米"，列出了以下算式：10 ÷ (3 − 2) = 10（天）。

让学生小组交流，讨论这样的列式是否正确。

全班汇报，大家一致认为，我们画图后发现蜗牛"每天实际向上的长度"是"3 − 2 = 1 米"，总长度 ÷ 每天实际向上的长度 = 总天数。我笑着把井深依次改为 3 米、4 米、5 米，让全班同学只画图不列式，看看分别要用多少天就能爬出井。

A 同学最先报告：井深 3 米只要 1 天！此话一出，其余同学面面相觑……3 天咋就变成了 1 天？面对大家的疑惑，A 同学得意地说：你看嘛，我画的这个井深 3 米，蜗牛一天就爬到井口出去了，难道它还要下滑吗？

一语道破梦中人，"4 米只要 2 天""5 米只要 3 天"此起彼伏……为什么不是 4 ÷ (3 − 2) = 4（天）？还是 5 ÷ (3 − 2) = 5（天）吗？我再次追问。一双双小手举起来了，因为最后一个 3 米只需白天向上爬就到洞口了，4 米前面的 (4 − 3) 米需要 (4 − 3) ÷ (3−2) = 1 天，所以共 1 + 1 = 2 天；5 米前面的 (5 − 3) 米需要 (5 − 3) ÷ (3 − 2) = 2 天，所以共 2 + 1 = 3 天。

那井深 10 米，小蜗牛多少天可以爬出来？请用画图并列式解答。孩子们跃跃欲试、比比划划，很快得到了以下全面思考，见图 2。

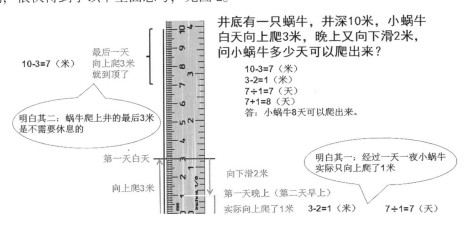

图 2

为了考查学生是否真正学通弄懂，我将题目变式如下——井底有一只蜗牛，井深 30 米，小蜗牛每爬 6 米需要 3 分钟，然后休息 1 分钟。问：小蜗牛爬到井沿需要多少分钟？

乖乖学生兴趣昂然，下课铃响也不抬头，很快就拿过来与我分享。通过与他们面对面交流，我发现画图真能帮助孩子们解决问题（见图3）。根据各自的画图理解，他们列出了不同解法：①每爬 6 米共要 3+1 = 4 分钟，共有 30÷6 = 5（组），$(3+1)×5-1 = 19$（分），或 $(3+1)×(5-1)+3 = 19$（分）、$3×5+1×4 = 19$（分），因为最后 1 组已到井沿，不需要再休息；② $30-6 = 24$ 米，$24÷6 = 4$（组），$(3+1)×4+3 = 19$（分）。看着孩子们借助画图把"爬井问题"思考得如此具象清晰，我们年级的数学老师都深刻感受到"思维可视化"的神奇魅力，更加坚定了数学教学坚持"思维可视化"的信心与决心。

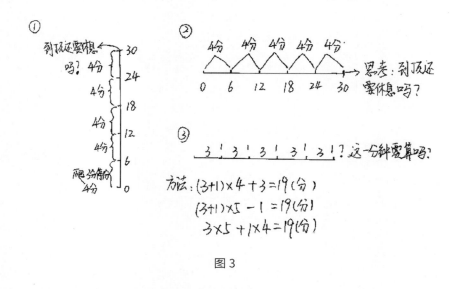

图 3

三、在画图中不断抽象，探究事物联系的普遍规律

随着年级的升高，数学研究对象的特征越来越丰富，简单的示意图不再能有效甄别研究对象，不能让学生便捷地探究问题。

例如，三年级"搭配的学问"中，老师先在创设的情境中引领学生将搭配的事物进行分类，明确搭配对象；再抽学生列举搭配的结果，由搭配结果的多样性启发学生如何根据搭配要求有序找到所有的搭配结果，即探索搭配的方法。

接着，放手让学生摆一摆、画一画，一共有多少种搭配方案？再小组合作探究：怎样搭配才能迅速找到所有的搭配方案？通过小组合作，孩子们的搭配过程有了优化：先确定帽子，再搭配裤子；或先确定裤子，再搭配帽子。

然后，启发学生小组探究：将搭配过程和搭配结果记录下来，怎样记录更简洁？

全班展示交流，感悟符号记录的多样性和不同符号的简洁性：

（1）文字与文字之间连线比用全文字更简便，"线"用作联结相关联的两个事物，是符号意识的第一次呈现。

（2）线还可以联结比文字、图形更简洁、更具一般性的符号或字母。

（3）"搭配对象有几类，就用几种符号来代替"可以体现关联事物的类区别；"每一类对象的不同个体，又可以加注不同的颜色或数字"来体现同类对象中的个体区别，这是符号意识的进一步呈现。

（4）用线联结"字母＋数字"作为搭配结果的呈现，不仅反映了搭配方法的探索过程，还是学生从无序到有序、从复杂到简洁全面思考的重要表现形式。见图4。

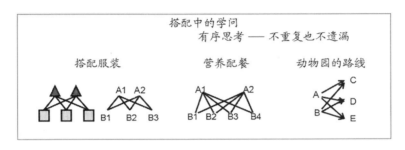

图 4

又如，在四年级"数图形的学问"中，鼹鼠钻洞的路线问题如何与我们的数学学习相联系？简单地让学生画出线段图数段数，好像不是问题。但"为什么数路线问题可以转化为数线段的问题"，如何将实际的"情境图"抽象成"线段图"？这才是我们本课教学的重点与难点。因此，先放手让学生根据生活经验描述"鼹鼠钻洞"的路线，教师相应强调每一条路线都需要说明从哪洞进、从哪洞出才算完整；让学生在描述中感受每条路线都包含进洞和出洞以及它们之间的距离。启发学生：这些路线和我们前面学的直线、射线、线段哪一种比较接近？让学生在比较中思考：每一条路线如同线段包括两个端点和它们之间的长度，可以把进洞和出洞想象成两个端点、把路线长想象成线段长。所以，"鼹鼠钻洞"图可以转化成"线段图"。

放手让学生自己动手画出与主题图一致的"线段图"，让学生在小组交流中探索发现"按起点数"和"按长短数"两类有序数的方法，深刻感受"数数之前先分类、依据分类逐一数"保证不重不漏的思维路径。见图5。

图 5

以上思考，就是为了进一步引导学生在画图中保留并突出数学研究所必须关注的属性特征、淡化与数学无关的其他特征，进而有效地把握事物间的相互联系，便捷地探究事物间联系的普遍规律。

四、在画图中融会贯通，提高学习兴趣与效率

因为数学有抽象性，学生面对较复杂的数学问题就会产生一定的厌倦心理。教师要借助形象、直观的画图策略，将原本枯燥无味的数学解题变得生动有趣，调动学生的学习热情，激活学生的数学思维，使其能融会贯通、举一反三。

北师大版五年级上册99页《尝试与猜测》中的"鸡兔同笼"问题是经典的小学数学题。原来此题，多出现在奥数教材中，且解法多以"假设法"或"方程解"为主。使用假设法时思维活跃的学生一般能跟着老师的"假设"思路领悟到——假设全是兔，总腿数就比已知的多，多出的腿数就是鸡变成兔的只数，也就是原有的鸡数，兔就等于总只数－鸡的只数；假设全是鸡，总腿数就比已知的少，少出的腿数就是兔变成鸡的只数，也就是原有的兔数，鸡就等于总只数－兔的只数。简言之，就是假设鸡求出兔、假设兔求出鸡。其他学生只能机械照搬，很少人能说清具体思路。使用方程解，因为涉及"合并同类项"，多数学生列对了方程却很难正确解答。为了能激发学生学习的兴趣，不能直接讲解算式方法，而使用"画图"策略，就能轻松解答此类问题。

比如，鸡兔同笼，上有 8 个头、下有 26 条腿，问鸡和兔各有几只？为了让学生第一次见题就有路可循并感兴趣，我提前两周教会学生画鸡头和兔头，并有意画得卡通一些。课中，我引导学生画图思考先画圆圈表示头，然后在头下面画腿，鸡头下面画 2 条线代替它的腿，兔头下面画 4 条线代替它的腿。但是，到底"鸡画几只、兔画几只"？①如果先给 8 个圆圈头都画 2 条腿，结果还剩下 26 － 2×8 = 10 条腿。引发学生深层思考：为什么会多出 10 条腿？学生就会去比较鸡和兔腿数的差距，发现一只兔比一只鸡多 2 条腿，进而把多出的 10 条腿再分给其中 10÷2 = 5 个头。这样，4 条腿的兔就有 5 只（迅速画出兔头），2 条腿的鸡就是 3 只（迅速画出鸡头）。②先给 8 个圆圈头都画 4 条腿，结果多画出 4×8 － 26 = 6 条腿，因为一只兔比一只鸡多 2 条腿，我们给每只动物都画了 4 条腿，将鸡看成兔。因此要把多画的 6 条腿给擦掉，需要擦掉 6÷2 = 3 个头下面的 2 条腿。因此，2 条腿的鸡就有 3 只，4 条腿的兔就有 5 只。③鸡兔共有 8 只，但是不知道鸡兔到底各有几只，就可以鸡兔各画一半（也就是各 4 只）。画好后发现鸡兔共有 24 条腿，为什么会少 2 条腿呢？通过分析有一只兔被画成鸡了，只要给其中一只鸡增加 2 条腿，总腿数就是 26 条，这样就得出结论：鸡 4 － 1 = 3 只，兔 4 + 1 = 5 只。见图 6。

如此"画图策略"，就是让学生在画的过程中发现问题并解决问题。此图可以让学生在枯燥的数学学习中更有数学灵感、更能激发学习兴趣，是学生发现问题的源泉，是学生分析问题、调整思考方向的载体。

小学生以形象思维为主，采用画图策略，就是全面调动学生的眼、耳、口、手与大脑，将

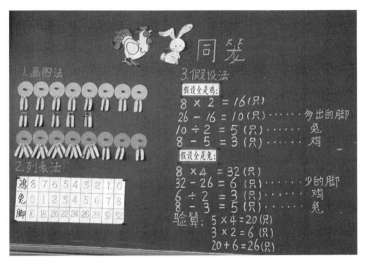

图 6

抽象问题具象化，将看不见、听不到、摸不着的思维过程画图外显，帮助学生迅速建立事物间的相互联系，有效把握问题的数学本质，不断发现问题并调试，进而全面培养数学思维、提高解题能力，更好地将数学运用到现实生活中，实现学以致用。

参考文献

[1] 蔡李平 . 借助画图策略，深度理解数学 [J]. 小学科学(教师版)，2019(1):13.

[2] 张姝 . 利用画图培养小学生数学解题能力的研究 [J]. 科学咨询(教育科研)，2021(3):112–113.

[3] 赵淑君 . 小学数学与画图策略教学的有效整合 [J]. 文理导航(下旬)，2021(3):21–22.

数形结合巧渗透　建构模型促思想
——以《确定位置》教学为例

成都市新都区石犀小学校　曾　彬　吴　燕

摘　要： 数学核心素养包括观察、思考、表达三方面，模型意识（数学建模）是数学表达的重要表现之一。所谓模型，就是用数学语言概括地或近似地描述现实世界事物的特征、数量关系和空间形式的一种数学结构。本课以《确定位置》教学为例，展示教师在教学中引导学生数形结合，对真实情况进行分析、抽象和简化，确定重要数据，形成数学模型，并在多场景中应用数学知识解决实际问题。

关键词： 核心素养　数形结合　模型意识

数学学科的核心素养包括数学抽象、逻辑推理、直观想象、数学建模和数学分析能力。其中数学模型就是用数学语言概括地或近似地描述现实世界事物的特征、数量关系和空间形式的一种数学结构。建立模型是学生体会和理解数学与外部世界联系的基本途径。[1] 现以四年级上册《确定位置》教学为例，谈谈如何在教学中建立数学模型，建构数学知识。

一、教材分析

《确定位置》是四年级上册第五单元第二课。本节内容是在第一学段的位置学习基础上，"能用数对表示具体情境中物体的位置"，进一步调动学生已有经验，培养学生的空间观念，为第三学段学习"图形与坐标"打下基础。教材从学生熟悉的座位表入手，引出第几组与第几排，再引出数对表示方法，最后通过巩固练习掌握如何在方格纸上用数对表示某一点的位置。

二、学情分析

学生在一年级时已学会用第几组第几个确定物体的位置，并在三年级方向与位置的学习中掌握了位置与方向的描述方法。在生活中，部分学生已经具备用行和列（或者排等）描述学生座位的经验，学会用方位词表达物体的大致位置。虽然他们所说的第几行或者第几列都是根据自己的习惯随意确定的，但是这些经验是学习本课内容的重要铺垫，有助于学生理解数学化地描述物体位置的方法。

三．教学目标及重难点

（一）教学目标

（1）能在具体情境中用行和列确定位置，初步理解数对的意义，能用数对表示具体情境中物体的位置，能在方格纸上用数对确定物体的位置。

（2）引导学生经历从文字描述到用数对表示物体位置及由实物图到方格图的创造过程，体会用数对确定位置的优越性，渗透"一一对应"和"数形结合"思想，发展空间观念。

（3）感受数学与生活的联系以及学习数学的乐趣，进一步增强应用数学知识解决实际问题的能力。

（二）教学重点

结合具体情境，探索用数对确定位置的方法。

（三）教学难点

在方格纸上用数对确定位置的抽象过程。

四、教学过程

基于以上教材分析和学情分析，整个教学过程设计了以下四个环节。

（一）创设问题情境——建模的基础

创设问题情境，出示本班学生的座位图。出示问题：明天将有一位新老师来咱们班上课，你准备怎样向新老师描述班长坐的位置呢？

学生按照自己的想法描述班长的位置，激活学生头脑中已有的生活经验和基础知识，这是有效学习的基础。通过交流、分享，学生意识到：多种不同的描述不便于交流，教师可顺势将组的规定告知学生，让学生在认知结构中建立用第几组、第几排的方法确定位置的规则。PPT展示照片加组排：请你们也给新老师描述一下自己的位置，巩固组和排的规定。

通过以上两个情境问题，激发学生的学习兴趣和求知欲望，引导学生主动构建合理的数学模型。

（二）抽象数学本质——建模的枢纽

数学模型的构建过程，其实是数学知识的再创造过程，在教学中引导学生通过观察、比较、分析、判断、抽象概括等数学活动，通过具体的表象，抽象出本质属性，完成模式抽象，得到模型。这是达成本节课教学目标的关键环节，也是学生学习重点知识、培养能力的主要途径。

1. 制造冲突，个性创造

师：在准确描述位置的基础上，用自己的方式记录他们的位置，看谁记录得又准又快。

（学生尝试个性化的表达方式，并予以展示，学生讲自己的想法）。

师：现在每个同学都能快速表示自己的位置了，老师要表扬两个同学，但我不说他们的名字，只报位置。请你们用自己方法记一记，看谁记得又快又准。

（目的：有意让学生快速记录，学生在尝试自由记录中产生简洁记录的需要）

2. 介绍"数对"表示位置

学生"创造"了不同的记录方式，到底哪种方式记录位置更好呢？学生比一比，说一说。

师：比较以上几位同学的记录方法，你有什么发现？

生1：第几组第几排的方法虽然记录完整，但记起来速度慢，来不及记完。其他同学的方法虽然简单，但有些看不懂。

生2：其他同学的方法都有两个数字。

师：看来大家不管用什么方法记录位置，都选择了保留数字2和4，那说明这两个数字是描述位置的关键。其实你们的想法跟数学家非常接近，法国数学家笛卡尔在生活中看到"蜘蛛结网"，受到启发，把表示组和排的这两个数放在括号里，用逗号隔开，逗号前面的表示组，逗号后面的表示排。这样的一组数叫做数对，读作数对（2，4）。

这个环节直接引导学生对已有方法进行比较，在较短的时间内进行探索，让他们经历从文字描述到符号表示的数学化过程，培养学生的符号意识和创新意识，在展现个性化思考方式过程中，抽象的数对结构特征水到渠成呈现，"人为规定"的数对含义便在学生主动参与的过程中变得逐渐清晰。

师：学习了数对，现在你们能快速记录位置了吗？

（教师报位置，学生记录，再次体验数对的简洁性）

师：现在感觉用数对记录位置有什么不一样？

生：数对记录又简洁又准确。

师：是的，正是因为数对描述位置非常简单明了，所以一直沿用到今天。其实，表示某位同学的位置从最开始记录第几组第几排，再到用数对表示，将繁杂转化为简单，这是小学阶段很重要的数学思想方法，（转化）能帮我们解决很多数学问题。

3. 抽象方格图，建立数对模型

PPT展示方格图。师：刚才我们用数对确定了同学的位置，现在老师将同学们的座位制作成座位表，大家一起来看看每个座位都有一个横向的位置和一个纵向的位置。我们将这两个方向用线标出来，便形成了方格图，横向和纵向就会形成交叉点，这些交叉点就是我们所在的位置。其中，纵线表示组，横线表示排（课件演示），为了研究的需要，增加了组和排，最左边从0组开始，最下边从0排起。这就类似于我们以后要学的坐标图。（课

件演示）

该环节通过三个层次的设计让学生再次经历从直观座位图抽象出方格图的数学化过程，进一步建立符号意识，体会数学的简洁美。其间，我用课件动态呈现从座位图演变成格子图的完整过程，目的是让学生通过观察发现：列线和行线的交点就是学生的位置。看懂了这一点，就看懂了格子图，这也是突破难点的关键。

（三）浸润数学思想——建模的灵魂

学生初步建立数对的模型后，对数对模型的应用还不是十分灵活，需要继续变化数据，变换方式，以不同的形式来检验表示位置的正确性，巩固对数对的理解。

这个环节设计三个小游戏：

（1）点写数对（老师指着某个学生的位置，学生迅速写出数对）

（2）数对找点（老师给部分学生数对纸条，请这些学生找自己的新位置）

（3）数对接龙（老师说数对，相应位置学生起立，学生观察位置，说发现）

这一环节主要是让学生在观察数对的过程中发现规律，理解数对的特点，即一个数对只能表示一个位置，再次感受"一一对应"的数学思想。和表示位置在同一列或者同一行上的数对，第一个数或第二个数相同，渗透"数形结合"的思想。

（四）解决生活问题——建模的拓展

数对在我们生活中的应用十分广泛，你还能想到数对在生活中的哪些应用？

（PPT 展示：课表，象棋，经纬度）

这个环节将数对知识由课内延伸到生活，从学生的生活经验和已有知识中学习和理解新知识，从实际问题中抓住体现问题的本质要素，逐步在学生头脑中建立起数学思维方法和结构化的数学知识，最后再回归生活。这样形成的数学知识才有活力，才具有多维的应用价值。

从感知模型——建立模型——强化模型——形成模型，这一过程是通过各种教学活动不断循环、反复深化的，逐步把学生的思维引向深入，使学生在经历用数对描述实际情境中的物体位置到描述方格图中点的位置的抽象过程。掌握用数对确定位置的方法，使学生感受到数形结合的奇妙与数学符号的简约美，丰富对现实空间和平面图形的认识，进而在数学学习上获得进步。

参考文献

[1] 王永春. 小学数学核心素养论 [M]. 上海：华东师范大学出版社，2019.

交互式电子白板在小学数学教学中的应用研究
—— 以"认识角"一课为例

青白江区姚渡学校　张昌娟

摘　要： 教育现代化离不开教育信息化。现代信息技术不断发展，电子白板的应用为传统教学注入了现代科技的活力，为教育者和学生带来了全新的教学方式。教师和学生可以使用电子笔或手指与屏幕进行互动，书写、标记和操作展示的信息（文本、图表、图片或视频等），有效弥补了传统教学工具的不足，具有交互、回放、控制、书写以及图形绘制等功能，在小学数学教学中发挥了重要作用。
关键词： 交互式电子白板　小学数学　应用研究

在小学数学教学中，由于认知水平有限制，学生对抽象知识比较难理解。特别是"图形与几何"这部分的学习内容，学生往往因为缺乏直观真切的感受，无法正确掌握运用知识点，使用电子白板教学就能很好地解决这个问题。

鉴于此，笔者以北师大版小学二年级下册第六单元第1课《认识角》为例，阐述交互式电子白板在小学数学教学中的应用。

一、应用前期分析

（一）教材分析

"认识角"是北师大版小学二年级下册第六单元第一课时的内容，旨在教学生认识图形。在前面的学习中，学生逐渐累积了从具体事物中抽象出长方形、正方形等平面图形的经验，对平面图形也有了初步了解。对角的初步认识是在学生认识正方形、长方形、三角形的基础上进行的，是下一学段学习度量角的大小、角的分类的基础，也是今后学习几何图形的基础。该课程需要逐步拓宽学习者对角的理解。

（二）学情分析

本节课的教学对象为二年级学生。从心理发展上来看，这个阶段的学生以形象思维为主，抽象思维能力比较弱，理性认识数学中的角对他们而言相对有些困难。加之他们对生活中的角有一些感性经验，容易和数学上的角混淆。基于以上教学困难，我尝试在教学中运用交互式电子白板帮助学生理解知识，突破重难点。

（三）教学目标

（1）从学生的日常生活出发，经历从现实事物中发现角、感受角、抽象角的过程；通过看一看、摸一摸、描一描，直观认识平面中的角，培养学生的空间观念。

（2）认识角的组成和各部分名称，正确判断角，学会用符号标注角。

（3）培养学生用数学眼光观察现实世界、用数学语言表达现实世界的能力，建立角的数学模型。

二、应用具体过程

（一）情境创设，引入概念

课堂伊始，教师利用电子白板的编辑功能展示可移动的四根小棒，提问："你能用它拼成一个图形吗？"接着利用电子白板的随机点名功能，抽学生来拼一拼。一般情况下，学生会拼成一个正方形。然后教师抽走一根小棒，剩3根小棒让生继续拼，拼出孩子们学过的三角形。接下来重复以上步骤，让学生利用两根小棒拼出一个图形，引出本堂课的教学内容——角。

老师出示角，利用电子白板上的辅助工具"放大镜"，让学生自主观察角是怎样的，用自己的话说一说，增加课堂的趣味性。

本环节，老师并不是单纯地直接出示角，而是利用电子白板的随机点名和展示编辑功能，让学生在白板上动手操作，分别用四根小棒、三根小棒、两根小棒拼出不同图形；然后设疑，两根小棒拼出来的图形是什么样呢？一方面让学生回顾复习已学过的平面图形，另一方面调动学生积极性，激发学习兴趣。然后，利用电子白板资源创设"自由闯关角乐园"情境，把枯燥的数学知识学习转变为深入探究问题的活动，让学生全身心投入充满挑战性的数学活动中，进而提高课堂教学的实效性。

（二）组织活动，探索新知

找角、摸角、描角、认角、折角、画角等活动，让孩子们生动学、深刻悟。

为了帮助学生真正地认识角，教师充分利用交互式白板出示情境图，让学生在剪刀、钟面和红领巾上找角，学生在生活中对角已经有一些认识，所以很快在以上实物图中找出了角，但这样的认识是不够深刻的。于是，教师借助白板功能，把实物图中的角"请"下来（抽象出来），让学生认识数学中的角，并利用白板的绘图功能示范描角（利用身边的学具三角板描角，描出弯弯的圆弧，让学生对产生原因进行剖析）。通过以上动态演示，学生能把生活中具体的角和数学上抽象的角区分开来，直观感知角，初步建立数学角的模型。然后，教师让学生观察周围，找一找身边的角；相互交流，指一指自己找到的角；白板配合展示生活中常见的角——门面上的角、桌面上的角、黑板面上的角、数学书封面的角、墙角落的三个角等。有了白板这一强大助力，学生心中便有了正确的角的表象。

然后，教师为每个学生提供一张圆形的纸，让学生进行充分的交流讨论后折出一个角。在学生折角时，教师利用白板的录像功能把学生折角的过程记录下来，学生折出的角不尽相同。然后利用白板的回放功能，展示用圆形纸折出角的方法。接着，引导学生进一步体验：

（1）请用你折出来的角对着自己的手心轻轻戳一戳，你有什么感受？

（2）手心的感觉是因为什么？再用手摸摸角的两边，又有什么感受？

本环节教师放手，让学生自主体验，组内或组间合作、分享与交流信息，最后由小组向全班汇报，抽象概括出角的特征，明确角各部分的名称（尖尖的地方叫做顶点，由这个顶点引出的两条直直的线就是角的边）。在白板的助力中，相对于传统教学，全班学生对角的认识更加全面深刻。

关于画角，教师在希沃课件中插入视频文件，课中播放画角的过程；学生观看后，尝试在纸上独立画角，抽学生在白板上利用工具库的三角板画角。台上学生画好后，利用白板的回放功能，观看如何画角，让学生用自己的话说出画角的步骤以及每步的要领，让画错的同学及时改正。通过以上感知与交替操作，原本烦琐的数学技能，变成学生看得见、摸得着并可述说的数学现实，学生们更容易理解接受，也更容易记忆掌握。

为了让学生明白角的大小与什么有关、与什么无关，在学生建立角模型、明确角特征之后，老师利用电子白板的几何画板功能，随意地改变角的开口方位、调整边的长度，让学生判断是不是角并说明理由。接着，利用白板的编辑和处理功能，请学生自己上台在白板上拖、拽、旋转，边操作边以小老师的身份随机点名同学回答是不是角并说明理由。在以上展示和操作中，学生的动手操作、动脑认知、动口表达等有机融合在一起，促进学生认知活动合理地转换为大脑内部的智力活动，从而实现深入认识体验与深刻感悟抽象的"四基"目标，让学生在观察、猜想、动手操作中，有效感知数学知识。

（三）实践运用，巩固新知

全课练习设计了基础题和拓展题两部分。基础题第一题是让学生判断角，如果是角的话，还需要利用白板的及时书写与批注功能标出顶点和边。其中有一个图形，同学们存在争议，教师利用电子白板中的辅助工具"聚光灯"，把学生所有目光都集中到这个图形上，仔细观察，最终判断这是一个角。本环节，一方面利用书写功能，让学生再次回顾角的组成部分；另一方面利用小工具吸引学生的注意力，增加课堂的趣味性。第二题是让学生标角，抽学生在白板上用画笔标出角，因为有第一题作为基础，学生对图形内小于 $180°$ 的角（小学二年级的研究对象）都能准确标注。拓展题是：一张正方形纸有四只角，如果用剪刀剪去一只角，还剩几个角？猜一猜、剪一剪、说一说。此题，教师先用白板的展示功能，演示什么叫"用剪刀剪去一只角"；再让学生在小组合作交流，各小组面向全班演示操作。台上演示的同学并不能一次就全部剪正确，有的剪去了两个角，有的剪去的不是角，这些试错过程在白板上都有痕迹，同学们可以根据这些信息及时调整、不断优化，最终得到"用剪刀剪去一只角"的三种不同剪法（折痕及剪印的位置不同）。

课堂练习是课堂教学的重要组成部分。通过课堂练习，教师可以了解学生对当课知识的理解与掌握程度，从而做出有效调控，或查漏补缺，或拓展延伸，引领学生突破难点、掌握重点。本课前，教师利用电子白板的习题库查找、整理相关习题，节约了备课时间。课中，电子白板的书写功能让学生直接操作答题并有效呈现，电子白板的批注功能让反馈更及时、更有针对性，学生对"角的认识"得到强化，心理满足得到彰显。课末，教师利用电子白板的录制和回放功能引领教学反思，改进教学方法。

三、应用评价分析

本次基于交互式电子白板的应用研究实现了以下教学效果：第一，充分利用交互式电子白板，弥补了此前使用黑板加课件的不足，改变了单向输入的教学模式，体现了以学生为主体。第二，各种资源的引入展示和各种工具的组合使用，让数学学习更加生动、深刻，增强了课堂趣味性，提高了学习效率。第三，教师和学生、学生和学生，以及学生和内容之间，都有深度的交流与融合。

交互式电子白板在课堂教学中的广泛运用是必然趋势，需要教师和学生更多地钻研琢磨、更多地实践探索。

参考文献

[1]　马金娜 . 交互式电子白板在小学数学教学中的有效应用 [J]. 赤子（上中旬），2015(14).

[2]　王华 . 小学数学教学中学习兴趣培养探析 [J]. 科教文汇（下旬刊），2009(1).

电子白板进课堂，助力学生深体验

——"确定位置（一）"案例分析

新都区木兰小学校　黄爱思　指导教师：刘品兰　张家全

摘　要： 交互式电子白板综合利用文字、图像、音效和自制演示系统等资源灵活逼真地再现教学情景，为"生本课堂"教学中师生互动、生生互动提供了良好的环境，激发了学生的学习兴趣，提高了学生的学习效率。

关键词： 电子白板　生本课堂

一、案例背景

"确定位置（一）"是北师大版小学数学五年级下册的内容。这个年龄段的学生学习的自觉性已有所增强，观察事物的能力也有所提高。但逻辑思维能力和抽象概括能力还不太强，需要直观、形象、生动的教学组织吸引他们的注意力。同时，需要加强学法指导，提高他们的学习效率和能力，使他们在轻松掌握知识的同时，各种素养得到全面培养，创新意识日渐增强。

学生已经在第一学段学习前后、上下、左右等表示物体具体位置的知识，学习了东、南、西、北、东北、东南、西北、西南 8 个方向的知识，在四年级学过用方向和距离描述简单路线图的方法，为进一步认识物体在空间中的具体位置打下了基础。这一课时的学习则是帮助学生树立空间观念、认识生活周围的环境。因此，本节课教学目标确定如下：

（1）通过具体活动，认识方向（角度）和距离对确定位置的作用。

（2）结合平面图的具体情境，能根据方向和距离确定物体的位置。

（3）能描述简单的线路图，培养准确表达能力，发展空间观念。

二、教学重难点

确定物体的具体位置；能描述简单的线路图。

三、学具和教具

学具和教具包括多媒体课件、电子白板、量角器、直尺。

新课程标准指出，教师是学生学习的组织者、引导者和合作者。根据这一理念，教学中我精心设计认知冲突，引发学生思考，鼓励学生在交流中碰撞。学生是主体，在学习活动中，其参与状态是决定教学效果的重要因素。因此，在学法上采用独立思考、小组交流合作、全班分享展示。

四、课堂写真

创设情境，激趣导入

课始，我先出示情景图，然后面带微笑地说："同学们都有参观动物园的经历吧？老师带来了动物园几个场馆的平面分布图，看示意图，以喷泉广场为观测点，你能用学过的知识给大家介绍一下各场馆分别在喷泉广场的什么方向吗？"同学们都踊跃发言。

生1：熊猫馆在喷泉广场的东北方向，斑马场在喷泉广场的西南方向。

生2：长颈鹿和大象馆在喷泉广场的西北方向，猴山在喷泉广场的东南方向。

同学们对旧知识掌握较好，其余同学都意识到：前面同学的位置描述都以"喷泉广场"为观测点。紧接着，我出示狮虎山，并问道："那狮虎山又在喷泉广场的什么方向呢？"

生：狮虎山也在喷泉广场的东北方向。

冲突一，明确：具体角度确定物体的准确方向

在全班同学们认可了"狮虎山也在喷泉广场的东北方向"后，我追问："熊猫馆和狮虎山都在喷泉广场的东北方向上，那它们的具体方向完全一样吗？"

生：不一样。

师：有什么不一样？怎样区分它们的准确方向呢？

生1：熊猫馆靠北边一些，狮虎山靠东边一些。

生2：在东和北这个直角里，熊猫馆更偏北一些，狮虎山更偏东一些。

生3：我们应该要量出熊猫馆和狮虎山偏的度数。

师：那和熊猫馆有关的角有哪些？你能标出几个来？

此时，我趁机提出了学习任务——独立在"学力单""活动一"中找出和熊猫馆有关的角，和同学交流"为什么找这样的角"；选择其中一个角用量角器度量，试着描述熊猫馆的具体方向。

全班汇报：学生上台在电子白板的互动课件中标出"和熊猫馆有关的角"。

生1：我从北边开始量，量出角是20°，所以熊猫馆在喷泉广场北偏东20°的方向。同学们对我的发言有什么疑问或补充吗？

生：为什么是北偏东？

生1：就是从北方起，向东边偏了20°。

生：谢谢，我明白了。

这时，全班同学把掌声送给了思路清晰的两位同学。

生 2：我从东边开始量，量出来 70°，所以熊猫馆在喷泉广场东偏北 70°的方向。我这样回答正确吗？

生：正确，因为你是从东边向北边量得 70°，就是东向北偏了 70°，简称"东偏北70°"。大家同意我的解释吗？

全班回应：同意。

师：同样是描述熊猫馆的具体方向，却有两种不同的表示方法。两种方法之间有什么联系和区别？

生 1：起始方向不同，得到的度数也不同。北偏东 20°是从北起，向东偏了 20°；而东偏北 70°是从东起，向北偏了 70°。

师：一个 20°，一个 70°，两个度数之间有什么联系吗？

生 2：20° + 70° = 90°

师：你有什么特别发现吗？有什么窍门要和大家分享呢？

生 3：这两个角刚好组成一个直角。

师：直角是巧合吗？为什么？

生 2：不是。按照方向标的制作方法，北和东这两条线之间的夹角就是直角 90°。（全班响起热烈的掌声）

师：同学们真能干！确实，在同一观测点的方向标内，同一地点的方向表示方法有两种，两个度数相加正好等于 90°；只是大家要分清"谁偏谁"。请同学们任选和狮虎山有关的一个角量一量并描述狮虎山的具体方向。

生 1：我量的角度是 50°，所以狮虎山在喷泉广场北偏东 50°的方向。

生 2：我量的角度是 40°，所以狮虎山在喷泉广场东偏北 40°的方向。

师指板书——

熊猫馆　在喷泉广场　　北偏东 20°（东偏北 70°）

狮虎山　在喷泉广场　　北偏东 50°（东偏北 40°）

提问：同是"北偏东"，熊猫馆是 20°、狮虎山是 50°，你有什么想法？

生 1：50° >20°，狮虎山比熊猫馆更偏向东方。

师：大家同意这个想法吗？请照样子说说你不同的想法。

生 2：70° >40°，熊猫馆比狮虎山更偏向北方。

冲突二，明确：增加距离确定物体的准确位置

正当同学们高兴自己解决了问题的时候，我再提出问题——谁来说一说大象馆的位置？

生 1：大象馆在喷泉广场北偏西 60°的方向，或在喷泉广场西偏北 30°的方向。

师：你量了两个角吗？有没有简便方法？

生：量一个角就能算出另一个角。因为它们形成了一个直角，用 90° 减去 60° 就是 30°。

师：假如你正在大象馆参观，你的朋友来找你，按你这样说，他能准确及时地找到你吗？

生：不能。他很有可能会走到长颈鹿馆去。

师：为什么？

生：长颈鹿馆也在喷泉广场北偏西 60° 的方向，和大象馆的方向完全相同。

师：方向相同，位置相同吗？怎样才能区分它们的位置？它们还有什么不同？

生：它们到喷泉广场的距离不同。

师：（出示距离）现在告诉大家两个场馆与喷泉广场的距离，你能准确描述它们的具体位置吗？和你的同桌说一说。

生1：大象馆在喷泉广场北偏西 60° 的方向，距离喷泉广场 1000 米。

生2：大象馆在喷泉广场西偏北 30° 的方向，距离喷泉广场 1000 米。

生3：长颈鹿馆在喷泉广场北偏西 60° 的方向，距离喷泉广场 500 米。

师：同学们，学到这儿，谁来告诉大家——我们是怎样一步一步确定物体的准确位置呢？

生：首先确定观测点；再明确方向，不仅要说东南西北，还要有具体的角度；最后明确距离。（教师板书，突出"观测点、方向、距离"三要素）

师：请用确定位置的三要素准确描述熊猫馆和狮虎山的具体位置。

生1：熊猫馆在喷泉广场北偏东 20° 的方向，距离喷泉广场 900 米。

生2：狮虎山在喷泉广场北偏东 50° 的方向，距离喷泉广场 700 米。

（学以致用，描述路线）

师：参观完斑马场后，同学们想去猴山，说一说行走路线。请同学们在小组内分工合作。

（小组展示）

组1：从斑马场出发，向西偏南 30° 的方向走 800 米到喷泉广场，再从喷泉广场向东偏南 45° 的方向走 1500 米到猴山。这是我们小组讨论的结果，同学们有疑问吗？

生1：你们说的西偏南 30° 是哪个角？请指给大家看一看。这是从斑马场出发吗？

师：从斑马场出发，就是以斑马场为观测点，方向应该怎么说？用哪个角来确定？

小组交流：用哪个角可以确定从斑马场出发的行动方向？这个角多少度？如果不量，你能知道吗？为什么？

组2：这个角北偏东 60°，因为直角三角形中，180° - 90° - 30° = 60°。

师：请一组同学用这个度数再描述从斑马场到猴山的行动路线。

组1：从斑马场出发，向北偏东 60° 的方向走 800 米到喷泉广场，再从喷泉广场向东偏南 45° 的方向走 1500 米到猴山。

生 2：我们的描述正确吗？还有疑问吗？（全班鼓掌）

组 2：一组同学改正后说得很好了，我们小组想说说我们不同的方法。我们小组描述的线路是——从斑马场出发，向东偏北 30°的方向走 800 米到喷泉广场，再从喷泉广场向南偏东 45°的方向走 1500 米到猴山。同学们对于我们小组的发言有什么建议或意见吗？

生：你们小组的发言很完整，值得我们大家学习。（全班再鼓掌）

延伸拓展，数学应用

师：动物园为方便游客参观，打算修一条路，直接从斑马场到猴山，这条路大约长 1800 米，你能描述这条行走路线吗？

生：从斑马场出发，向东偏南 20°的方向走 1800 米到达猴山。

同学们，确定位置的知识在我们生活中运用很广泛（电子白板以图片形式播放），希望同学们认真学习并学以致用，运用数学知识解决我们生活中的实际问题。

案例反思

本节课看似很简单，用方向和距离两个因素确定物体的具体位置，但是"哪个方向偏哪个方向"和"相对位置"对于学生来说都是难点。如何让学生通过自主探索与合作交流理解并掌握知识，利用电子白板展示成果，是本节课努力尝试解决问题的办法。为此，我做了以下几点：

（1）抓住核心问题。核心问题是相对于课堂教学中那些过多、过细、过浅、过滥的问题而言的，是指在教学过程中起主导作用和能引发学生积极思考、讨论的问题。例如，在同学们认识到熊猫馆和狮虎山都在喷泉广场的东北方向时，我提出了"怎样区分它们的准确方向"这一核心问题，引发学生思考并积极探索，由此开始了这节课的新知探究。核心问题不仅要与之前的知识有联系，还要延伸到后来的知识，并能指导学生自主探索和学会学习。只有如此，才能切实提高课堂教学的质量。

（2）注重自主探索和合作交流的学习过程。例如，在探索熊猫馆和狮虎山的具体方向时，同学们独立思考并操作，量出了和熊猫馆有关的角并描述它的具体方向。在此时，就有同学提出了疑问：北偏东 20°是什么意思？就是在这样的生生交流中，同学们的思维得到了发展。再例如，小组合作完成从斑马场到猴山的线路，在整个过程中同学们分工明确，每个人的思维都得到了发展。学生不仅通过自己的努力学会了用方向和距离确定物体的具体位置，而且养成了用数学的眼光观察、分析问题的习惯，提高用数学知识解决生活数学问题的能力。

（3）借用电子白板的互动性为教学增彩。这节课上需要学生量角，电子白板的使用让同学们获得了较好的直觉感知，对"描述的角"以及具体表述为"哪个方向偏向哪个方向"更加清晰而准确。不仅实现了对教学难点的突破，而且为学生提供了多样的展示机会与平台。

电子白板凭借其互动优势逐渐在日常课堂教学中占据重要地位。只要我们立足教材、立足学生，有机融合其他教学资源，电子白板就能凸显其优势。

参考文献

[1] 杜红梅. 电子白板在小学数学课堂教学中的应用研究 [D]. 杭州：杭州师范大学，2016.

[2] 顾玉兰. 数学课堂因你更精彩——浅谈电子白板在数学课堂中的优势 [J]. 数学学习与研究，2015(1).

[3] 王一飞. 让多媒体辅助教学从"演示"走向"演练"—浅谈电子白板在数学教学课堂中的应用 [J]. 教学仪器与实验，2009(5).

促进学生深度学习的策略

——以教学"三位数乘两位数计算方法"为例

成都市新都区泰兴镇中心小学校　朱　清

摘　要： 为了让学生更加适应社会发展，现有的教育教学方式必须进行改革，教师应打破传统数学课堂重知识传授而轻能力培养的局面，加深对教学本质和过程的理解，促进学生深度学习。深度学习的本质是学生能深刻理解知识，并不断把新知识与自己已有的知识体系联系起来，将所学知识迁移应用，灵活地去解决问题。

关键词： 深度学习　主动探究　活动体验

很多老师都存在这样的困惑：为什么同样的知识讲了三四遍后，还有学生会出错？产生这种现象的原因，就是学生没能真正理解数学知识，记不住，也不会用；或者能机械使用但不能灵活迁移到新的数学情境中；或者学生对数学学习没有兴趣，不爱学。当前课堂教学重知识传授，忽视学生的学习需求和能力培养，数学教学还停留在以教师讲授为主、学生被动接受的浅层状态。为了克服和避免教学现状中存在的问题，教师要加深对教学本质的理解，站在学生和成长的角度重新制定教学目标，更新教学方式，以促进学生深度学习为目的，进行深度教学。必须激发学生学习的渴望，让学生在精心设计的活动中，经历知识的探究过程，从而深刻理解知识、学会思考，在体验中发展数学能力，将学过的知识进行迁移应用。下面以北师大版四年级上册《卫星运行时间》教学三位数乘两位数的计算方法为例，从优化课堂导入、增加活动体验、发展思维能力的角度，浅谈深度学习的教学过程。

一、联系生活实际，优化课堂导入

学生灵活运用数学知识去解决生活中的实际问题是数学重要的教学目标，教师在备课时要思考如何设计教学活动让学生把在课堂中学到的东西应用于生活。在课堂导入环节，教师应结合小学生的心理特征和认知特点，利用身边的生活场景引入数学知识，激起学生主动探究知识的渴望，激发内部动机，促进学生深度学习。教师根据教学目标巧妙创设与课程内容有内在联系的生活化情境，调动学生的生活经验，启发学生思考。如利用学生乘车上下客的现象进行加减混合运算的教学，利用学校的平面地图进行方向的学习、描述路线，或者调查学生回家爱做的事，进行数据整理与分析教学。

教学片段：

（恰逢学生国庆节去旅游的经历，我创设淘气坐火车去北京的情景）

师：同学们，你们国庆节去旅游了吗？你们乘坐的交通工具是什么？它每小时大概行驶多少千米？花了几个小时？

生：我去了峨眉山，我乘坐的交通工具是汽车，它每小时大约行驶 115 千米，花了 2个小时。

师：你能列式计算从你家到峨眉山有多远吗？

生：115×2。

师：你们能帮他具体算出从他家到峨眉山的距离吗？在草稿本上计算。

师：淘气从成都乘坐火车去北京了，火车平均每小时行驶 114 千米，大约行驶了 21个小时，你们能算出成都离北京有多远吗？

生：114×21。

结合学生旅游的经历，建立数学与生活的联系，让学生觉得数学不是那么遥不可及、枯燥无用，学生只有对数学产生了亲近感才愿意去主动学习。这个环节将"三位数乘两位数"的内容融入旅游情景中，既对三位数乘一位数进行了复习，又为探究新知做了铺垫。

二、增加活动体验，提高学习效率

深度学习的核心特征之一是活动与体验，学生要成为学习的主体而不是被动接受知识的机器，就必须要经历知识的形成过程。在探究过程中，学生由表层的感性思维逐步过渡到深度的理性思维。只有在活动中认知、在活动中体验，学生才能提高素养，发展学习能力。教师在教学时，要给学生充分的活动时间和空间，使学生经历知识的形成过程，训练学生有效沟通和团队协作的能力，通过独立探究，小组合作学习，在小组成员互相影响下，完善思维过程，在发展数学思维的同时，培养解决问题的能力，提高学习效率。

教学片段：

活动一：小组合作探究估算的方法

师：你们能估算出成都到北京的距离有多少千米吗？小组内交流你的想法。

生 1：我把 114 看成 110，把 21 看成 20，$110 \times 20 = 2200$，成都到北京的距离大约是2200 千米。

生 2：把 114 估成 100，把 21 看成 20，$100 \times 20 = 2000$，114×21 大约等于 2000，距离大约是 2000 千米。

生 3：把 114 估成 120，把 21 看成 20，$120 \times 20 = 2400$，大约是 2400 千米。

师：观察这两组同学的估算方法，大家有什么发现？

生 1：这两种估算方法都可以，但是他们的估算结果不一样。

生2：第一个同学把其中两个乘数都估小了，最后算得的积一定比原来的结果小。

师：估算只能帮助我们判断结果的大致范围，估算方法不同，估算结果也就不同，它和实际结果有一定误差，误差的多少，和同学们的估算方法有关。

通过估算，学生可以大致把握精确值的范围，提高计算的准确率，估算方法的多样性有助于培养学生从不同角度分析问题、解决问题。

活动二：通过独立尝试、小组合作探索算法的多样性，归纳竖式计算方法

师：你们能结合前面学过的知识，尝试计算出 114×21 的得数吗？

（生独立尝试计算，小组内交流算法，全班汇报）

生1：把21拆分乘20和1，先算 $114 \times 20 = 2280$，再算 $114 \times 1 = 114$，$2280 + 114 = 2394$.

生2：利用表格，把114拆分成100、10和4，把21拆分成20和1

×	100	10	4
20	2000	200	80
1	100	10	4

$$2280 + 114 = 2394$$

生3：21可以看成3和7的积，114×21 转化成 $114 \times 3 \times 7$：

$$114 \times 21$$
$$= 114 \times 3 \times 7$$
$$= 342 \times 7$$
$$= 2394$$

生4：可以用竖式计算：

$$
\begin{array}{r}
114 \\
\times\ 21 \\
\hline
114 \quad \cdots 114 \times 1 \\
228 \quad\ \cdots 114 \times 20 \\
\hline
2394 \quad \cdots 114 + 2280 \\
\end{array}
$$

师：比较这几种计算方法，你认为哪些方法的思路是一致的？

生：第1、2、4种方法算理相同，都用了拆分转化思想，把三位数乘两位数转化为学过的三位数乘一位数和三位数乘整十数。

师：竖式计算是本节课的重点，你们能自己说说 114×21 的计算过程吗？

生：先用21个位上的1去乘114，得数114的末尾和个位对齐；再用20十位上的2去乘114，得数是228个"十"，个位上的0可以省略，得数的末尾和十位对齐，然后把两次乘得的积相加。

师：竖式计算可以帮助我们更快、更准确地计算出结果，你们能与同桌说说乘法竖式计算要注意什么吗？（同桌交流）

在学生说"114×21"的计算过程时，教师要注意引导学生用富含逻辑性的语言去完整表述：先算什么，在算什么，最后算什么，每一步的积应该写在什么位置，归纳总结出三位数乘两位数的计算方法，并说说在乘法竖式计算要注意什么。

活动三：探索竖式的简便写法

计算 23×408、210×47。

（1）学生独立尝试计算。

（2）小组内交流，分析比较小组内出现的不同算法。

（3）全班交流：哪种竖式计算更简便？

$$
\begin{array}{r}
2\ 3 \\
\times\ 4\ {}_1 0\ {}_2 8 \\
\hline
1\ 8\ 4 \\
0\ 0\ 0 \\
9\ 2 \\
\hline
9\ 3\ 8\ 4
\end{array}
\qquad
\begin{array}{r}
4\ 0\ 8 \\
\times\quad 2\ {}_2 3 \\
\hline
1\ 2\ 2\ 4 \\
8\ 1\ 6 \\
\hline
9\ 3\ 8\ 4
\end{array}
$$

生：我把 23 拆分成 20 和 3，先用个位上的 3 乘 408，得数是 1224，和末尾个位对齐，再用十位上的 2 去乘 408，得数是 816 个"十"，得数的末尾和十位对齐，然后把两次乘得的积相加，$1224 + 8160 = 9384$。

生：我把 408 拆分成 4 个百、0 个十和 8 个一。先用 8 去乘 23 得到 184 个一，184 的末尾和个位对齐；再用 0 个十去乘 23，得到 0 个十，对齐十位写 0；最后 4 个百去乘 23，得到 92 个百，92 的末尾和百位对齐，$184 + 0 + 9200 = 9384$。

师：观察这两个同学的算法，你更喜欢谁的算法？

生：我喜欢第一种，计算过程更简洁清晰。

师：简洁在哪里？清晰在哪里？

生：第一种方法只用计算两个乘法算式一个加法算式，第二种计算了三个乘法和一个加法，而且在计算多少个百时，很容易出错。

师：说得真好！在遇到两位数乘三位数时，你有什么建议给大家？

生：还是应该把位数多的放在竖式最上面更简洁。

（同样的流程，讨论 210×47，让学生在辨析中体会，如果乘数末尾有 0，可以把 0 让出来更简便）

让学生能找到各种事物之间的联系，将新旧知识联系起来，是促进学生深度学习的基础。在这一环节，学生能结合先前学过的三位数乘一位数及三位数乘整十数，是深度学习的良好开端。在此基础上，我放手让学生去充分探索，充分合作交流，在同伴的相互作用下，体验算法的多样性，全方位激活学生思维，使其对竖式计算的算法算理有了更深刻的理解。在第三个活动讨论哪种算法更简便时，充分调动学生的批判性思维，在辨析中比较体会，发展数学思想方法。

三、引入趣味练习，发展学生思维

课堂中的练习环节是数学计算课中不可缺少的重要部分，知识迁移应用能力也是深度学习的核心内涵。计算教学对学生而言是较枯燥乏味的，如果不精心设计练习环节，一味地进行机械练习，很容易引起学生的倦怠情绪。学生的天性是爱玩好动，倘若能在课堂教学中引入与教学内容相关的游戏，将学生的动与数学的静结合起来，让学生主动地理解知识并运用知识，就能使学生掌握思维的方法，培养知识迁移应用能力。以本节课为例，我设置了两个练习活动。

练习一：森林医生

比一比谁能最快找到竖式中的错误，最快的同学加 1 分。

练习二：谁的得分多

准备两组写有 0、1、2、3、4 这五个数字的卡片，男女生各选一名代表上台，将这五个数字组成任意两位数或者三位数，并计算出它们的积，积大者获胜。获胜方所有人加 1 分。

（1）教师要引导全班同学参与练习环节，男生帮助男生代表用竖式算出所列乘积，女生帮助女生代表用竖式算出算式乘积。

（2）思考：怎样才能获得胜利？

（引起学生对"位值"的思考，两个数如果最高位大，积就大，发展思维能力）

练习三：能力拓展

想一想 3246 × 23 应该怎么算？谁来说说计算过程？

教学进行到课堂练习环节时，学生的注意力开始下降，利用小学生好胜心强的心理特征，激起学生的胜负欲，刺激学生积极动脑思考，进行思维训练。练习一考查学生对算理算法掌握的熟练程度；练习二注重考查学生的"思"，内含算理算法，培养学生解决问题的能力；练习三引入四位数乘两位数的计算练习，强化学生的知识迁移能力，整合多位数乘两位数的算理，让学生感受此类计算算理是相通的。

深度学习的最终目的是培养学生适应社会发展的核心素养，教师应结合学生已有的知识经验，精心制定教学内容和方法，在数学活动中学生发展思维能力、合作交流能力、知识应用能力。因此，教师要认真专研，及时反思，调整教学策略，在学生深度学的基础上进行深度教。

参考文献

[1] 刘月霞.《深度学习：走向核心素养》[M]. 北京：教育科学出版社，2018.

[2] 俞国辉，高娟娟."三位数乘两位数"教学实录与评析 [J]. 小学数学教育，2015，(7–8):108.

基于"成都16点"的深度学习课堂建构
——以《搭配中的学问》教学为例

成都市新都区北星小学校　何　欢

摘　要： 本文力图通过对北师大版数学三年级上册《搭配中的学问》一课进行教材分析，梳理出教学设计的一般路径。通过纵向分析，指出该课在教材中的位置及与相关内容的联系；横向分析了教材设计的三个生活情境及教学展开方式。同时，阐述了该课的知识结构，包括陈述性知识、程序性知识和策略性知识，并对"四学"深度学习在课堂中的运用进行了解读。最后明确了学习目标和重难点，涵盖了陈述性知识、程序性知识和策略性知识的学习要求。

关键词： 四学　深度学习　知识结构

一、教材分析

（一）纵向分析

本课是北师大版数学三年级上册"数学好玩"中第二课时的内容，旨在培养学生的符号意识。结合2022年版新课标中强调的"知道符号表示的现实意义"这一内容，我对北师大版教材展开了具体分析。教科书中涉及的相关内容主要有以下几个课时，其中"重复的奥妙"是学生初次经历用符号表示事物，用不同的符号表示不同的事物。"搭配中的学问"也在用符号表示事物，但增加了用符号与数字叠加使用来区分同一类不同事物的要求，即认识到同一个符号可以表示同一类事物，同时对于符号所表示的对象也有了一定的扩展，从点状物延伸至了线状物。"字母表示数"对于符号的使用逐步数学化，由多种形态过渡到字母，体现了数学符号的精确性与严谨性，而符号所指代的含义扩展到表示数量及其关系。"图形中的规律"借助符号表示一般规律，更加抽象化。可以看出，"搭配中的学问"是符号意识发展的重要转折点，从生活化逐步过渡到数学化，符号所指代的现实意义也逐步丰富。

（二）横向分析

教材设计了三个生活情境展开教学。情境一是"搭配服装"，在理解搭配要求后借助学具明确搭配方法，即按一定的顺序进行思考。在记录搭配过程和搭配结果中突出符号意识，借助符号来表示搭配对象，并通过对比增强学生对"符号表示的现实意义"的理解。情境二是"营养配餐"，在前面学习的基础上再次经历生活中的搭配问题，明确说明搭配要求，并突出了用符号指代不同搭配对象的特殊性。情境三是"去动物园的路线"，教科书没有直接说明搭配要求，且符号代表的不再是具体的事物，而是两个事物之间的路线，即符号指代的对象有了变化。

可以看出，教材的整体编排是围绕明确搭配要求→确定搭配方法→借助符号记录搭配过程和搭配结果展开的。

二、知识结构

"搭配中的学问"这一课的知识结构分为陈述性知识、程序性知识和策略性知识。陈述性知识分为概念化陈述和命题化陈述，概念化陈述是指知道搭配的含义，命题化陈述是指知道搭配方法和用符号记录搭配过程和搭配结果更简洁。程序性知识分为操作、比较、归纳三个方面的程序。本课就从"有序性""符号记录"这两个维度出发，两次经历程序性思考：在"有序性"方面，通过操作自行探究搭配方法，然后进行比较"怎么搭配才能找到所有的搭配结果"，进而归纳得出"先固定其中一类，再依次去搭配另一类"的搭配方法；在"符号记录"方面，同样先放手让学生自行进行记录，继而比较怎样记录更简洁，归纳得出"同一类事物可以用同一种符号进行表示，突出事物之间的联系；在同种符号的基础上再加上不同的符号，突出事物之间的区别"。策略性知识包括选择和模仿两方面，"选择"主要针对搭配方法和符号记录的多样性，"模仿"针对多种记录方式以及从"2 配 3""2 配 4"过渡到更多搭配模型中。

三、主题解读

《义务教育数学课程标准（2022 年版）》指出，数学在形成人的理性思维、科学精神和促进个人智力发展中发挥着不可替代的作用；学生的学习应是一个主动的过程，认真听讲、独立思考、动手实践、自主探索、合作交流等是学习数学的重要方式。基于此，要想实现学生的深度学习，将课堂上的学习权与话语权真正还给学生，教师在课堂中就要引导学生经历深度思考——深度参与——深度认知。而"四学"正是解决现代课堂进行深度学习的核心策略。

本节课中用到了两次完整的"四学"深度学习。第一次围绕核心问题"怎么进行搭配才能找到所有的搭配结果"开展，从"首学"的无序思考过渡到互学的有序思考，再到"群学"的多样化有序思考，最后到共学的搭配方法的总结提炼，逐步帮助学生在交流讨论中达成深度思考、深度参与、深度认知，找到不重复、不遗漏的有效搭配方法。第二次围绕核心问题"怎么记录搭配过程和搭配结果"开展，在"首学"活动中，学生独立完成"可以怎么记录"，引导学生主动调用相关知识经验；再与同伴进行合作交流即"互学"活动，对"怎样记录更简洁"进行探究，每位同学在小组内都带着自己的思考进行思维碰撞，相互启发与探讨，进行深度思考，并学会合作与尊重；继而再面向全班作交流，即"群学"活动，通过生生互动深度参与的形式，发展学生的批判性思维，体会符号表示的多样性和简洁性；最后是"共学"活动，教师和学生一起对"记录方式"进行再创造，使认知与思维的品质进一步升华，实现深度认知。通过以上学生独立思考的"首学"、小组交流的"互学"、组间辩学的"群学"以及师生集体学习的"共学"，在课堂中组建不同的学习共同体，凸显学习者的深度思考、深度参与，实现对知识的深度认知、深度学习。

四、学习目标和重难点

（1）陈述性知识的学习：知道搭配的含义；知道搭配方法；理解用符号记录搭配过程和搭配结果更简洁。

（2）程序性知识的学习：掌握简单的搭配方法，逐步学会按一定的顺序思考；能运用符号表示搭配过程和结果，感受借助符号表示的多样性和简洁性。

（3）策略性知识的学习：能解决不同情境下的搭配问题；能根据解决的不同问题选择合适的搭配方法以及合适的记录方式。

五、学习过程

（一）联系生活，了解搭配前概念

课堂伊始，教师了解学生是否知道"搭配"，提出问题："你在生活中遇到过有关搭配的问题吗？"通过学生的回答得知，大多数同学都遇到过搭配问题，且多与衣服、吃饭等生活情境有关。基于此，展开了后续教学活动。

【设计意图】借助"搭配"一词，了解学生对搭配的前概念的熟悉情况以及其生活经验，并从学生熟悉的情境入手引发学生对本节课的学习欲望。

（二）新知探索：搭配服装

1. 明确搭配要求

教师出示情境图，引导学生进行观察，并明确"用一顶帽子搭配一条裤子"就是搭配要求，进一步理解陈述性知识"知道搭配的含义"，就是将不同的对象进行组合。紧接着，让学生说出搭配结果，部分学生会受到"颜色"等喜好问题不能说出多种搭配结果，此时进行追问"只能这样搭配吗""还有其他的搭配结果吗",问出学生的疑点,帮助学生进行深度思考,进一步对陈述性知识产生深度认知。

2. 在四学中优化搭配方法

(1)"首学"。根据搭配要求,独立思考:"怎么进行搭配才能找到所有的搭配结果?"在此过程中,了解学生的起点,并通过学生的己思,对陈述性知识"搭配方法"进行自行探究,并通过学具的操作逐步掌握知识。

(2)"互学"。学生在"首学"之后,在组内就自己的想法进行交流,结合他思"他是如何进行搭配的",对小组成员不同的搭配方法进行比较,初步归纳搭配方法。

(3)"群学"。全班将小组讨论得出的搭配方法进行分享,教师针对其重点进行追问:"对比几种搭配方法,你更喜欢哪一种?为什么?""这样有顺序的搭配能不能确认将所有的搭配结果都找到?为什么能确认?"通过这两个问题,引发学生重新审视自己:"怎样才能确定找到了所有的搭配结果""和我的搭配方法相比有什么相同点和不同点",再次通过比较、归纳完善搭配方法。

(4)"共学"。通过之前的讨论,询问学生:"要想不重复、不遗漏地找到所有的搭配结果,应该如何进行搭配呢?"了解学生是否已经到达搭配方法的终点处,进一步达成程序性知识"掌握简单的搭配方法,逐步学会按一定的顺序思考"。

【设计意图】 围绕核心问题"怎么进行搭配才能找到所有的搭配结果?"开展"四学",从"首学"的无序思考,过渡到"互学"的有序思考,再到"群学"的多样化有序思考,最后到"共学"的搭配方法的总结提炼,逐步帮助学生在交流讨论中进行深度思考、深度参与、深度认知,找到不重复、不遗漏的有效搭配方法。

3、在"四学"中探寻运用符号表示搭配过程和结果记录方式

(1)"首学"。"可以怎么把找到的搭配过程和结果记录下来?"学生通过己思,调动已有经验,在操作中逐步对陈述性知识"理解符号的简洁性"有一定的体会。

(2)"互学"。学生在"首学"之后,在组内将自己的想法进行交流,结合重点问题"怎样记录更简洁"将小组成员不同的记录方法进行比较,并进行他思"他的每个符号表示的是什么意思",加深对符号多样性和简洁性的认知。

(3)"群学"。教师收集多个作品,按类别进行展示,就重点问题和疑惑问题向全班进行询问:"对比这三幅文字类的作品,有什么相同点和不同点?""为什么想到要连线呢?""为什么会用两种图形进行表示呢?如何区分不同的帽子和裤子呢?"引发学生进行审思"在重复记录某一个事物的时候,可以如何减少这样的重复""如何借助符号体现事物之间的联系与区别",再次通过比较,体会符号表示的多样性和简洁性。

(4)"共学"。"结合图形 + 数字 + 连线的方式,你还能想到其他方式来表示吗?"引导学生进行创思,在原有的认知上进行模仿,创造性得出多种记录方式。

【设计意图】围绕核心问题"怎么记录搭配过程和搭配结果"开展"四学"，在"首学"活动中，学生独立完成"可以怎么记录"，引导学生主动调用相关知识经验；再与同伴进行合作交流即"互学"活动，对"怎样记录更简洁"进行探究，每位同学在小组内都带着自己的思考进行思维碰撞，相互启发与探讨，进行深度思考，并从中学会合作与尊重；再面向全班进行交流，即"群学"活动，通过生生互动深度参与的形式，发展学生的批判性思维，体会符号表示的多样性和简洁性；最后是"共学"活动，教师和学生一起对"记录方式"进行再创造，使认知与思维品质进一步升华，实现深度认知。

（三）巩固练习：营养配餐

为了让学生充分感受陈述性知识"符号记录的多样性和简洁性"以及"搭配方法"，教师提出问题"一共有多少种不同的配餐方法？"引导学生完成"首学"任务"借助数学符号把找到的搭配结果和搭配过程记录下来"。在此过程中对策略性知识"选择合适的搭配方法以及选择合适的记录方式"进行运用，并模仿"2 配 3"用以解决"2 配 4"的搭配模型。在"群学"活动中，对"符号 + 连线"的方式进行深度思考，在理解符号表示意义的重点处提问"如果理解成不一样的含义，影响找到的搭配结果吗？"并对学生的创思点"2 × 4表示什么意思？"进行探讨，全面认识符号。

【设计意图】学生在上一环节经过全班的交流分享后，对于用符号来表示事物以及思考的有序性有了一定的体会。在本环节中进行迁移运用，进一步加深对符号的认识。用符号进行表示，不仅简洁，还能区分，并不需要一定知道每个符号的具体含义，更加抽象化。

（四）拓展提升：去动物园的路线

为了丰富学生对符号的认知，教师提出问题"一共有多少条路可以走呢？"鼓励学生"首学"，用自己的方式表示所有路线；继而进行"互学""如何进行表示"；再进行"群学"，全班分享交流，记录下困难与方法。通过以上途径，鼓励学生审视自己的思考"哪些出现了困难""同学在遇到这些困难时是如何解决的"，掌握陈述性知识和策略性知识。

【设计意图】"去动物园的路线"这一情境和之前的不太相同，搭配要求和搭配对象都是隐含在图中的，需要学生对情境进行全面了解。在此过程中，可以培养学生的对比意识，利用与搭配服装的关系解决问题。同时，在利用符号进行表示时，可以丰富学生明确符号所指代对象的多样性，进一步体会数学符号的特殊性。

（五）对比联系，提炼总结

通过观察比较：对比搭配服装和去动物园的路线的记录图式，你发现了什么？结合这一重点问题，进行小结：都有两类事物在进行搭配，一类有三个，一类有两个；符号不仅可以表示某个事物，还可以表示某一段路。最后问终点：搭配中有哪些学问呢？引导学生进行提炼总结。

【设计意图】在学习结束之后，对各版块内容进行观察比较，有利于学生建立知识之间的内在联系，逐步培养学生触类旁通、学以致用的学习能力。

（六）课后反思

通过学生独立思考的"首学"、小组交流的"互学"、组间辩学的"群学"以及师生集体学习的"共学"，在课堂中组建不同的学习共同体，凸显学习者的深度思考、深度参与，最终实现深度学习。

基于"成都16点"的深度学习课堂建构
——以《"重复"的奥妙》教学为例

新都区刘品兰名师工作室　新都区北星小学校　冯程香

摘　要： 深度学习有助于实现学生对知识的结构化认知，发展学生的批判性思维，培养学生的核心素养。本文借助"成都16点"深度学习模式即"四学""四问""四思""四知"，具体阐述学生如何实现课堂的深度参与、深度思考以及对知识的深度认知。

关键词： 成都16点　深度学习　教学设计

在信息技术高速发展的时代，如何培养适应新时代的高素质人才，成为教育界最重要的话题。21世纪的高素质人才，关必须具备核心素养和能力。这些核心素养和能力本质上培养学生的高阶性思维与技能，及其批判性和创造性思维，使他们在个人成长中能自我认知、自我调整、自我规划。这些素养和能力的培养离不开学生的深度学习。基于此，我们利用北师大版二年级下册《"重复"的奥妙》一课具体阐述如何用"成都16点"深度学习模式构建深度学习课堂。

一、主题解读

美国对深度学习概念的研究相对较早，其卓越教育联盟和国家研究院认为，教师更应该用新颖的教学样式带领学习者思考多样的深层知识，开展独立学习，学习过程中还要加强学习主体的协作与交流，注重将学习所得加以应用。对此，我们可以将深度学习要素概括为深度思考、深度认知以及深度参与。"成都16点"（见图1）以"怎么学"为核心的"四学"包括学生独立思考的"首学"、小组交流的"互学"、组间辩学的"群学"以及师生集体学习的"共学"，在课堂中组成不同的学习共同体，更加凸显学习者的深度参与，实现学习者对知识的深度体验与感知。借助"四学"教学环节可以帮助学生进行深度思考提升以"怎么想"为核心的"四思"，即"首学"以及独立思考的"己思"、在"互学"和听其他同学汇报中"他思"、在"群学"和其他小组交流中进行审思以及在"共学"和大家总结中进行"创思"。这些是学习者思考的表现，思考的结果则通过以"想什么"为核心的"四问"实现，即问起始点、终结点、着重点和疑惑点。"四问"为学习者对知识的深度认知提供了抓手，让学习者以"学什么"为核心的"四知"即陈述点、程序点、策略点以及情意点对知识进行深度认知。学习者在课堂上深度参与、深度思考以及对知识的深度认知，使实现了深度学习。

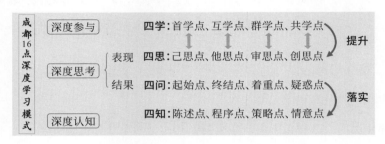

图1 "成都16点"深度学习模式

二、教学设计

（一）教材分析

1. 纵向分析

《重复的奥妙》是北师大版二年级下册"数学好玩"单元的专题，属于"综合与实践"方面的内容。这是本套教科书第一次设置独立的课时引导学生探索规律。其中"规律"的释义为：事物之间的内在必然联系。这种关系不断重复出现，往往决定事物发展的必然趋势。学生前后知识联系如图2所示，在此之前，学生借助数数活动对规律有初步的感知和应用，如一年级习题中按照规律填数，这是学生已知的。本课需要学生通过对"具象事物"规律的表达走向数学化表达，并能表示、应用规律，是学生对规律认知从感性认知到理性认知的过渡，从已知到新知需要学生对生活中的规律事物进行抽象，并能进行数学化理解。此后，学生还将从较为抽象的图形等事物中发现规律。

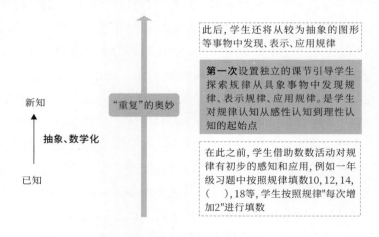

图2 纵向知识分析

2. 横向分析

本课共设计了三个绿点（如图3），第一个绿点先看一看发现了哪些规律，再用自己喜欢的方式表示。从发现规律到表示规律，学生需要经历观察、描述、抽象、符号化表示等过程，培养抽象能力和符号意识。第二个绿点主要是在概括规律的基础上应用规律，对未知的事物进行推测。学生经历观察、抽象、推理等过程，发展学抽象能力和推理能力。第三个绿点联系生活，寻找生活中的重复现象，让学生从抽象理解又回归现实生活。整节课通过观察、抽象、推理等活动，帮助学生理解规律，从直观感性认知走向数学抽象认知。

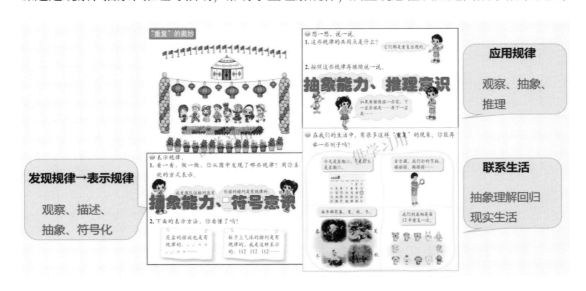

图3 课时内容分析

可见，本课教学从"规律"进行知识的生发，结合学生的知识起点，从具体事物中发现规律并用自己的语言表达，到用数学语言表达规律并对重复有初步的感知；经历抽象的过程到用符号表示规律，在多种规律模型类比中凸显重复本质；应用规律，不仅深化对重复的理解，还能从图形抽象到用算式解决问题，联系生活寻找规律，体会生活处处有数学。整个环节层层递进，逐步抽象，让学生对重复的理解从感性认知逐步深入理性认知，提高解决实际问题的能力，形成和发展符号意识、推理意识等核心素养。

（二）知识结构图

本课知识按照陈述性、程序性、策略性划分，大概框架如图4所示。陈述性知识分为概念化陈述和命题化陈述，概念化陈述包括重复、奥妙定义，命题化陈述是用符号表示规律意义。程序性知识大致分为观察、思考、操作三个方面，主要是让学生对直观事物进行抽象概括，用数学符号表示规律，发展学生的符号意识和推理能力。策略性知识包括模仿、使用文字等方法表示规律，选择合适的方法推测未知事物。

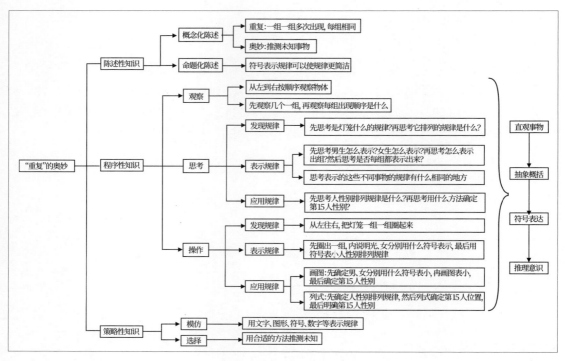

图 4　知识结构图

（三）学情分析

　　采用"五链式学情分析法"，从前理解、触发点、困难点、关键点以及发展区进行分析，前理解中有学生在生活中见过大量重复的事物，如交通信号灯、条纹的衣服等。先前的知识是学生在之前的学习中，借助数数活动探索规律，如 2、4、6、8、（　）。先前的经验是学生在生活中的菜市、商场中已经积累了重复的生活经验。触发点在于生活中大量事物与规律有关，并运用规律进行推测。困难点在于学生难以用数学语言表达出重复这一规律。对于规律的运用，学生较难根据规律推测后面较远的事物。关键点在于从数学角度理解重复的规律特征。为了让学生理解重复的特征即重复是一组一组多次出现、每组相同的，需要学生经历观察、抽象概括规律，用数学符号表示规律，推测未知事物应用规律以及联系生活等过程。在发展区中，学生所处的现实发展水平是从具体到抽象，经历观察、表达、操作、记录等过程，理解重复的规律特征；在理解规律的基础上，借助画图或算式推测未知事物。潜在发展水平是学生会用数学眼光观察生活中的事物，抽象出数学本质，会用数学语言表达世界，能用数学思维进行推理。

（四）教学目标

　　根据前面分析，设定了以下 KUDB 教学目标。

　　K：知道重复的意义，知道表示规律的方法，知道利用规律推测未知事物的方法。

　　U：在观察、描述、圈一圈重复多次的现象或事物过程中，理解重复规律的特征。

D: 通过对不同事物具有的共同规律思考、表达和记录，能选择合适的符号表示规律，初步发展学生的符号意识。能运用重复的规律推测未知的物体，初步发展学生的推理意识。

B: 在观察、思考、表达的过程中，成为一个会用数学眼光观察现实世界、会用数学语言表达现实世界的人。

（五）教学过程

我们已经知道在这节课中学生要"学什么"的问题，那学生"怎样学"呢？我们借助"成都16点"深度学习模式设计了本课学习过程（见图5），通过"四学"的深度参与提升四思的深度思考，借助"四问"落实"四知"，实现对课堂的深度认知。

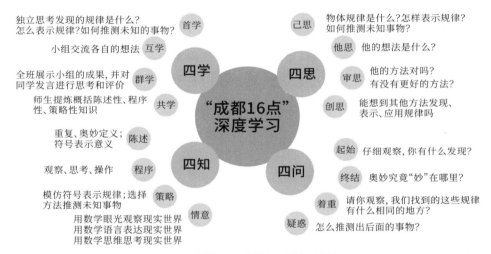

图5 "成都16点"深度学习设计

在本节课中，我设计了以下五个教学环节：激趣揭题、理性理解、拓展应用、联系生活、融合创生。

1. 激趣揭题

师生共玩"猜一猜"游戏，先出示一条有规律的手链，让学生猜下一颗珠子的颜色。学生很容易根据规律猜出。紧接着出示一条没有规律的手链，学生猜不准并引发全班争议，顺势提问：为什么大家猜测第一条手链的时候很准确，第二条却不行了呢？学生根据经验和已有认知回答第一条手链在重复或者有规律。在这个环节中，学生经历观察→思考→猜测→表达等过程，在对比冲突中引发思考，初步感知重复的规律，揭示课题"重复的奥妙"。

2. 理性理解

（1）发现规律。考虑学生的实际认知，从情境图中提取灯笼这一事物，事物规律简单，让学生初次观察并表达规律。对照"成都16点"中的"起始点"提问：仔细观察，你有什么发现？聚焦重复这一陈述性知识。"首学"，学生自主联结已有知识和经验进行独立思考。"群学"，听其他同学发言并进行审思和评价，学生表达观察到的事物表象：灯笼是一个大灯笼、一个小灯笼进行排列的，也有学生会说一组一组在重复出现，顺势找到学生对规律事物数学化表达的支架——"圈一圈"。在"共学"环节，师生概括总结重复的陈述性知识一组一组重复出现、每组相同，让学生初次从数学角度体会重复的特征，帮助学生从直观事物转化到数学抽象。此后，进行对应的练习，出示图6，教学环节及要求见表1。

图6　发现规律情境图

表1　发现规律环节及要求

教学环节	环节要求
首学	你还能找到重复出现的事物吗？（观察以及操作的程序性知识）
互学	说一说：你找到重复出现的事物是什么？是怎样在重复？（重复的陈述性知识和观察的程序性知识）
群学	说一说：你找到重复出现的事物是什么？是怎样在重复？（重复的陈述性知识和观察的程序性知识）
共学	梳理程序性知识： 1. 观察物体应该按照顺序进行观察 2. 观察物体的颜色、大小、形状等属性

【设计意图】观察是思维的基础，学生通过观察看到一些事物的"表象"，经历"首学"自主思考，"互学""群学"的充分个性化表达后，借助操作活动"圈一圈"，对重复的理解从事物表象逐渐进入数学抽象；在"共学"环节，师生共同总结发现规律的相关程序性知识，从数学角度提炼概括重复的特征，深度理解重复这一陈述性知识。

（2）表示规律。对照"成都16点"设计"四学"环节，从学生发现的规律事物中选取出人物（见图7），进行"四学"教学。"四学"环节要求见表2。

图7　人物排列图

表2　表示规律环节及要求

教学环节	环节要求
首学	用自己喜欢的方式表示人性别的规律（表示规律的策略性知识）
互学	说一说：你是用什么方法表示规律的？又是怎样表示的呢？（表示规律的程序性知识、策略性知识）
群学	说一说：你是用什么方法表示规律的？又是怎样表示的呢？（表示规律的程序性知识、策略性知识）
共学	陈述性知识：用符号表示规律更加简洁 程序性知识：怎样用符号表示规律 策略性知识：可以用文字、图形、数学等表示规律

完成后学生进行模拟练习，选择用自己喜欢的方式表示某一事物的规律。在学生经过"首学""群学"后，在"共学"环节追问学生，也是"成都16点"中的"着重点"问题："请你观察，我们找到的这些规律有什么相同的地方？"让学生深度重复这一陈述性知识，再次感知重复的陈述性知识是一组一组多次出现而且每组相同。

【设计意图】通过"四学"的任务驱动，让学生再次经历从事物表象到数学化的抽象过程，并用符号表示规律，明确符号化表达意义，培养学生的抽象能力和符号意识，学生在对规律的表示中体会符号化思想，逐步学会用数学语言和方法表达自己的想法。在"共学"环节理解如何用符号表示规律的程序性知识，模仿使用文字、图形等表示规律的策略性知识，通过问"着重点"将重复多次的现象或事物进行对比，引导学生抓取共同属性，再次深度理解重复的陈述性知识。

3. 拓展应用

为了让学生充分感受陈述性知识，出示问题（见图8），学生经历"首学"，在"互学"中交流不同的解决方法，在"群学"中呈现找到画图、列式两种解决方法，在"共学"中教师追问，也是"成都16"点中的"疑惑点"：怎样推测出后面的事物？提炼总结应用规律的程序性知识，如何用画图、列式等方法解决问题。例如，用列式解决问题需要先圈一圈找到规律是几个一组，再通过列式找到所问事物的位置，即在第几组、第几个，根据规律确定所问事物是什么，最后换成数字较大的情况。

1.从左到右，第15个人应该是男生还是女生？
（感知奥妙这一陈述性知识）

图8

【设计意图】在充分理解重复特征的基础上进行应用，在"互学""群学"交流中，学生习得解决类似问题可以从画图抽象到利用算式解决的方法，提高学生的抽象能力，发展学生的数学思维；经历多次利用重复规律解决问题，培养学生的应用意识，通过终结点问题深度理解陈述性知识——可以推测未知事物或事物发展趋势，并在"共学"环节总结策略性知识推测方法在不同场景的适用性（见表3）。

表3　应用规律环节及要求

教学环节	环节要求
首学	从左到右，第 15 个人应该是男生还是女生？（奥妙陈述性知识）
互学	说一说：你是怎么解决的？（应用规律的程序性知识、策略性知识）
群学	说一说：你是怎么解决的？（应用规律的程序性知识、策略性知识）
共学	梳理陈述性知识：重复的奥妙在于可以推测未知的事物 程序性知识：如何画图、列算式解决问题 策略性知识：画图、列式解决

4. 联系生活

老师提问：你在生活中见过重复吗？让学生深度理解重复这一陈述性知识，学生根据生活所见回答红绿灯、春夏秋冬四季等。

【设计意图】从抽象回归直观事物，通过列举生活中重复的例子，让学生体会数学与生活的密切联系，感受重复的规律在生活中的普遍存在，逐步学会用数学的眼光观察世界。

5. 融合创生

学生用计数片摆出如下图形（见图9），学生在首学环节独立思考，自己动手操作创造有规律的图案，然后"群学"进行全班分享。有的学生移动少数计数片即可创造出有规律的图案，有的要移动多次才能创造出重复的图案。

图9

【设计意图】通过实践操作，创造有规律的图案，巩固学生对陈述性知识重复特征的理解，培养学生的创新意识。

（六）板书设计

板书设计及意图见图10。

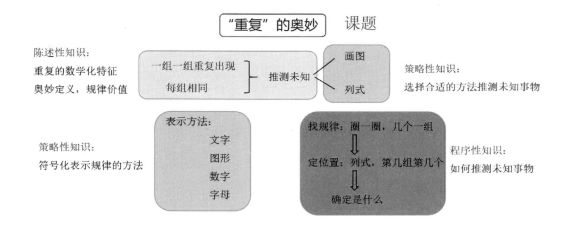

图 10 板书设计及意图

借助"成都 16 点",让学生对规律形成整体认知,并在学习过程中习会如何发现规律、推测未知等技能,播种符号化思想种子,为后续实现数学思想方法的迁移应用做铺垫,最终培养学生的抽象能力、符号意识、推理能力等核心素养。

参考文献

[1] 孔企平."三课四学"——小学课堂教学改革的实践创新 [J]. 教育科学论坛, 2021(14):7–9.

[2] 郑大明. 建设有质量的深度学习——"成都 16 点"深度学习导学策略简析 [J]. 教育科学论坛, 2019(34):16–18.

[3] 杨红岩. 深度学习背景下小学数学学习内容的组织策略研究 [D]. 沈阳师范大学, 2016.

基于单元结构化设计，发展学生的模型意识

——以《乘法分配律》教学为例

成都市新都区新新路小学校　陈小庆

摘　要： 数学是一门结构化学科，小学数学教材中不同知识领域之间或相同知识领域的不同教学单元之间有紧密的联系。为了让学生的数学思维从低阶迈向高阶，教师可根据学生实际情况和知识特点，在结构化理念下对单元知识进行整合，合理设计单元教学活动，建立基于结构化的单元整体教学模式，让学生从整体结构出发，系统地对知识进行认知与理解。本文以《乘法分配律》一课为例，着重探究如何在结构化理念下对该单元的知识进行系统整合，建构科学的结构化单元整合教学模式，帮助学生经历乘法分配律的探索过程，积累发现问题、提出问题、分析问题和解决问题的经验，并树立模型意识。

关键词： 结构化　单元整体教学　模型意识

一、主题解读

（一）关于"结构化"

《义务教育数学课程标准（2022 版）》确立了核心素养导向的课程目标，而数学课程内容是实现课程目标的重要载体。课标明确提出："以设计体现结构化特征的课程内容""课程内容的组织重点是对内容进行结构化整合，探索发展学生核心素养的路径。"无论是数学知识本身还是习得知识的方法，都是自成体系的，都是结构化的。课程内容结构化的目的是使学生了解所学内容之间的关联，而不仅仅掌握一个个零散的知识点。起到关联作用的是核心概念（大观念），关联的目的是更好地理解学科本质，并将这些概念在后续学习中反复运用和强化。

（二）关于"单元整体教学"

《义务教育数学课程标准（2022 版）》提出："改变过于注重以课时为单位的教学设计，推进单元整体教学设计，体现数学知识之间的内在逻辑关系，以及学习内容与核心素养表现的关联。"单元整体教学设计需要教师对单元教学内容进行整体全面的分析，灵活整合教材，加深对数学知识本质的理解和分析，发挥"大观念"的本质作用和核心作

用，提炼和建立数学知识之间的联系，由此建构单元学习主题下的数学知识体系，让教材的内容更具有弹性化，从而提高学习效果，帮助学生更好地掌握知识和技能，让学生体会数学知识之间的联系、学习方法之间的一致性和可迁移性，学会用整体性、联系性、发展性和持续性思维去思考数学问题，培养思维品质和数学核心素养。

数学大观念是学习内容、过程和方法的融合，既包括对数学学习内容本质的理解，也包括所学内容在应用过程中所体现出来的数学思想和思维方式。

（三）关于"模型意识"

《义务教育数学课程标准（2022 版）》明确指出模型意识是小学阶段核心素养的主要表现形式之一，强调模型意识主要是指对数学模型普适性的初步感悟。模型有别于一般的数学算式，能够用来解决一类具有实际背景问题的数学方法。结合课标 2011 年版，可以将建模和求解模型的过程理解为：从现实生活或具体情境中抽象出数学问题，用数学符号建立方程、不等式、函数等表示数学问题中的数量关系和变化规律，用数学的概念和方法来解释和应用模型。这种理解有助于学生更好地理解数学在现实生活中的应用，增强跨学科学习的能力，并形成用数学思维解决实际问题的习惯。见图 1。

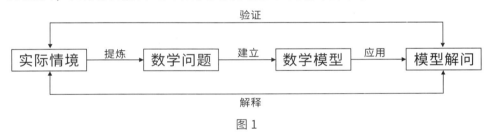

图 1

正如王永春老师在《小学数学与数学思想方法》一书中提到的："数学建模大致有以下几个步骤：①理解问题的实际背景，明确要解决什么问题，属于什么模型系统；②把复杂的情境经过分析和简化，确定必要的数据；③建立模型，可以是数量关系式，也可以是图形；④解答问题。"可见，一个比较完整的数学建模内容应该有现实情境、有问题设计、有数学化的过程、有结果分析、有交流与反思。

二、教材分析

（一）运算律教学内容安排

计算有算理、算法、算律。算理是针对计数单位来讲的，算法如同相同计数单位对齐、从个位算起等。算法来源于对算理的熟能生巧，算理来源于对意义的运用。算律是对算法的改造和变形，通过观察数字特征、运算符号的特征来帮助人们简算，是基于运算意义的理解对算法的灵活运用。

将运算律作为一个独立的单元，旨在突出运算律在数与代数领域的重要性；将整数四则混合运算放在运算律前面，突出运算顺序在运算中的必要性。运算顺序是关于运算的一般规则，运算如果不遵循运算顺序的一般规则，就会导致错误的结果。运算律虽然改变了运算顺序，但运算结果并没有改变，使一些运算变得简便合理，这就是算式的等值变形。两者放在一起编排，可以给学生提供关于"运算"的整体认识。

北师大版小学数学教材关于运算律的学习大致可以分为三个阶段。第一阶段也就是第一学段，学生能够结合具体的生活实例，体会运算律，在解决简单实际问题和计算题的过程中，能凭借直觉运用，没有出现概念，是自然渗透、自觉运用阶段。第二阶段也就是四年级上册，系统学习 5 个运算律，重点是理解运算律的意义，并运用运算律使一些运算简便，感受算式的等值变形，提高运算能力。第三阶段在五年级下册和六年级上册，主要是学习运算律在小数和分数中的应用，提高运算能力。

本册教材中 5 个运算律内容的编排结构基本一致，即观察算式——发现规律——仿写算式——解释规律——表述规律——应用规律。这样的编排体现出很强的整体性和一致性，是比较典型的结构化模型。如果用大单元教学的形式推而广之，这样的课堂结构可以迁移到小学阶段其他规律探索课中，如积的变化规律、商不变规律、分数的基本性质等。基于单元整体考虑，我将教材内容做了一个规划（见表1）：

表 1 运算律

教材教学安排	课时建议	大单元教学安排建议	课时建议	课型
四则混合运算顺序	2	四则混合运算顺序	1	基础课
加法交换律和乘法交换律	1	加法交换律和乘法交换律	1	建模课
加法结合律	1	加法结合律和乘法结合律	1	用模课
乘法结合律	1	乘法分配律	2	用模课
乘法分配律	2	回顾反思、练习	1	固模课
练习四	1	拓展减法和除法性质、综合练习	2	应用课

（二）乘法分配律课时内容安排

乘法分配律是重要的数学模型，是学生后续学习知识的基础。乘法分配律是所有运算律中应用相对比较广泛的运算律，且形式多样、应用灵活、隐蔽性强。交换律、结合律都是针对一种运算的规律，是同级运算，书写形式相对比较简单，概念叙述比较清晰。乘法分配律是含有乘法和加法两种混合运算的规律，是二级运算，等式中既有加法计算，又有乘法计算，且等式左右两边的数不完全相同，表达的形式也不对称。

教材围绕乘法分配律提出了四个问题：第一个问题结合解决实际问题的过程，交流、感受两种不同的列式计算的方法；第二个问题从第一个问题不同的列式与算法中发现乘法分配律；第三个问题用字母表示乘法分配律；第四个问题结合已有的经验，解释乘法分配律的正确性。这样的编排旨在帮助学生经历乘法分配律的探索过程，积累发现问题、提出问题、分析问题和解决问题的经验，树立模型意识。

三、学情分析

从知识结构来看，乘法分配律并不是一个新知识，而是学生已有的经验知识。虽然四年级才正式开始学习，但在一年级学习整十数加整十数、二年级学习乘法口诀时教材就开始渗透了。三年级探索一位数乘两位数或三位数、两位数乘两位数的计算方法，事实上已经初步建立起了分配的原则。教学过程只需要唤醒学生已有的知识经验，使学生认识"知识的来源"，用"乘法分配律"赋予知识新的命名，并借助多元表征帮助学生深入理解其本质内涵。

从方法体系上来讲，在整个单元的学习中，学生已经初步建立起"具体问题——类比推理——建立模型——解释模型——应用模型"的学习路径，可以把习得的方法迁移到新的问题情境中，通过类比形成结构并内化为数学学科的关键能力。

从思想体系来分析，学生通过数学化将现实问题抽象成数学问题，并进行模型化建构、拓展与运用，最终助力解决实际问题。

四、学习目标

（1）结合贴瓷砖的生活情境，引导学生在解决问题的过程中经历探索乘法分配律的过程，借助数形结合理解并掌握乘法分配律，会用字母表示乘法分配律。

（2）在观察、比较、分析、抽象和概括等活动中运用多种方式表征乘法分配律，培养初步的推理能力，增强模型意识，感悟模型思想。

（3）在参与数学活动的过程中，积累活动经验，掌握数学学习的一般方法，增强学习数学的兴趣，树立学好数学的信心。

五、学习重难点

（1）重点：理解、掌握、运用乘法分配律。

（2）难点：从现实背景中抽象概括出乘法分配律，建构、感悟模型。

六、教学准备

PPT 课件。

七、教学过程

（一）谈话引入

师：同学们喜欢住新房子吗？（喜欢）

师：住新房之前爸爸妈妈会给新房进行装修，淘气家正在装修新房，我们一起去看看。

（二）新课环节

1. 出示情境，提取信息（见图 2）

图 2

师：淘气家正在给厨房贴瓷砖。你们从这些瓷砖中看到了什么？

生 1：这里的瓷砖有两种颜色，一种是白色，一种是蓝色。白色有 3 行，每行 10 块；蓝色有 5 行，每行 10 块。

师：我们给这种观察方法取一个名字：按颜色观察。

生 2：还可以按折痕观察，侧面有 4 列，每列 8 块；正面有 6 列，每列 8 块。

师：说得很完整，像这种分为正面和侧面的，我们就说是按位置观察的。同一幅图，你们能从颜色、位置去观察，说明你们有一双善于观察的眼睛。

2. 根据信息，解决问题

师：根据你的观察，写出相应的综合算式，并计算。完成学历单第一题。

生 1：我列的算式是：$3 \times 10 + 5 \times 10 = 30 + 50 = 80$。因为按颜色观察，白色有 3 行，每行 10 块；蓝色有 5 行，每行 10 块。

师：为什么要用乘法？

生 1：因为白色有 3 行，每行 10 块，表示 3 个 10；蓝色有 5 行，每行 10 块，表示 5 个 10。

生 2：我列的算式是：$4 \times 8 + 6 \times 8 = 32 + 48 = 80$。因为按位置观察，侧面有 4 列，每列 8 块，表示有 4 个 8；正面有 6 列，每列 8 块，表示有 6 个 8。

生 3：我列的算式是：$(3 + 5) \times 10 = 8 \times 10 = 80$。因为按颜色观察，白色有 3 行，蓝色有 5 行，一共$(3 + 5)$行，每行都是 10 块，表示有$(3 + 5)$个 10。

生 4：我列的算式是：$(4 + 6) \times 8 = 10 \times 8 = 80$。因为按位置观察，侧面有 4 列，正面有 6 列，一共$(4 + 6)$列，每列都是 8 块，表示有$(4 + 6)$个 8。

师：同学真厉害，用了好几种方法表示同一幅图，看来从不同的角度去观察和思考，就会有不同的解题思路，从而列出不同的算式，真是善于思考的孩子。

【设计意图】创设生活情境，引导学生用数学的眼光观察、发现并描述数学信息。通过数形结合帮助学生理解每一个数的意义。根据发现的信息提出数学问题，思考并解答，在互相补充和质疑中，感受解决问题方法的个性化和多样化。

3. 仔细观察, 发现规律

师: 请观察 4 个算式, $3 \times 10 + 5 \times 10$ 和 $(3 + 5) \times 10$ 都是按颜色分的, 且答案相同, 我们能用 " = " 连接吗? 为什么?

生 1: 能。因为都表示的是同一幅图里的瓷砖数量。

生 2: 因为通过计算他们都等于 80, 得数相等, 所以可以。

……

师: 那 $4 \times 8 + 6 \times 8$ 和 $(4 + 6) \times 8$ 呢?

生 1: $4 \times 8 + 6 \times 8$ 和 $(4 + 6) \times 8$ 都是按位置分的, 且答案相同, 我们也能用 " = " 连接。

生 2: $4 \times 8 + 6 \times 8$ 表示 4 个 8 加 6 个 8, 合起来是 10 个 8; $(4 + 6) \times 8$ 表示 $(4 + 6)$ 个 8, 也就是 10 个 8, 都表示 10 个 8, 所以能用 " = " 连接。

……

完成板书

$$（3+5） \times 10 = 3 \times 10 + 5 \times 10$$
$$（4+6） \times 8 = 4 \times 8 + 6 \times 8$$

师小结: 两个算式是否相等, 我们可以通过观察图片、计算结果、乘法意义来判断。

【设计意图】从生活情境入手, 抽象出数学算式, 引导学生观察思考 "为什么相等"。学生的理解方式是多元的, 算出结果是最直接的方法, 学生也很容易理解乘法算式的意义。这些方法能帮助学生初步建立相应的模型。

4. 根据图意, 仿写算式

师: 淘气爸爸说在原来 80 块的基础上再增加 2 列, 现在你还能写出像上面这样的算式吗?

生: $(10 + 2) \times 8 = 10 \times 8 + 2 \times 8$

师: 谁能用乘法的意义解释一下?

生 1: 左边 $(10 + 2)$ 表示原来有 10 列, 增加 2 列, 合起来就是 10+2 列, 每列 8 块, 所以再乘 8; 右边是先算原来有多少块 (10 列, 每列 8 块), 再算增加了多少块 (2 列, 每列 8 块)。

生 2: $(10 + 2)$ 个 8 等于 10 个 8 加 2 个 8。

5. 观察算式, 探索规律

$$（3+5） \times 10 = 3 \times 10 + 5 \times 10$$
$$（4+6） \times 8 = 4 \times 8 + 6 \times 8$$
$$（10+2） \times 8 = 10 \times 8 + 2 \times 8$$

师：请观察这三组算式，你有什么发现？请在小组内讨论。

生1：我发现第一组算式等号左右两边都有一个相同的乘数10，第二组和第三组算式等号左右两边都有一个相同的乘数8。

生2：我发现左边的算式都是两数的和去乘另一个数。

生3：我发现右边的算式都是两个乘法的和，且两个乘法中有一个乘数是相同的。

生4：我发现都是两个数的和个几等于几个几加几个几。

……

师：同学们都有一双善于观察的眼睛。上面三组算式中都有相同的数据和运算符号，左边是合起来乘，右边是分开乘再相加。你能照样子再写一组有相同特征的算式吗？

生独立完成，并全班交流。

学生举例，教师收集并展示学生作品。

生1：$(5+3) \times 9 = 5 \times 9 + 3 \times 9$

生2：$(7+8) \times 6 = 7 \times 6 + 8 \times 6$

……

【设计意图】学生初步建立模型后，让学生通过模型来举例验证，仿写模型，依次来巩固模型解释模型。学生最容易想到用乘法的意义来解释模型，因为乘法的意义是乘法分配律的本质依据。每一种方法的呈现都是对乘法分配律的深层解读，丰富的实例和多元的表征能有效帮助学生树立建构模型意识。

6. 符号表达，形成定律

师：同学们想一想，像这样特征的算式写不写得完呀？写不完，那我们可以怎样表示呢？（字母）

师：如果用字母a、b、c分别表示这三个数，这个规律可以怎样表示呢？

生：$(a+b) \times c = a \times c + b \times c$

师：这样的规律我们就把它叫作乘法分配律。乘法分配律中"分配"这个词很有意思，是怎么分的、怎么配的？

生：把a和b分别与c相乘，最后再加起来。（先合起来乘，再分开乘；也可以先分开乘，再合起来乘）

师：这个等式表示什么意思呢？（文字表达）

生：两个数的和与另一个数相乘等于这两个数分别与另一个数相乘再相加。

师小结：同学们不仅能观察出这些算式的共同点，还能用字母来表示这类算式，看来同学们很会用数学语言来表达。

【设计意图】 在从多元表征把握内涵的基础上，进一步引导学生找出几种方法的本质，其实都是根据乘法的意义来理解：几个几加几个几共几个几。学生发现像这样特征的算式还有很多,进一步抽象概括,尝试用符号准确表达,逐步完成对乘法分配律的模型建构。

(三) 反思回顾,灵活应用

1. 反思回顾,联结已有经验

师:其实,我们早就和乘法分配律打过交道了,想一想在哪里接触过乘法分配律呢?在这里(见图3),你找到今天学的乘法分配律的影子了吗?谁能解释一下?

生:计算 20 + 30 时,可以将 20 看成 2 个 10,将 30 看成 3 个 10,2 个 10 加 3 个 10 就等于 5 个 10。

师:二年级的时候我们也接触过乘法分配律,一起来看(见图4),谁来说一说?

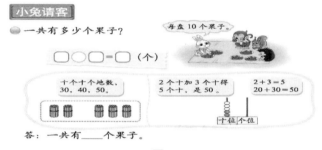

图 3

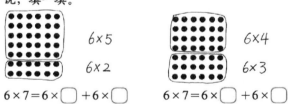

图 4

生 1:左边这幅图的上面是 5 个 6,下面是 2 个 6,合起来就是 7 个 6。

生 2:右边这幅图的上面是 4 个 6,下面是 3 个 6,合起来就是 7 个 6。

师:三年级的时候它在这里(见图5),我们一起看看。

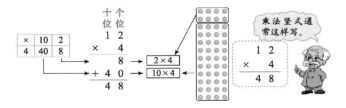

图 5

师:这里拆分的是谁?又与谁相配呢?

生：这里不变的是 4，拆分的是 12，将 12 拆成了 10 和 2，再与 4 相配，再相加。

2. 巩固新知，拓展延伸

师：根据贴瓷砖的图，我想问问"蓝色瓷砖比白色瓷砖多多少块？"请在小组内讨论。

生 1：$(5 - 3) \times 10 = 2 \times 10 = 20$（块）

生 2：$5 \times 10 - 3 \times 10 = 50 - 30 = 20$（块）

生 3：他们都是在算"蓝色瓷砖比白色瓷砖多多少块？"所以可以像刚才那样，写成 $(5 - 3) \times 10 = 5 \times 10 - 3 \times 10$。

师：那"正面的瓷砖比侧面的瓷砖多多少块？"

生 1：$(6 - 4) \times 8 = 2 \times 8 = 16$（块）

生 2：$6 \times 8 - 4 \times 8 = 48 - 32 = 16$（块）

生 3：这两个算式也可以像上面那样写：$(6 - 4) \times 8 = 6 \times 8 - 4 \times 8$

师：观察这两组算式，你有什么发现？

生 1：他们跟刚才的乘法分配律很像，这是两个数的差与另一个数相乘等于这两个数分别与另一个数相乘，再相减。

生 2：我也能用字母来表示：$(a - b) \times c = a \times c - b \times c$

师：你们有一双善于观察的眼睛，还有一个善于思考的好习惯，发现了乘法分配律的另一个秘密。乘法分配律既可以是乘加，还可以是乘减。

【设计意图】回顾反思，联结已有的知识经验，串联知识体系内化并构建数学模型。学生在进一步熟悉和应用乘法分配律的过程中，积累建模的经验，树立模型意识，掌握学习数学的一般方法。

（四）对比新旧知识，提升认识

师：同学们还记得上节课学习的乘法结合律吗？谁能用字母说一说？

生：$(a \times b) \times c = a \times (b \times c)$

师：对比这两个运算律，你有什么发现？

生 1：乘法结合律都是乘法，乘法分配律有加有乘。

师：说得很好，我们乘法结合律只有同级运算，而乘法分配律包含加法和乘法的两级运算。

【设计意图】串联新旧知识，使学生了解所学内容之间的关联，唤醒学生已有的知识经验，使学生认识"知识的来源"，用"乘法分配律"赋予知识新的命名，以实现知识的结构化，并更好地理解学科本质。

（五）总 结

师：学习了本节课之后你有什么感受？

师：同学们在这节课上表现很好，希望大家将会观察、会思考、会表达这"三会"用到以后的学习中，提高我们的数学素养。

由此可见，小学数学单元整体设计符合新课程标准对现代教学的要求，能够让学生主动参与数学学习中，还能促进学生对数学知识进行自主探索，也能培养学生在具体的情境中树立模型意识，在解决问题的过程中应用模型。

参考文献

[1]　张孝贤 . 基于单元整体的小学数学结构化教学研究 [J]. 甘肃教育，2020(16).

[2]　洪亚明 . 核心素养下小学数学单元结构教学 [J]. 文理导航(下旬)，2024(2):52–54.

[3]　施培凤 . 基于结构化，培养模型意识——以"小数乘法"为例 [J]. 福建教育，2024(10):45–47.

磨课，走向深度教学

——以《有趣的推理》教学为例

成都市新都区北星小学　何　欢

摘　要： 本文聚焦一线年轻教师在教学中所面临的困境，对数学本质、核心概念的把握上存在不足等问题。同时，以生为本的理念虽已深入人心，但存在片面理解，容易陷入误区。因此，需要对每课进行复盘，重新思考概念解读的准确性、教学设计的合理性、学生参与的真实性，以通过磨课实现深度教学。本文以《有趣的推理》一课的三次磨课过程为研究载体，深入探讨了如何进行深度教学。

关键词： 深度教学　以生为本　推理

作为一线年轻教师，我们最大的困扰便是上完课之后，才会对其内容有更加深入的理解。但这不是说我们在上课之前没有进行教材的解读与思考，而是由于经验有限，我们对教学辅助资料的理解略显生涩、片面，对数学本质、核心概念的把握并不到位，常常在课后才恍然大悟，甚至直到学生的作业反馈之后才知道应该在哪里进行重点教学。因此，我们需要对每一课进行复盘，重新思考概念解读的准确性、教学设计的合理性、学生参与的真实性，力求通过磨课走向深度教学。笔者以《有趣的推理》一课的三次磨课过程为例，探索如何进行深度教学。

一、教材解读

《有趣的推理》是北师大版教材三年级下册"数学好玩"单元的内容。教科书通过两个问题"分别在哪个兴趣小组""飞机模型分别放在柜子的什么位置"分别要求通过列表以及借助分类活动进行推理。笔者认为推理重在过程，即在教学中应当注重学生的表示、表达推理过程，因此将本课分为两个课时进行教学，以下探讨的均是第一课时的内容。

通过对教材的解读，本课时的具体内容为：通过列表进行推理。首先，对于表格，学生在低学段时有所接触，但仅限于能看懂，会列这一目标未对所有学生作要求。其次，学生对于推理不太习惯表述、关注其过程，更加看重的是推理结果。因此本课的目标确定为：

（1）学会运用列表等策略进行推理。

（2）能借助语言、表格清楚地表达自己的推理过程。

（3）理解能进行推理的必要条件。

二、磨课过程

（一）初 稿

1. 教学流程

（1）**热身活动**：猜数游戏。学生可自由提问，教师回答"是"或者"否"，直到猜出所写数字。

（2）**理解课题**：什么是推理？结合生活经验和前期游戏，明白推理就是根据一些信息得出最终结果。

（3）**探究推理方法**：学生在解决"分别在哪个兴趣小组"这一问题时自由选择推理方法，课堂中所呈现的方法包括文字法、连线法、标记法、表格法。通过对比不同的方法发现，尽管方法不同，但它们在推理的过程都是找到突破口，从关键信息入手。同时通过对比发现，表格法更能突出推理的过程和结果。

（4）**共同梳理表格法**：从有几列、几行、每行写什么开始明确表格的写法，再从关键信息入手一步一步进行推理。

（5）**推理的逆运用**：信息丢失，只有在推理时完成的表格。根据表格推断这些小朋友可能说了什么，见图1。

	一等奖	二等奖	三等奖	四等奖
1班	✕	✕	✓	✕
2班	✕	✕	✕	✓
3班	✓	✕	✕	✕
4班	✕	✓	✕	✕

学校进行春季运动会比赛。三年级有4个班，他们分别获得了一、二、三、四等奖。你知道他们班分别获得了几等奖吗？

文件已损坏！
部分文字已丢失！

图1

2. 设计意图

首先，让学生基于自己原有的水平认知，个性化地对推理过程进行表达。由于在表达的过程中存在思路不清的问题，容易在一个问题上来回周旋，因此需要对不同方法进行对比，找出其共性，明确如何推理才更加顺畅，即需要明确进行推理的必要条件，需要关键信息进行分析，从而实现推理。其次，通过对比发现表格的优势。学生缺少列表的经验，所以需要带着学生共同进行书写。最后，为了检测学生是否真实掌握了表格与推理，并为了培养学生的高阶思维，大胆采取逆运用的方式，通过学生所写信息对其进行分析。

3. 关键事件

（1）在分享不同方法时，对于前两种方法学生都还很认真，而介绍后面的方法时便不怎么认真听了。

（2）学生在跟写表格时，脸上出现了不耐烦的表情，似乎在说：我都会，为什么还要跟着一起写？

（3）根据表格逆运用推理出数学信息这一内容，学生完成的效果并不好（部分作品见图2）。

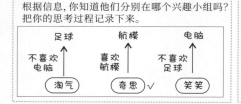

根据信息，你知道他们分别在哪个兴趣小组吗？把你的思考过程记录下来。

> 奇思说他喜欢航模那他就是航模。
> 笑笑说他不喜欢踢足球，所以不是足球，只剩下电脑，笑笑就是电脑。
> 淘气说他不喜欢电脑就是足球。

图 2

4. 分析问题，反思调整

（1）对于学生而言，虽然方法不同，但其推理的过程几乎都是一样的。每种方法都重复讲一遍，没有必要。

（2）学生为何会在书写表格时不耐烦？笔者猜想这是因为学生并未发现表格的优势。虽然在对比之下，表格是比较简洁的，但是就书写表头来说却是复杂的。因此，要想学生接受表格，就要进一步明晰表格与其方法的区别以及表格独特的优势。

（3）为什么学生情况不好的问题会出现在最后这一环节呢？要想更好地完成这一任务，最主要的是抓住推理的重点：明确关键信息，借此说明学生对于推理仍是基于已有经验，而并未在本课中有新的收获，即不明确怎样的信息才能算作关键信息。并且，这一任务本身难度过大，学生虽有推理的经验，但未进行系统的学习，在学习推理的第一课时就要完成这样的任务，难度较大。

基于以上分析，笔者认为对于不同的方法在讲解的过程中应当有所侧重，重点方法（表格法）的研究要突出其必要性，在推理的过程中需明确推理的必要条件，对于练习的难度也要适当。

（二）二稿

1. 教学流程

（1）热身活动：猜数游戏。学生可自由提问，教师回答"是"或者"否"，直到猜出所写数字。

（2）理解课题：什么是推理？结合生活经验和前期游戏，明白推理就是根据一些信息得出最终结果。

（3）探究推理方法：学生在解决"分别在哪个兴趣小组"这一问题时自由选择推理方法，课堂中所呈现的方法包括文字法、连线法、标记法、表格法。重点问题如下：

①文字法：请你来说说你是怎么想的。

②连线法：你能看懂他的思考吗？你有什么问题想问吗？为什么足球和淘气要连在一起呢？

③标记法：为什么把三个组名都写在这三个小朋友后面呢？

④表格法：这是什么意思？（指一空）"√""×"表示什么意思？这两种表格一样吗？

对比不同方法，明晰表格法与文字法、标记法相比更简洁，与连线法相比更能突出推理的过程，见图3。

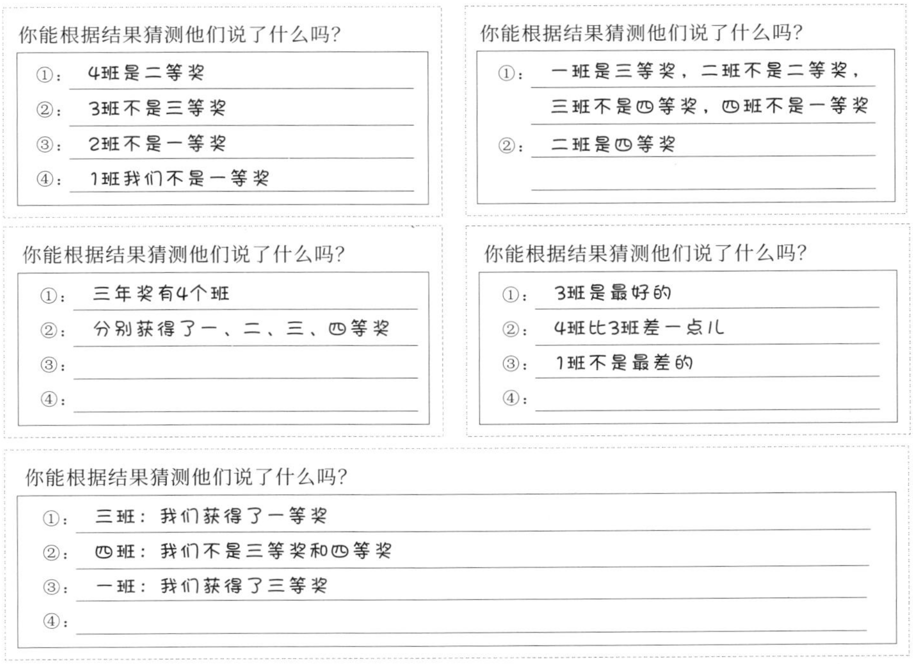

你能根据结果猜测他们说了什么吗？
①：4班是二等奖
②：3班不是三等奖
③：2班不是一等奖
④：1班我们不是一等奖

你能根据结果猜测他们说了什么吗？
①：一班是三等奖，二班不是二等奖，三班不是四等奖，四班不是一等奖
②：二班是四等奖

你能根据结果猜测他们说了什么吗？
①：三年奖有4个班
②：分别获得了一、二、三、四等奖
③：
④：

你能根据结果猜测他们说了什么吗？
①：3班是最好的
②：4班比3班差一点儿
③：1班不是最差的
④：

你能根据结果猜测他们说了什么吗？
①：三班：我们获得了一等奖
②：四班：我们不是三等奖和四等奖
③：一班：我们获得了三等奖
④：

图 3

（4）聚焦表格时，厘清推理过程：以"你先分析的哪个信息？"这一问题对比从不

同信息入手的区别，明晰从 2 个否定信息才能推出一个肯定判断，由 1 个肯定信息能推出 4 个否定判断，得出结论：当所提供的信息里有肯定信息和否定信息时，我们可以优先选择肯定信息来帮助我们进行判断。

（5）巩固练习：围绕问题"你怎么推理得这么快？""你是从哪个信息入手的？""通过这个信息能确定什么？"展开讨论。

2. 设计意图

为了突出各种方法的不同，在对其进行分享时要有所侧重。对于连线法的几个问题更能凸显"要想看懂连线法的过程，还得进行提问"；标记法其实就是表格法的"前身"，因此看懂标记法也是在为学习表格法作铺垫。不同的是，标记法需要分别写出来，而表格法只写一次即可。这样一来，对每种方法都有了详细的了解，并且各自的优势也比较明显地突出来了。表格法的优势通过与不同方法的对比得到了学生的认同。在进一步聚焦表格法时，虽然最后呈现出的结果相同，但推理的过程是不同的。通过学生的分享，对比明晰从哪个信息入手才能更好更快地进行推理。在练习过程中，又进一步强调这一点，有利于学生更牢固地掌握推理方法。

3. 关键事件

（1）在课后研讨的过程中，有听课老师提出：一定要从肯定信息入手吗？信息为"淘气既不是航模小组，也不是电脑小组"。从这样的否定信息入手可以吗？

（2）练习题目较简单，仅仅停留在变换情境的角度上，对学生的高阶思维培养没有帮助。

4. 分析问题，反思调整

（1）推理并不是只能从肯定信息入手。为此笔者翻阅辞典：推理是由一个或几个已知的判断（前提）推出新判断（结论）的过程。而在教参中反复提及的不是"肯定信息"与"否定信息"，而是"肯定判断"与"否定判断"。这几个词之间什么不同？上文中所提到的"淘气既不是航模小组，也不是电脑小组"，虽然是否定信息，但由于淘气只有 3 个选择，否定了其中 2 个，那么选择的就只有 1 个了，故这样的信息就是肯定判断，即能得出肯定的结果的信息。

（2）练习的题目不应仅是练习方法，还需对方法进行灵活掌握，充分发挥学生的能动性。基于上述分析，应当让学生对信息进行合理选择，在多个信息中挑选出更加有利于推理的肯定判断，考查学生的推理水平。

（三）终　稿

1. 教学流程

（1）热身活动：猜数游戏。学生可自由提问，教师回答"是"或者"否"，直到猜出所写数字。

（2）理解课题：什么是推理？结合生活经验和前期游戏，明白推理就是根据一些信息得出最终结果。

（3）探究推理方法：学生在解决"分别在哪个兴趣小组"这一问题时自由选择推理方法，课堂中所呈现的方法包括文字法、连线法、标记法、表格法。重点问题如下：

①文字法：请你来说说你是怎么想的。

②连线法：你能看懂他的思考吗？你有什么问题想问吗？为什么足球和淘气要连在一起呢？

③标记法：为什么把三个组名都写在这三个小朋友后面呢？

④表格法：这是什么意思？（指一空）"√""×"表示的什么意思？这两种表格一样吗？

对比不同方法，明晰表格法与文字法、标记法相比更简洁，与连线法相比更能突出推理的过程。

（4）聚焦表格时，厘清推理过程：以"你先分析的哪个信息？"这一问题对比从不同信息入手的区别，明晰从否定判断入手时，不能分析判断得出新的信息；从肯定判断入手分析得出 2 个否定判断；通过从肯定判断入手后发现，题目中给出的 3 个信息可以去掉其中 1 个否定判断，但不能去掉肯定判断。得出结论：肯定判断是我们进行推理时的关键信息，是不能缺少的。

（5）巩固练习：围绕问题"想一想，你想先知道谁说的话？为什么？""根据这句话能知道什么呢？""接下来你想知道谁说的话？还需要其他信息吗？""猜一猜她可能说的什么？"展开讨论，进一步发现从肯定判断入手的确能帮助我们快速推理，并且还能分析出其他信息，见图 4。

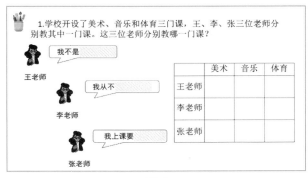

图 4

2. 设计意图

在分析推理过程的时候，从不同的信息入手继续推理时，学生能自主发现。从肯定判断入手时，只需要两个信息就可以进行推理了，信息变得简洁，也能推出结论。而去掉肯定判断时，学生经过推理发现推不出结论了，可见关键信息非常重要。推理在学习和生活中无处不在，在课堂末尾联系生活实际进行推理，思考应先知道什么信息，引发学生深入思考，提高应用意识。

3. 案例反思

基于以上设计，学生根据他人与自己的方法多次经历推理的全过程，对推理重在过程而非结果达成共识，并且在对比之下能辩证地看待每一种方法，而非只认同一种方法，应认识到每一种方法都有其优劣之处。其次，在利用表格进行推理时，学生对推理过程有了进一步认识，思考需做到有条理且完整。在引发学生关注推理的关键信息时，通过从不同的信息入手进行对比，逐渐认识到肯定判断起了关键作用。最后，在解决实际问题的过程中，进一步体会肯定判断的重要性，并知道所给信息不是越多越好，为后续高学段解决问题时涉及的"多余信息""无用信息"作好铺垫。

三、如何走向深度教学

（一）概念解读的准确性

以本课为例，几次磨课中不断改进的地方是对"推理"的解读：从"推理要从关键信息入手"到"推理要从肯定信息入手"再到"推理要从肯定判断入手"。这样做的原因在于对概念的解读不够准确，并没有进行深度思考或充分查阅资料，而是凭借着自己的经验进行。虽然在阅读教参中也发现了"肯定判断"一词，但由于解读得不准确，误认为与"肯定信息"意义相同。因此，在教学之前，教师需要对概念进行准确解读，切不可似是而非。

（二）教学设计的合理性

在初稿中，为了培养学生的高阶思维而设置难度极大的练习题目，这是万万不可的。教师在设计教学活动时，应明确学生的已有起点与目标，所设定的目标应是在学生能力范围之内的，不可是为了提高难度而提高难度，应当立足发展学生的思维水平这一目标，切不可拔苗助长。

（三）学生参与的真实性

在学生推理的多种方法过程中，不少学生虽然表面上在倾听，实则根本没听。导致这一情况的主要原因在于发言的内容对学生而言没有难度，或者学生听了之后不能有所收获。因此，教师需要观察课堂中学生参与的真实性，并适时对教学设计进行调整或邀请学生对发言同学进行点评反馈，激发学生积极思考。

参考文献

[1] 李丹.思之有"源"，推之有"据"，言之有"序"——有趣的推理 [J]. 中小学数学 (小学版)，2019(11):34-37.

深入解读 探究规律与运算间的联系
——以《小数点搬家》教学为例

成都市新都区兴乐路小学　牟建容　刘　嘉

摘　要: 小学数学教学中, 小数点移动引起的小数大小变化规律对学生的学习和发展具有重要意义, 熟练掌握此规律及其与运算之间的联系, 有助于提高学生的数学素养, 培养学生的逻辑思维和解决问题的能力。本文以《小数点搬家》一课的教学实践为例, 深入解读教材, 并探究数学规律与运算之间的联系。

关键词: 探究规律　数学思维　正确运算

《小数点搬家》一课, 是北师大版小学数学教材四年级下册第三单元"小数乘法"第 2 课的教学内容, 分为两个课时: 第 1 课时是探究小数点的移动引起数的大小变化规律;"试一试"是第 2 课时的内容, 主要探究小数点移动引起数的大小变化规律与特殊小数乘除法之间的等价关系, 把规律与运算联系起来, 进行相应的练习, 用以解决生活中的简单实际问题。

一、教材编写意图

（一）新课部分（见图 1）

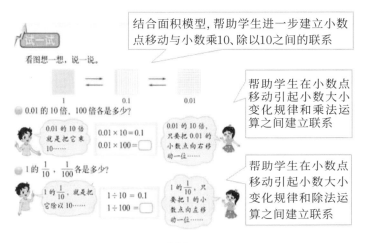

图 1

（二）练习部分（见图 2）

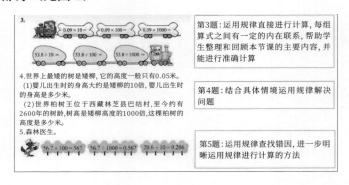

第3题：运用规律直接进行计算，每组算式之间有一定的内在联系，帮助学生整理和回顾本节课的主要内容，并能进行准确计算

4.世界上最矮的树是矮柳，它的高度一般只有0.05米。
　(1)婴儿出生时的身高大约是矮柳的10倍，婴儿出生时的身高是多少米？
　(2)世界柏树王位于西藏林芝县巴结村，至今约有2600年的树龄，树高是矮柳高度的1000倍，这棵柏树的高度是多少米？
5.森林医生。

第4题：结合具体情境运用规律解决问题

第5题：运用规律查找错因，进一步明晰运用规律进行计算的方法

6.过河。

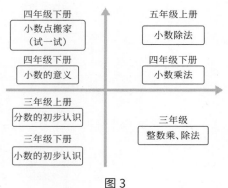

第6题：熟练运用规律进行计算

7.学校购买了一些奖品，你能把表格填完整吗？

	单价/元	数量	总价/元
跳绳		100根	75
铅笔盒	3.8	100个	
书包		10个	225
橡皮	0.2	1000块	

第7题：根据小数大小的规律解决实际问题，培养学生分析解决问题的能力

图 2

二、教材解读

（一）知识结构图（见图 3）

四年级下册　小数点搬家（试一试）　　　五年级上册　小数除法
四年级下册　小数的意义　　　四年级下册　小数乘法
三年级上册　分数的初步认识　　　三年级　整数乘、除法
三年级下册　小数的初步认识

图 3

（二）单元教材分析

本节课是北师大版教材小学四年级下册第三单元第2课《小数点搬家》第2课时"试一试"。本单元的主题是小数乘法。小数乘法的意义和计算方法的学习，是以小数的意义和整数乘法为基础的。本单元第1课《买文具》是学习小数乘整数，这一内容旨在理解小数乘法的意义和整数乘法的意义，二者都是求几个相同加数和的简便计算。学生能用已有

的知识经验解决这一问题，将整数乘法的意义运用于小数乘法。然而，后续学习小数乘小数时，则无法再用之前的已有知识进行算理解释，所以学生的学习产生了新的需求，亟待有一个知识的生长点。因此将《小数点搬家》一课放在本单元的第2课，学习小数点的移动引起数的大小变化规律，并将其与小数乘除法相联系，为后续学习小数乘小数的算理奠定基础。

（三）本课教材分析

本节课是《小数点搬家》的第2课时，与第1课时有密切的联系，不是前页内容的简单巩固，而是与前页内容密切相关的新的学习内容。第1课时的主要目标是探究小数点的移动引起小数大小变化的规律。以元、角、分为现实背景，以小数的面积模型作为依托，让学生直观感知小数点移动所引起的数的大小变化规律，并弄明白小数点搬家的实质是数字在搬家。本节课是从运算的角度再次学习小数点搬家的相关知识，旨在沟通小数点的移动引起数的变化规律与特殊小数乘、除法之间的等价关系。明确上述知识之后，才能更好地为后面学习小数乘小数找到知识起点，为学习小数乘小数的算理奠定基础。

我们在研读教材的过程中，发现学生在学习有关"倍"的知识后，已经知道求一个数的几倍用乘法计算，本节课只是把整数乘法变成了小数乘法，所以从问题中抽象出乘法算式对学生来说不是难事，且学生已有找算式规律的经验，知道一个数乘10，就是将这个数扩大10倍；将一个数扩大10倍，就是这个数乘10。学生已有将这两种说法建立等价联系的可能。因此，学生的已有经验能较好地促进学生思考，并找到本节课知识的起点。上节课探究的小数点移动规律，也能较好地为学生沟通规律与运算之间的联系找到连接点。

三、学情分析

学生已有求一个数的几倍用乘法计算的经验，具备将"乘10"和"扩大10倍"两种说法建立等价联系的基础，掌握计算"10个几""100个几"等多种方法；在具体情境中能根据对分数意义的理解列出除法算式；在小数点移动的过程中可能会遇到位数不够；要添0占位的情况，这对学生来说是个难点。

四、教学目标及重难点

基于以上分析，我们制定了本课的教学目标：

（1）在解决实际问题中，探索发现小数点移动引起数的大小变化规律与乘除法之间的等价关系，培养学生数感、模型意识和推理意识。

（2）连通小数乘除法运算与整数计算之间的关系，使数意义与数运算一致，培养知识结构化的意识和能力。

（3）能运用小数点移动的知识灵活解决简单的实际问题，培养学生多角度分析问题、多策略解决问题的能力和创新意识。

（4）激发学生学习兴趣，培养主动探究、合作交流的意识和能力。

本节课的教学重、难点：①重点。探索发现小数点移动引起数的大小变化规律与乘除法之间的等价关系。②难点。小数点移动过程中，当数位不够时，要补 0 的情况。

五、本节课的教学流程

（1）复习引入，回顾知识。

（2）探究新知，沟通规律与运算的联系。

（3）验证规律，从特殊到一般。

（4）应用规律，沟通知识间的联系。

六、教学设计

（一）主题教学

对于教材主题部分，我们认为，是在探究 1、0.1 和 0.01 等基本计数单位之间的倍数关系，那这一规律适用于所有小数吗？如何从特殊走向一般？我们设计了探究与验证环节，即让学生合作探究 0.05 的 10 倍、100 倍和 1000 倍分别是多少，让学生感受到数的运算与数的意义之间的密切联系，明白数运算的本质是计数单位个数的累加或细分，从而实现知识的结构化和一致性。因此，我们对教材进行了创新性设计，增加探究环节（见图 4）。

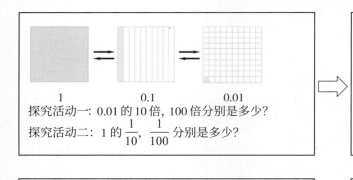

探究活动一：0.01 的 10 倍，100 倍分别是多少？
探究活动二：1 的 $\frac{1}{10}$，$\frac{1}{100}$ 分别是多少？

这一环节旨在探究特殊小数乘、除法与小数点移动规律之间的联系；突破本节课的重、难点，发展学生的推理意识

探究活动三：（小组合作探究）
你能借助刚才的发现解决下面的问题吗？
问题一：0.05 的 10 倍、100 倍和 1000 倍分别是多少？
问题二：1 的 $\frac{1}{10}$、$\frac{1}{100}$ 和 $\frac{1}{1000}$ 分别是多少？

这一环节旨在从特殊到一般，在规律与运算之间建立联系，构建特殊小数乘、除法之间的运算可以直接借助小数点搬家的规律进行简便计算这一模型，体现运算的一致性

图 4

（二）练习环节

本节课是《小数点搬家》第 2 课时，也是一堂讲练合的课，练习也是其中重要的一环。因此，我们创造性地使用教材，创新练习题目，在探究活动或解决问题的过程中，引发学生思考，发现共通的规律，并加以运用。数学的本质是思考，让学生充分经历知识的形成过程，培养孩子的推理意识和模型意识，让孩子学会用数学的眼光观察世界、用数学的语言描述世界、用数学的思维思考世界。

（三）课堂练习（见图 5）

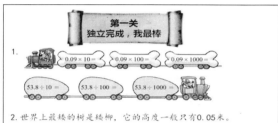

基础练习以教材内容为主，考查学生对本节课的基础知识掌握情况

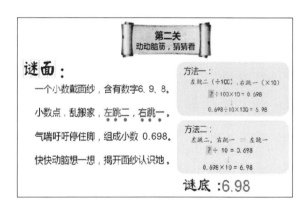

变式练习，创设趣味情景，吸引学生，激发学生积极思考，在猜谜过程中发展学生的推理能力，培养学生分析问题、多策略解决问题的能力

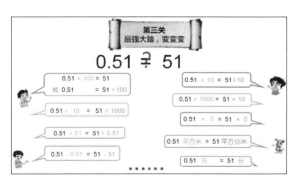

创新练习，开放性问题，让学生灵活运用今天所学知识解决实际问题，拓展思维和视野，培养数感

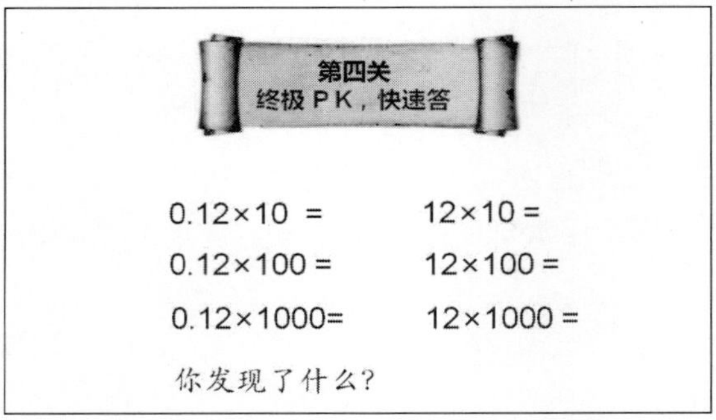

第四关
终极 PK，快速答

0.12×10 =	12×10 =
0.12×100 =	12×100 =
0.12×1000=	12×1000 =

你发现了什么？

创新练习，加强前后内容的联系，并让学生在辨析的过程中加深对知识本质的认识和理解，体现数与运算的一致性

图5

七、学习效果评价（见表1）

表1　学习效果评价

教学目标1	在解决实际问题中，探索发现小数点移动引起数的大小变化规律与乘除法之间的等价关系，通过操作、观察、比较、归纳发现规律与运算的联系，从中积累思维活动经验，发展合情推理能力，培养数感、模型意识和推理意识		
学科核心素养	数感、逻辑推理	核心关键词	推理能力
关键能力（记忆与领会）	通过操作、观察、联想和直觉，能够采用归纳推理的方法得出一些合理的猜测或发现；能够较清晰地表述猜测或发现的推理过程		
典型题1	0.01 的 10 倍，100 倍分别是多少？ 1 的 $\frac{1}{10}$，$\frac{1}{100}$ 分别是多少？		
教学目标	通过探究，让学生经历从特殊到一般的过程，深入理解小数乘、除法运算与小数点移动之间的关联，使数意义与数运算一致性，培养知识结构化的意识和能力。形成规范思考问题的品质，养成一丝不苟、严谨求实的科学态度		
学科核心素养	逻辑推理	核心关键词	推理能力、思辨能力
关键能力（应用与分析）	能在稍复杂的探究活动中，联系相关的知识，进行操作、观察、联想、验证等，通过归纳推理和类比推理，提出简单的数学猜想或结论；推理思路正确，表达清晰		
典型题2	你能借助刚才的发现解决下面的问题吗？ 问题一：0.05 的 10 倍，100 倍，1000 倍分别是多少？ 问题二：12 的 $\frac{1}{10}$，$\frac{1}{100}$，$\frac{1}{1000}$ 分别是多少？		

续表 1　学习效果评价

教学目标 3	在练习中思辨，沟通特殊小数乘、除法与整数乘、除法运算之间的关联，加深对知识本质的认识和理解，形成数与运算的一致性		
学科核心素养	数感、运算能力、逻辑推理	核心关键词	运算能力、推理能力
关键能力（分析与建构）	在对比练习中，加强学生对前后内容的联系，在辨析的过程中，能够明晰运算的对象和意义，加深对运算本质的认识和理解，促进数学推理和运算能力的发展		
典型题 3	快速口算下面各题，并回答问题 $0.12 \times 10 =$　　　　　$12 \times 10 =$ $0.12 \times 100 =$　　　　$12 \times 100 =$ $0.12 \times 1000 =$　　　$12 \times 1000 =$ 问题（1）算完后，你有什么发现？ 问题（2）他们的算法一样吗？ 问题（3）除法运算之间有这样的联系吗？		
教学目标 4	能运用所学知识灵活解决简单实际问题，培养学生多角度分析问题、多策略解决问题的能力和创新意识		
学科素养	运算能力、应用意识、创新意识	核心关键词	运算能力、应用意识、创新意识
关键能力（应用与创新）	勇于探索一些开放性的、非常规的实际问题与数学问题，形成独立思考、敢于质疑的科学态度与理性精神。能有意识地利用数学的概念、原理和方法解释现实世界中的现象与规律，解决现实世界中的问题		
典型题 4	$0.51 = 51$ 吗？你能想什么办法让等号左右两边相等吗？		

　　深入解读教材，探究知识本质，发现知识点间的彼此联系，让知识结构化，认识到运算的一致性，从而实现有效学习，深度学习。在新课标的引领下，教师应深入思考、不断学习，在课堂实践中培养学生用数学的眼光观察，用数学的思维思考，用数学的语言表达，提高学生的数学学科素养。

参考文献

[1]　许月良."小数点位置移动引起小数大小的变化"教学设计 [J].湖南教育(下)，2013(8):55.

[2]　叶巧如. 回到"原点"迎刃而解——关于"小数点移动引起小数大小变化"学习难点突破的行与思[J]. 小学数学教师，2018(10):40–43.

[3]　杨刚. 深研教材文本 话化课程资源——"小数点位置移动引起小数大小的变化"研读与思考 [J].四川教育，2006(2–3):54–55.

从错题中来，析思路之源
——以《小数除法》单元复习课为例

新都区木兰小学校　陈　倩　　　新都区新新路小学　李武宇

摘　要： 新课标强调课程内容要结构化，复习课不是单元知识的简单再现，承载着梳理知识框架、填补框架缺漏、拓展思维脉络的重要任务。本文以五年级上册《小数除法》单元复习课为例，阐述如何让学生借助分类手段将学过的多种除法进行分类，说明道理，理清思路，做到"乱中有序""复而不重"，最终学有所得。

关键词： 小数除法　复习课　内容结构化

《义务教育数学课程标准（2022年版）》将课程内容结构化作为课程修订的要求之一，注重教学内容结构化、教学方法结构化。复习课不同于新授课，是对某一阶段所学数学知识的再现、梳理、串接，查漏补缺，加深学生对知识的进一步理解、掌握、运用和融通。它承载着梳理知识框架、填补框架缺漏、拓展思维脉络的重要作用。那么，在小学数学复习课上，如何实现学生对知识有意义的结构化呢？下面，以北师大版小学数学五年级上册"小数除法"单元复习课为例，探讨内容结构化的复习课设计与实施。

一、多重分析，明确目标

本节课复习的小数除法在小学计算教学这个体系中所涉及的知识点较多，主要体现在计算一个除数是小数的除法题目，需要掌握整数除法、除数是整数的小数除法计算方法、商不变性质、小数的基本性质、位值制概念、小数点移动变化的规律六个知识点（见图1）。

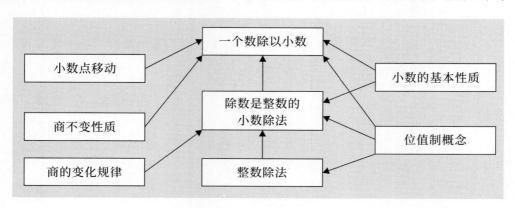

图1

除此之外，小数除法计算类型繁多，大致可以分为以下两大类5小类，见表1。

表 1　小数除法计算类型

A 类：小数除以整数商小数 例 $55.25 \div 5 = 11.05$ B 类：整数除以整数商小数 例 $3 \div 11 = 0.2727\ldots$	除数是整数
C 类：小数除以小数商整数 例 $8.4 \div 0.56 = 15$ D 类：小数除以小数商小数 例 $1.05 \div 1.5 = 0.7$ E 类：整数除以小数商小数 例 $500 \div 0.81 \approx 617.28$	除数是小数

通过以上梳理，结合班级学生学习制作思维导图的情况，发现放手让学生自主整理这一单元的内容是有难度的。因此，本课之前设计"计算大赛"，让学生通过"比赛——评价——归因——改正"，将每一道小数除法计算的算理算法口述清晰、笔算正确，实现深入交流，促使其思维外显，让学生在纠错反思的过程中再认识小数除法，从除数的角度、商的角度、规律性知识的角度等来梳理单元知识，构建除法单元复习结构图。

① $15 \div 4 =$　　② $22.58 \div 6 =$　　③ $355.25 \div 5 =$　　④ $40.84 \div 0.56$　　⑤ $513.77 \div 2.7 =$

⑥ $619.2 \div 0.12 =$　　⑦ $71.5 \div 12.5 =$　　⑧ $82.121 \div 0.7 =$　　⑨ $9600 \div 6.31 =$　　⑩ $10\,3 \div 11 =$

二、反思纠错，从错中得

课标教学建议之"注重课程内容结构化"对培养学生学习习惯有明确的要求：养成认真勤奋、独立思考、合作交流、反思质疑等学习习惯。本节复习课的目的就是培养学生独立思考、提升学生反思质疑能力。通过纠错，质疑他人、反思自己。通过对 10 道赛题的"归因"梳理，发现学生出错点较为集中，其中以"0"的问题和"点"的问题最为突出。典型错例如图 2 所示。

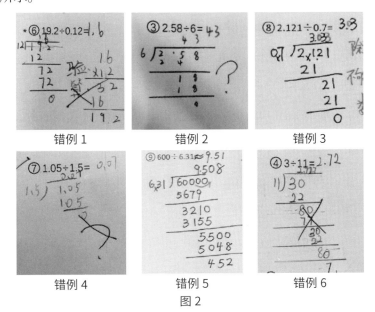

错例 1　　　　　　错例 2　　　　　　错例 3

错例 4　　　　　　错例 5　　　　　　错例 6

图 2

错例 1：小数除数变整数后，被除数同时扩大相同倍数，位数不够时要在后面添 0 补位。

错例 2：被除数的整数部分不够商 1，先商 0 占位。

错例 3：除到被除数的某一位不够商 1，就商 0 占位。

以上"0"的问题，学生同伴提示如下：如果被除数同时扩大，它的位数不够时，要在后面添 0 补足。如果被除数的整数部分不够商 1，先商 0 占位；除到小数部分的哪一位不够商 1，也商 0 占位。

错例 4：除数是小数时，没有先去掉小数点变除数为整数。

错例 5：移动小数点后添的"0"混淆，商的小数点位置错误。

错例 6：整数除以整数，被除数不够除，先商 0 站位点上小数点，再添 0 继续除。

以上"点"的问题，学生同伴提示如下：当除数是小数时，一定要先去掉小数点变除数为整数；转化成一个数除以整数后，当整数部分不够商 1 时，要先商 0 点上小数点（表示是占位整数部分），再添 0 继续除；商的小数点和转化后的被除数的小数点对齐。

三、分类引领，在理中明

在学生初步感知题型复杂、过程烦琐之后，引导学生认识：首先，从除数的角度分类，除数有整数或小数两类，它们之间的关系是：将除数是小数的除法一定要转化成除数是整数的除法，根据商不变的性质，被除数要同时扩大相同的倍数（见图 3）。

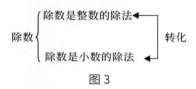

图 3

其次，从商的角度分类，商有整数或小数两类。如果商是小数，又可以根据整数部分是否为 0 分为纯小数（整数部分是 0）和带小数，或根据小数部分的位数分为有限小数和无限小数（小数部分的位数无限）。当商是无限小数时，需要根据生活实际或题目要求取商的近似值，常用方法有四舍五入法、进一法、去尾法（见图 4）。

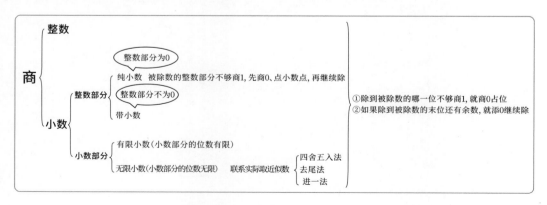

图 4

经过以上分类，学生对小数除法各种情况都了然于心。然后，放手让学生自己梳理小数除法笔算的一般流程。从个人到小组再到全班，学生意识到在以前"一写、二商、三乘、四减"的基础上增加一步"变"，放在"写"和"商"之间，突出：除数变成整数，根据商不变性质，被除数同时扩大相同的倍数。再问学生现在的"商"有什么特别：①除到被除数的整数部分不够商1，就先商0、点小数点，再继续除；②除到被除数的末位还有余数，就添0继续除。关于除法笔算的新旧知识经过如此联系、对比、融合，"五＋三"式计算流程水到渠成，学生的计算能力和结构化能力就得到了有效提升（见图5）。

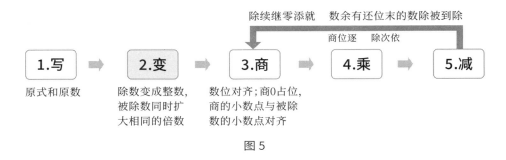

图 5

四、举一反三，更进一步

回顾错误、解析错误，是为了避免重复错误，更好地前进。通过以上系列反思，我们深切地感知：学生在以后的数学学习中还要加强以下三方面的训练。

（一）提升能力，发挥"三算"价值

通过纠错反思我们发现：学生的估算意识、口算能力和笔算熟练程度是远远不够的，核心素养的"数感"短板需要我们及时补齐。特别是"加强估算"是《数学课程标准2022版》提出的学生数感培养的重要内容之一，需要我们把加强估算教学作为计算教学的重要内容，用好课本上经常出现的"估一估，再算一算"相关练习。当学生具备一定的估算意识和估算技巧后，辅以一定的口算训练，可以大大提高学习中或生活中计算的准确性。比如，我们前面比赛的 $3 \div 11$ 和 $2.58 \div 6$，因为被除数都小于除数，就可以确定商应该是小于1的，精确值应该是 $0. \sqrt{\cdots\cdots}$ 的数。$600 \div 6.31$，$19.2 \div 0.12$，因为被除数都大于除数，就可以确定商应该是大于1的，而且600接近6.31的100倍，19.2超过0.12的100倍，所以估计 $600 \div 6.31$ 的商接近100、$19.2 \div 0.12$ 的商大于100。经过以上思考，计算的准确性就会大大提高。计算后，要求学生将计算结果与之前的估算范围进行比对，2.72和43、9.51和1.6等明显的错误就可以避免。这样，不仅可以让学生体验到估算在数学中的作用，还有利于养成良好的学习习惯。同时，"不够商1，就商0占位""被除数末尾的0要移上去"等计算问题也能得到解决。

口算是根本，估算当判官，笔算是若干个口算与估算的组合与应用。口算是所有计算

的基础，估算为笔算的准确性创造条件，同时笔算又反过来强化学生对估算价值的认可，在此基础上实现知识的迁移，促进学生核心素养的形成。

（二）疏通算理，贯通算法一致

小学数学涉及的加减乘除计算，其实都是计数单位与计数单位的个数的简单运算。除法就是对计数单位不断拆分、实现个数可分的过程。从整数除法开始，教师经常会问的关键问题就是：有余数还能继续除吗？拆分后，个数可分就继续除，个数不可分就商 0 继续拆……让学生理解除法就是在从高位到低位不断拆分计数单位的个数，从整数除以整数有余数（例如 $5 \div 4 = 1……1$）过渡到可以商小数（$5 \div 4 = 1.25$），是因为产生了新的、比"1"更小的计数单位。为了区分这些比"1"更小的计数单位，我们使用了小数点……如此螺旋上升的知识建构，让学生对小数商中"点"的出现和对齐以及"不够商 1 就商 0 站位"等问题知其所以然。

（三）规范书写，扎实良好习惯

把学生请到面前一起说错例，可以发现，部分学生口中说的比纸上写的思路更清晰。那为什么在纸上出错率那么高呢？静心细看，好些学生的计算出错，是因为书写不规范，自己写的阿拉伯数字，因为第一遍没有书写到位，后面越写越走样，前面是"0"，后来就有可能成"6"……还有，就是商的小数点随意，导致点错位置；商的数位没有和被除数的数位对齐，导致漏商……这些不良行为，我们可以通过细节强化来纠正。例如：从上学第一节数学课起，就要求学生规范写数字，两个月后开展数字书写大赛；每次作业除正确率评定外，还要评价书写等级 A、B、C，每期都举行作业书写比赛或作业展评。从第一次教学生写除法竖式开始，要求学生做到数字规范、符号规范、数位对齐、水平划线。以上练习不仅能培养学生良好的书写习惯，而且能让学生在整齐、均衡的书写过程中体验数学的严谨之美。针对抄错题的现象，可以强制"指着看、轻声读"，在写中穿插读，虽然花费时间，但可以很好地预防书写中出现低级错误。

做好、做对只是学生知识技能的基本要求，怎样做好才是学生核心素养发展的重点。只有让学生在相互交流中批判质疑、在深度碰撞中畅所欲言，才能不断促进学生对知识的深层次理解，才能有效提高学生的表达能力、质疑能力、反思能力。

参考文献

[1] 王博. 让学生体悟除法运算的真谛——"除法运算的一致性"整理复习课教学实录与评析 [J]. 湖南教育 (D 版), 2023(9):61–63.

[2] 厉君. 小学数学单元整体教学设计研究 [D]. 山东师范大学，2023.

[3] 王蕾. 小学数学复习课教学目标设计研究 [D]. 山东师范大学，2022.

历经统计过程，促引思维发展
——以《生日——认识条形统计图》教学为例

成都市新都区锦门小学校　岳　莎

摘　要: 本文主要以统计板块的"生日"这一课为例，进行深刻的案例分析，反思本节课怎样培养学生的统计观念，如何实现思维可视化，如何促进思维的发展。

关键词: 统计观念　思维可视化　思维发展

新课标明确提出"三会"要求：会用数学的眼光观察现实世界，会用数学的思维思考现实世界，会用数学的语言表达现实世界。教师是"三会"目标实现的践行者，需要以课堂为载体，有意识地培养学生的"观察、思考、表达"三大能力，使之形成较好的数学素养。

近年来，有关小学数学培养"数据分析观念"的研究中，出现频率最高的一条策略是"让学生经历统计过程"。而在实际教学中，老师往往会存在以下误区：①就知识讲知识，不和以前学的知识发生联系。②直接呈现各种统计图（缺少统计图产生的过程），让学生观察发现统计图的特点。③不能提供足够的需要条形统计图解决问题的情境，让学生无法感知收集整理数据的重要性，无法感知统计图产生的必要性。简言之，"让学生经历统计过程"存在严重的虚假"经历"，其间收集、整理、分析数据等过程更是模糊不清，条形统计图产生的必要性更是广大一线教师容易忽略的部分。

一、唤醒学生已有记忆，奠基知识结构化

在开课时，我没有急于开启今天的新课，开门见山让学生探究，而是带领学生对以往知识点进行复习梳理。孩子们在二年级下册开始学习有关统计的初步知识，时隔一年后遗忘得差不多了。所以，我利用开课前的几分钟，对概率与统计整个过程进行系统复习，让学生形成系统性的知识。

师：孩子们，还记得二年级学习"评选吉祥物"时，要调查班里的孩子最喜欢什么吉祥物时，我们用到了什么方法？

生：投票。

生：举手。

师：举手和投票在数学上都叫收集数据。

师：收集数据之后又做了什么？

生：画正字。

生：画图。

师：收集数据后分类画正字或者画图，在数学上是整理数据。

师：在我们刚刚学习的"小小鞋店"中，收集和整理数据之后还要表示数据。

师：有哪些表示数据的方法？

生：可以用画叉的方法表示。

师：真棒，对以前的知识掌握全面、牢固。

师：用画叉的点线图就可以表示数据。这样就可以根据表示的结果知道哪些鞋多进一点、哪些少进一点，这又是在做什么？

生：分析数据。

师：说得可真好，这就是分析数据。

【反思】这个过程虽然有几分钟，但却在帮助学生梳理统计的整个过程：收集数据—整理数据—表示数据—分析数据，加强了新知与旧知的联系，为今天继续学习奠定基础，让学生清楚每个环节的作用以及方法，明晰以后开展统计相关活动时先做什么、再做什么。这也在提醒我们，教学一个新概念时要找准其生长点，在已有认知上进行深层次的理解与认知，这样对新概念、新运算的认识理解会更加丰富。

二、从无到有经历产生，建立统计模型

条形统计图是统计过程中数据表示的一个环节（一种方法），三年级学生已学过用画叉的点线图法表示数据，为什么还要条形统计图来表示数据呢？这一定有它产生的必要性。这就需要我们引导学生真实感知这个必要性。条形统计图的必要性就是可以更加形象直观地看出数据的多与少，一目了然地把握每个量确定的数据是多少。关于必要性的认识，绝不能直接告知学生，需要学生自我经历与感知。

我从复习上节课学习的点线图入手，在学生说出点线图后及时呈现并进行追问：你能一眼看出谁多谁少吗？因为学生在表示的过程中，能明确感知点线图较麻烦，不易看出结果，所以齐声否定回答。我马上再追问：你有什么好方法可以让它对齐，一眼看出谁多谁少？顺势引导学生在经过独立思考和同伴交流后说出"画格子可以帮助这些线对齐"，进一步优化了表示方式。此时此刻再趁热打铁提出核心问题：你能一眼看出每个季节有多少人吗？有什么好方法可以一眼看出每个季节有多少人？及时组织学生小组讨论、全班交流，进而明确：可以在下面每一竖线上方标注数据。经历以上交流，条形统计图就由孩子

们自己创造出来了！

师：（展示画得不好的）对于点线图的表示方法你有什么感觉？

生：很麻烦。

生：密密麻麻的。

生：很乱，不整齐。

师：这也是老师的真实感受。

师：请思考，能不能一眼就知道春季有多少人？

师：怎么很多人都说不出来呢？我采访一下。

生：因为要数，不能一眼知道。

师：看来不能一眼看出每个季节的多少。

师：有什么方法可以一眼就知道每个季节的多少？

生：可以写上数字，在哪写？

（抽生在下面写）师：这些 1、2、3 分别表示什么？

师：你可真机灵，想出这么好的方法！请同学们和老师一起写。

师：写好了，现在春季有多少人？

生：怎么答案这么多？

生：因为数字和 × 没有对齐。

师：他说了什么？什么没对齐？

生：数字和 ×。

师：要想对齐怎么办？

生：可以画一些线。

师：在哪画？

抽生上来指，学生和老师一起画。

师：淘气和你们的想法是一样的，它是这么做的，能看懂吗？

生：它把这些框起来画了斜线。

师：一格表示什么呢？

生：一格表示一个人。

师：两格呢？

生：那春季有多少人？

师：怎么这么快就知道了？怎么知道的？

生：可以直接再看对应的数字就可以知道。

师：真是会观察、会思考的同学！

师：请你用这这种方法和老师一起表示夏季的数据。

167

师生齐：一格一人、两格两人。

师：请你接着表示出秋季、冬季。

师：对于这种表示方法你又有什么感觉？

生：很整齐。

生：可以一眼知道数据的多少。

师：你可真具有数学眼光。像这样整齐、一眼就能看出结果的表示方法叫条形统计图方法。

师：什么是条形？

生：就是一条一条的。

师：你的理解能力真强。

师：现在请孩子自学条形统计图。思考并回答：①条形统计图包含哪些要素？②我们画条形统计图时要注意什么？

学生汇报。

师：同学们观察得可真仔细，会观察、会思考、会表达！

师：你们不仅能向他人学习，还能向课本学习、向自己学习！

【思考】这是最后呈现的板书，而这个板书的形成不是一蹴而就的，而是以同学们已有的点子图为起点，不断将统计结果完善调整，最后由他们创造出更加直观的、一眼看出结果的条形统计图。这个从无到有的过程就是思维的外显过程，教师抽丝剥茧将思维可视化，为学生建立统计观念、提高统计能力。教师引导学生真实经历统计的全过程，尽可能让学生分析问题、解决问题，构思出解决问题的步骤。在这个过程中，学生真正做到了以数学的思维思考现实世界，在老师的引导下不断完善已学的点线图，最后优化条形统计图。条形统计图的必要性和优越性不言而喻，学生在优化的过程中自然而然就能深刻体会。

三、实践运用感受价值，培养统计观念

师：孩子们真厉害，不仅会收集、整理数据，还会表示数据了。接下来还要做什么呢？

生：还要分析运用数据。

师：你的思维可真有条理。说一说从上面的统计图中你发现了什么？

生：××多，××少。

师：你是怎么看出来的？

生：我看的是上方的数据。

师：有没有不用看数据就可以比较的方法？

生：看哪些条长、哪些短。

师：还知道什么信息？

生：×× 有多少人。

师：你是怎么知道的？

生：我是通过看最后一格对应的数字知道的。

师：看来条形统计图真是个好工具，不仅能通过长短判断谁多谁少，还能根据数字知道具体有多少。

师：请你闭上眼睛静静地想一想，这节课你学到了什么？

学生谈收获，课堂练习。

【思考】分析数据，作为统计过程的最后一个步骤，往往会被老师忽略。其实在实际生活中，分析数据是体现数学思维、数学价值的主体环节。所以老师要有意识地引导学生对自己统计的数据进行分析，并且能够表达为什么这样分析。在表达过程中不仅可以培养学生用数学的语言表达现实世界，还在一定程度上能提高学生的推理能力以及数据分析的能力，进一步发展统计的观念。

随着信息技术的发展，数据已经成为人们日常生活中非常重要的一部分，我们在作决策时，比以前更加依赖外界的信息。因此，统计知识对大数据时代的社会公民来说十分重要。

参考文献

[1] 严转转 . 小学数学"统计与概率"教学的行动研究 [D]. 山西师范大学，2016.

[2] 陈海棠 . 新课标下小学统计课教学的探讨 [D]. 延边大学，2011.

[3] 贺毅 . 发展学生数据分析观念的初中统计与概率的教学设计研究 [D]. 重庆师范大学，2017.

[4] 蒋媛媛 . 小学数学"统计与概率"教学现状的调查研究 [D]. 河南师范大学，2014.

以"思维可视化"促数学概念建构的初尝试
——以《分物游戏》教学为例

新都区正德实验学校　周祥菲

摘　要： 在小学数学教学中，借助思维可视化可以将数学知识更加直观地呈现给学生，让数学能够看得见、摸得着，促进和提高学生对各种小学数学概念的准确理解能力。本文借助思维可视化方法，以"分物游戏"一课的教学为例，尝试用思维可视化方法来促进小学数学教学中数学概念的建构。

关键词： 思维可视化　数学概念　建构

　　"思维可视化"是指运用一系列图示技术把本来不可视的思考方法和思考路径呈现出来，使其清晰可见的过程。[1] 对于小学数学而言，思维可视化的意义在于：小学生处在具体形象思维向抽象逻辑思维过渡的阶段，他们思考要有充足的表征，并借助语词、符号思考在头脑中进行推理或判断；小学生集中精力较困难，如果只靠语言的描述，很难保证学生能够长时间保持精力集中，因此要有足够形象化的事物在课堂中有效吸引学生的注意力。数学学科具有较强的抽象性，利用"思维可视化"可以将数学知识更加直观地呈现给学生，让数学能够看得见、摸得着。

　　概念是人将事物本质提炼、概括后形成的理论认识，而数学概念是人对事物的数量关系和本质特征的一种反映形式，具有抽象性。[2] 小学生的理性思维能力还处于发展阶段，可能无法准确地理解各种小学数学概念，对概念的本质理解模糊不清，进而影响学习进度。因此，笔者结合《分物游戏》一课谈谈具体教学措施，以"思维可视化"完成数学概念的建构。

一、"平均分"的概念界定

　　每份分得一样多，就是平均分。

　　要将 15 根骨头平均分给 3 只小狗，结果是每只小狗分到了 5 根骨头，是否就能确定是平均分呢？笔者认为是不一定的，若是如图 1 这样分的呢？

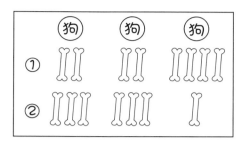

图1

如图1所示，每只小狗最终都分到了5根骨头，但是分的过程呈现的是为追求结果相同的"拼凑"。仅仅围绕最终的结果相同，没有进行深度思考，如何能保证最终的结果相同呢？

因此，关于平均分的定义我们不能仅仅局限于从结果中进行判断，还应当关注其过程。"每份分得一样多"中的"每份"不仅是分的结果，还隐含着分的过程。或者说，要想保证最终结果每份一样多，就得使每次分的一样多。

二、"操作可视化"建构平均分

（一）以实物为载体初步感知平均分

【教学片断】

上课伊始，教师出示4个桃子，抛出问题：要分给两只猴子，你想怎么分给它们？

生1：每只猴子分2个桃子。

生2：第一只猴子分1个桃子，另一只猴子分3个桃子。

生3：第一只猴子分3个桃子，另一只猴子分1个桃子。

师：你觉得哪种分法更好呢？为什么？

生：每只猴子分2个桃子更好，因为它们得到的桃子数一样，这样更公平。

师：像这样每份分的一样多，在数学上就称为平均分。

学生通过实物进行操作分一分，对于平均分的概念建构是看得见、摸得着的。起初，他们先用自己的语言进行了说明，"公平""得到的桃子数一样多"这些儿童化的语言虽然不标准，但是他们已经在利用自己所看见的现象在描述平均分了。若仅通过多媒体展示，学生没有亲自去体会分的过程，就不会真正理解平均分概念。但学生经历了实物操作后，再提起"平均分"三个字，学生的头脑里不再是空洞的，会还原鲜明的实物形象和平均分的过程。

（二）以学具为载体体会平均分的过程

【教学片断】

师: 小兔子最喜欢吃胡萝卜了, 你能把这 12 根胡萝卜平均分给 3 只小兔吗?

生齐答: 可以。

师: 你可以怎么分呢? 我这里可没有小兔和胡萝卜。

生: 那就找东西代替它们吧。

师: 我这里有一些学具。用圆片代表兔子的话, 需要几个呢? 用小棒代表胡萝卜, 需要多少根呢?

生: 3 个圆片, 12 根小棒。

师: 那请你们试着用学具分一分吧。

用学具进行操作相较于用实物而言, 学生的思维水平有了一定的提高, 从直观形象过渡到半抽象模型。操作的过程不仅能帮助学生体会分的过程, 还能方便教师观察学生是如何进行平均分的。当所分的数量较多时, 学生在分的过程中会反复出现试错的情况, 也就是当前面的小兔分到了很多之后, 会发现后面的兔子不够分。只有当学生不断地进行这样的试错, 他们对平均分的过程才有进一步的体会, 才能提高他们的数感。

(三) 以图式为载体辨析平均分的过程与结果

【教学片断】

师: 你能将 15 根骨头平均分给 3 只小狗吗? 你能试着画图表示出你是怎么分的吗?

出示作品 (见图 2):

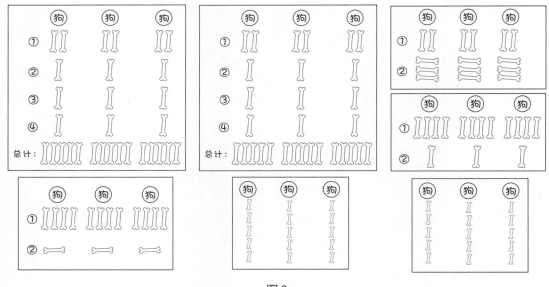

图 2

全班展示交流, 用什么表示小狗或骨头? 是怎么进行平均分的?

师: 这幅图 (见图 3) 可以吗?

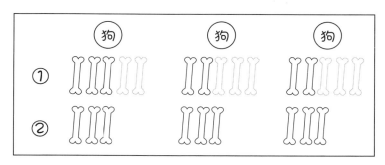

图 3

生 1：不行，第一只小狗得到了 6 根骨头，而另外两只小狗只得到了 5 根骨头。

生 2：骨头的总数不一样了，他一共画了 16 根骨头，但本来只有 15 根骨头。

师：想一想，是什么导致他出错呢？

生：在第一次分的时候，他就给第一只小狗多分了 1 根骨头，所以最后他们分到的就不一样多了。

师：那对比一下同学们的作品，你能说一说大家都是怎么做到最后每只小狗得到的骨头都一样多的吗？

生：每一次都分得一样多，只要有一次不一样，最后就可能像刚才这位同学一样，结果就不一样的，就不是平均分了。

师：看来只要每次分得的个数是相同的，那最后的结果也是一样多的。看来平均分不仅体现在结果中，还体现在分的过程中。

师：那这样（见图 4）是平均分吗？

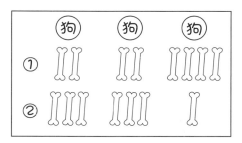

图 4

生：不是，虽然它的结果是一样的，但是在分的过程时不是在进行平均分，这样就不能保证结果一定是一样的。我觉得他可能是凑答案。

学生利用图示将分的过程记录下来，能进一步帮助他们梳理自己是如何分的。利用图示进行交流想法时，学生之间能互相知道他人的想法，有利于促进思考。而在分享多种分法之后，能进一步对比不同分法背后的相同点是什么，从直观的角度观察发现只有每一次分得一样多，才能保证每份都分得一样多，从而帮助学生辨析平均分的过程与结果之间的因果关系。

三、"语言可视化"厘清平均分

【教学片断】

师：请孩子们利用圆片和小棒帮助这 3 只小兔将 12 根胡萝卜平均分，注意把分的过程摆出来，一看就知道你是怎么分的。完成后和你的同桌说一说你每次是几根几根分的？分了几次？最后每只小兔分到了几根？

师巡视，倾听学生的分法。

生：（见图 5）我是 2 根 2 根分的，分了 6 次，最后每只小兔分到了 4 根。

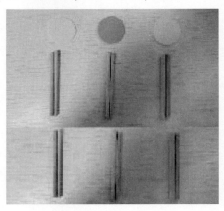

图 5

句式"每次是几根几根分的？分了几次？最后每只小兔分到了几根？"用意一是规范学生的数学语言，二是利用语言描述进一步梳理学生是如何进行平均分的，引导学生关注平均分的结果与每次分的过程是有关系的。

学生在进行语言表述的过程中，笔者发现学生对于"每次"的理解是不清楚的，学生误认为只要给一只兔子分了（分了 1 次），就叫作每次，而"每次"是指每只兔子都分到了。学生若对"每次"的理解上存在误区，就会对每份的理解不到位，最终导致对平均分概念的理解不明晰。因此，仅通过动手操作是不足以帮助学生全面理解平均分的。通过语言的表述，教师才能进一步了解学生的实际情况，才能针对性地进行引导。

概念教学正是如此，教师往往仅将定义给学生，而学生对定义的理解是否到位，教师通过什么进行判断呢？是通过复述吗？简单机械的复述显然是不行的，应该让学生用自己的语言体系进行创造性复述，通过语言将学生的思考外显，才能进一步了解学生对定义的实际掌握情况。

四、"板书可视化"明晰平均分

在多媒体广泛运用于课堂教学的当下，传统的一支粉笔、一块黑板的板书设计被部分教师忽略，认为多媒体内容可以替代板书设计，多媒体演示完还要写在黑板上有些重复，浪费时间。但多媒体演示尽管很直观、形象甚至很精彩，但是留给学生记忆的时间有限。而板书设计在黑板上停留时间更长，直到课堂总结时还能完整地展现（见图6）。[3]

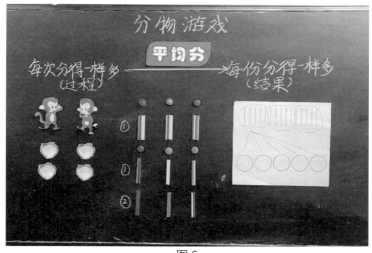

图6

《分物游戏》一课旨在让学生多次经历分的过程，无论是利用实物、学具还是图式进行平均分，学生分散地完成教学活动，都没有完整的建构。因此，教师需要在教学中适时将其分配的物体进行板演，在全课结束之后回过头来进行观察思考，在没有实物进行分配时可以借助其他道具进行代替，或画图进行表示。利用板书从实物到学具再到图式，学生再一次回顾这样的过程，可以让学生清晰地看见这一逐渐抽象的过程，有利于后续学生进行自主抽象。

参考文献

[1]　施辉煌 ."思维可视化"角度下的小学数学课堂分析 [J]. 新课程导学，2020(21):28–29.

[2]　张玲 . 基于深度学习的小学数学概念教学策略 [J]. 教师博览，2021(3):72–73.

[3]　袁爱菊 . 思维导图式板书设计为学生的思维插上翅膀 [J]. 新课程，2020(21):32.

以"思维可视化"进行运算律整理与复习

成都市新都区新新路小学校　郝　雯

摘　要： 课前运用思维可视化策略进行运算律的梳理，课上讨论运算律之间的区别与联系，引导学生拓宽对运算律内涵的理解；通过对前测计算题错误率的统计分析，引导学生直观感受并重点关注乘法分配律的应用，逐步帮助学生认识：字母表示法中一个字母可以表示某个数（小数、分数、整数），也可以表示某个算式，并在此基础上自主出题，以实现灵活运用运算律的目标。

关键词： 思维可视化　数学本质　运算定律

一、问题的提出

复习课是小学数学教学中无法忽视的课型，大多数复习课主要由旧知复习和巩固练习两部分组成。在复习旧知时以理解、阐述为主要形式，调动已经习得的知识经验，通过课题练习来进行。大多数复习课都把提高学生解决问题的能力作为重点，但不能忽视复习课在帮助学生将知识结构化以及理解数学知识本质方面的重要作用。一节复习课不仅要有能力目标，还应具有一定的基础知识学习目标，当我们把一节课的教学目标细化到每一个环节的时候，一堂复习课就有了教学深度。

二、教学分析

基于教学内容的思考，我对本次教学内容"复习运算律"进行了教材解读与分析。本次教学内容是北师大版数学六年级下总复习里的一节课，数学课本上只给了一页的内容，主要由这些环节组成：总结归纳学习过的运算律、说明和验证运算律、应用运算律解决简便运算的问题和实际问题。通过常规听课、作业调查，发现运算律的复习存在以下不足：第一，一些学生在复杂的算式中应用运算律的能力较差；第二，简算意识不够，体现在分数与小数转化后使用运算律的意识和能力差，不会用分数乘法的常规规律，积不变的性质、商不变的规律应用后再使用运算律的题目对学生来说较难；第三，必须使用运算律的思维定式导致学生在简便运算过程中存在困难。

大多数教师对运算律的内涵和本质的认识也存在很大的不足，导致很多孩子都认为，老师教了就要会用，学了必须用，这其实是运算律使用过程中的误区。相关资料对运算律概念内涵的解释是："一种运算所遵循的规则就是运算律。"对学生来说，运算律其实就是保持运算结果不变的变形规律，几种运算方法之间的结合，或者相应的分配律，都可以称为最基本的运算律。所以在本次教学设计中，我将学生已经能够完成的运算律的整理和验证并说明运算律放在本课之前，用思维导图的形式要求学生用字母表示法整理和说明运算律（如图1所示）。在教学过程中，通过思维导图，让学生发现运算律之间的额区别和联系，意在引导他们发现平时经常用到的课本没出现的同级运算之间的带符号交换位置，一个数连续减去两数相当于减去两数之和、一个数连续除以两数相当于除以两数之积、使结果不变的各种规律，其实都可以称为运算律。并且，我们都可以用字母表示出来，拓宽学生的解题思路和视野。

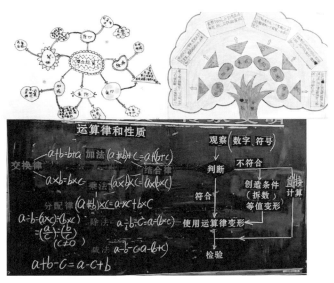

图 1

例如， （4）5 − 0.75 + 0.25 = 5 − (0.75 + 0.25)

师：第（4）题对吗。

生：应该使用减法的性质，左边减去两个数的和，相当于先减去 0.75，再减去 0.25，所以右边的应该是 5 − 0.75 − 0.25。

师：这次他想使用减法的性质让运算变得简便，但是符号弄错了。大家还有什么发现吗？

生：这题可以直接计算，因为 0.25+0.75 可以直接凑整，按照原来的运算顺序反而更简便。

师：你看到了我们没看到的，给你点赞！有时候使用运算律不一定就是最简便的计算过程，咱们得打破传统的思维定式，不一定要求简便运算就非要使用运算律不可，只要计算简便，不使用也可以。

另外，课堂上教师带领学生对运算律数学本质的探寻也是有效教学。在教学交换律和结合律时，要引导学生分析字母的个数，思考多几个数字能不能交换或者结合。另外，乘法分配律的乘数的个数、已经在括号里加数或减数的个数能否扩充，也是六年级学生应该掌握的。如下教学片段：

（2）$(1.25 + 7) \times 8 = 1.25 \times 8 + 7$

（3）$(1.25 \times 7) \times 8 = 1.25 \times 8 + 1.25 \times 7$

第（2）题：符合乘法分配律的形式，两数之和乘以 8，可以分别用两个数去乘以 8，然后再把所得的积相加。

第（3）题：对吗？

生：不对。括号里面是乘号，不符合乘法分配律的形式。不能使用乘法分配律，所以他用错了。

师：可是，如果把 8 分配给 1.25 的话是可以凑整的呀，能凑整为什么还不能使用乘法分配律？

生：可是括号里是乘号，乘法分配律的括号里必须是加号才行。

师：所以，咱们在决定使用什么运算律的时候是观察数字能否凑整，还是观察符号是否符合呢？（所以，能否使用运用运算律是由数字决定的，还是由运算符号决定的？）

生：观察符号。（板书：观察运算符号）

生：运算符号必须符合运算律的形式才能使用。

师：按照大家刚才的总结，乘法分配律的括号里面只能两个数相加？

生：还可以是减法。

生：还可以是三个数连加。

生：还可以是连减。

生：加减混合运算。

（师：嗯，真好，不仅会整理，还能进行拓展和延伸。那对于刚才的思维导图你有什么想修改或增加的内容吗？）

在学习运算律的时候明显发现学生问题分析能力和知识迁移能力不足。为此，精心设计习题，设计易错题，利用课前测试，教师收集测试结果，把统计结果放在课堂上与学生一起分析，从错题分析中发掘运算律的数学本质。错题分析设计如图 2 所示。

其中，对错误率最高的第⑥小题的分析，能够拓展字母的意义。字母不仅能表示一个整数、分数、小数，还能把一个算式看作一个整体，相当于运算律里的一个字母。如以下教学片段：

大家觉得哪道题最容易错呢？先来猜一猜。

生：我觉得第⑥题最容易错。

师：咱们先来看看老师的统计结果吧！孩子们猜得真准，可是为什么第⑥题错了这么多呢？找找原因吧

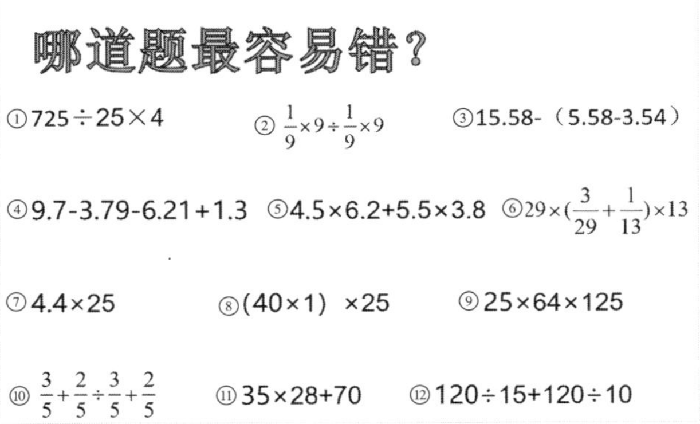

哪道题最容易错？

① $725 \div 25 \times 4$　　② $\frac{1}{9} \times 9 \div \frac{1}{9} \times 9$　　③ $15.58 - (5.58 - 3.54)$

④ $9.7 - 3.79 - 6.21 + 1.3$　⑤ $4.5 \times 6.2 + 5.5 \times 3.8$　⑥ $29 \times (\frac{3}{29} + \frac{1}{13}) \times 13$

⑦ 4.4×25　　⑧ $(40 \times 1) \times 25$　　⑨ $25 \times 64 \times 125$

⑩ $\frac{3}{5} + \frac{2}{5} \div \frac{3}{5} + \frac{2}{5}$　⑪ $35 \times 28 + 70$　⑫ $120 \div 15 + 120 \div 10$

图 2

预设 1：

生：因为第⑥题一看就想把 29 和 13 分配到括号里面去，这样可以约分，但是容易把 29 只和 $\frac{3}{29}$ 相乘，没和 $\frac{1}{13}$ 相乘，就是……

师：这个题应该用什么运算律？

生：乘法分配律。

师：刚才说了，应用运算律的关键是看符号还是数字呢？符号符合吗？和乘法分配律的形式哪里不一样呢？

生：括号外面的乘数本来应该只有一个，可是现在有两个，左边一个，右边一个。

师：形式不一样，怎么使用乘法分配律呢？

生：可以先把乘 29 交换到后面去。

师：用什么运算律交换？和谁交换？

生：用乘法交换律，把 29 和括号交换。

师：这里我们把括号连带里面的运算看成了一个整体，和数字 29 相乘，所以可以交换。那么我们现在来看看乘法交换律，这里的字母 a、b 除了可以表示数字，还能表示什么？

生：还可以是算式。

师：什么样的算式？

生：加法、减法、乘法、除法，可以看成一个整体的算式。

师：好了，现在交换好了，我们来看看这个算式能用乘法分配律吗？

生：可以了，我们可以把 29 乘 13 看成一个整体，分配给括号里的两个分数。

师：这里的 29 乘 13 相当于乘法分配律里的哪个字母？

生：c。

师：现在问题来了，这里的 c 可以是什么？你能想到什么？

生：一个数字，一个算式，一个括号，一个加法算式，一个减法算式，一个乘法算式……

师：好，现在你能想到什么？能不能试着出一道考试题呢？在你的学习单上试试。用彩笔写大一些，直接贴在黑板上行吗？

来看看孩子们出的题吧！能使用乘法分配律吗？

……

师：经过刚才的探究，现在大家的思维导图有需要用红笔添加的内容吗？

三、打破思维定式

运算律一般不是单一使用的，不一定用了运算律就一定能简便运算，运算律实际上是一些规律，无处不在。想要打破学生原有的思维定式，必须要对学生的思考过程进行总结。此处，我采用了流程图的形式总结，如图 3 所示。

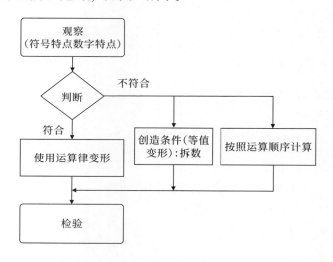

图 3

是此次教学中，流程图设计了判断环节，应当引导学生判断是否一定要使用运算律，如以下教学片段：

师：咱们在用运算律的时候首先要观察符号，其次是观察数字。再来看题目的形式是否符合运算律的形式。很多时候咱们还要有全局意识，把一些算式、数字当作整体去运用。那这道题可以怎么做？ $5 \times 1.25 + 3 \times \dfrac{5}{4}$，大家试一试。

法 1：等值变形后用乘法分配律。

法 2：直接计算。

师：现在老师想让大家只使用加法交换律，能计算吗？怎么使用？

生：如果要使用加法交换律的话，只能把两边的乘法算式看作一个整体，中间是加号，这样就能使用加法交换律。然后再按照顺序计算就可以了。

师：嗯，不错，孩子们的思维真的很灵活，比如咱们易错题的第⑤题，$4.5 \times 6.2 + 5.5 \times 3.8$，这个就不能使用乘法分配律，咱们不能看到形式是 $a \times c + b \times c$ 就认为只能使用乘法分配律。

本次教学思路清晰，能力目标切合学生实际，是一次对数学本质探究教学的尝试，也是对此类复习课新教学模式的探索。从课堂反馈来看，思维导图作为教学工具具有可操作性等特点，适合小学阶段。但是，学生使用思维导图工具较少，此项技能应当在小学三年级起就开始培养。到了高学段，学生才能自主梳理和探究。因此，本节课的遗憾在于使用思维导图工具时，没有调动学生的积极性。课后，学生对运算律的本质理解有了一定的进步，课堂内容深度适中，能满足班级 80% 学生的自主探索需求。错题探究环节和练习分析环节，自主总结较好，能发掘出乘法算式的等积变形、小数和分数之间的相互转化等技巧，这是本节课的一大亮点。

本节课拓展了运算律的内涵，拓展了字母表示数的数学意义，引导学生把复杂问题简单化，打破常规的思维定式。在课堂生成过程中，同级运算间带符号的交换，把乘法分配律的每个字母变成一个算式、一个整体来出题的课堂活动等，都是对数学本质的探究。

参考文献

[1] 葛敏辉 . 优化理解路径的小学数学图示教学探索以"运算律的复习课"为例 [J]. 上海教育，2020(36):87.

[2] 李华 . 毕业班怎么对运算律进行专项复习 [J]. 小学生（下旬刊），2020(10):23.

[3] 张川，钱陈俐 . 用好思维导图 促进深度学习——以"'运算律'单元复习整理"为例 [J]. 四川教育，2020(18):47–48.

[4] 高春霞 . 在梳理与思辨中提升能力——以"运算律的复习"为例 [J]. 考试周刊，2020(51):63–64.

"思维可视化"在《美丽的田园》
教学中的有效运用

新都区谕小正德实验学校　邓　彬

摘　要: 本文旨在让学生在问题情境中,综合运用所学知识与方法,用数学的眼光去观察,发现问题、提出问题;用数学的思维去思考,分析问题、解决问题;用数学的语言去表达,总结思想方法、提炼活动经验。进而提升解决问题的能力,发展核心素养。

关键字: 思维可视化　核心素养

《义务教育数学课程标准(2022 年版)》明确指出:课程目标以学生发展为本,以核心素养为导向,使学生获得数学基础知识、基本技能、基本思想和基本活动经验(简称"四基"),发展运用数学知识与方法发现问题、提出问题、分析问题和解决问题的能力(简称"四能"),形成正确的情感、态度和价值观。教学目标的确定要充分考虑核心素养在数学教学中的达成,每一个教学环节都具有培养相关核心素养的作用,要注重建立具体内容与核心素养的关联,在制定教学目标时将核心素养的要求体现在教学过程中。

一、"思维可视化"在教材分析中的体现

《美丽的田园》是北师大版《数学》一年级下册第一单元第 7 课时的内容,是在一年级上册学习 20 以内数的加法、不退位减法及其应用,以及一年级下册本单元学习 20 以内数的退位减法(含"比较意义下的减法")基础上"解决有关的简单实际问题",与后续学习大数运算及其应用紧密关联,是"数与代数"领域的综合应用课。因此,我们从学段内容、单元内容、课时内容三方面进行"教材分析"。

"数与代数"领域第一学段的目标,从"数与运算""数量关系"两个维度明确提出:①知道减法是加法的逆运算。②能在熟悉的生活情境中提出数学问题,运用数和数的运算,合理表达简单的数量关系,解决简单的问题,形成初步的应用意识。③在解决问题的过程中,体会数和运算的意义,形成初步的符号意识、数感、运算能力和推理意识。

本单元共安排 6 节课来学习"十几减几"的退位减法，其中第 1、2、3、6 节课主要探索 20 以内退位减法的计算方法；第 4、5 节课，在掌握退位减法计算方法的基础上进一步学习"比较意义下的减法"，拓展对减法意义的理解。在单元最后一课安排了小学阶段第一节综合应用课——《美丽的田园》。

"美丽的田园"主题图呈现了丰富的数学信息，图下共分四个环节开展学习活动。第一环节：说一说，图中有哪些数学信息？填一填。意在培养学生关注"位置与数量"、有序进行"分类整理"、有效收集数学信息的"数学眼光"。第二环节：树上的小鸟比空中的少几只？意在培养学生从问题出发进行分析思考，合理选择数学信息和相应的数学知识与方法解决问题。第三环节：淘气列式解决的是什么问题？意在培养学生从算式回到主题图，根据 8 和 6 的具体意义进行逆向思考，明确要解决的问题，体会数学的应用价值。第四环节：提出一个数学问题，并试着解答。意在让学生独立地经历"三会""四能"的全过程，培养学生的数学核心素养。

二、"思维可视化" 在教学目标中的体现

基于以上分析，我们对这节课的教学定位为：聚焦"三会""四能"，发展核心素养。教学目标设定如下：

（1）培养学生会用数学的眼光观察主题图、从具体情境中提取数学信息、发现并提出数学问题的能力。

（2）培养学生会用数学的思维分析问题、解决问题，发展学生有条理思考的意识、习惯和能力。

（3）培养学生正确熟练应用 20 以内加减法解决简单实际问题的能力，体会数学与生活的联系，感受数学的应用价值，激发学习数学的兴趣。

三、"思维可视化"在教学过程中的体现

在教学中，我们以教材主题图创设情境，运用动画逐步呈现美丽田园中的天空、大树、小河、绿地以及其中的小鸟、小羊、白鹅，激发学生的学习兴趣，以"可视化"引导学生用数学的眼光观察现实世界、寻找数学信息；以核心问题为导向，启发学生积极思考，提出问题并解决问题，从而获得数学基本活动经验，培养良好的学习习惯，形成积极的情感、态度，逐步形成核心素养。

（一）寻找信息 发现问题

师："竹外桃花三两枝，春江水暖鸭先知。"这是诗人苏轼眼中的春天。同学们请看，美丽的田园，春暖花开，这是小动物们的天堂。请你们用数学的眼光观察，图中（见图 1）都有哪些数学信息呢？

图1

生1：我看到了有6只鹅。

生3：我想给小雨补充一下，如果说成岸上有6只鹅就更准确了。

师：你们真有数学眼光！不仅关注了鹅的数量，还关注到它的位置。这样表达得既清晰又完整！谁还能像他们这样，还发现了其他信息吗？

生2：不仅岸上有鹅，河里还有8只鹅呢。

生3：还有还有！树上有5只小鸟，草地上有7只绵羊。

生4：草地上还有5只山羊，河里有8只鹅，空中有9只小鸟。

生2：河里的8只鹅我已经说过了，而且她数出来空中的鸟和我的结果不一样。我数出来空中有11只鸟。

师：那你是怎么数的呢？

生2：我是从左往右数的，数过的做上标记，数完就把结果写下来。我认为这样数，不会多也不会少。

师：你的数学眼光真不错，这样数很有序。当图中的信息很多时，我们可以按顺序观察，从上往下看，或者从左往右看，一边数一边做标记。这样数出来，信息才不重复不遗漏，现在我们用这个方法来数一数空中的小鸟吧！（小手指）

生（1，2，3，4）：在这里，1，2，3，4，5，6，7，8，9，10，11。

师：确实空中有11只鸟，请同学们用这种方法检查一下你的信息，看看数对了吗？

生（齐）：数对了！

师：刚才大家齐心协力找到这么多数学信息。

生1：好乱啊。

生2：对啊，眼睛都看花了。

生3：我们还是整理一下吧。

师：你想怎么整理呢？

生 3：我想把关于小鸟的信息放在一起，把小羊的信息放一起，再把鹅的信息放在一起。

师：这个办法好！按动物的种类对信息进行分类，这样就不乱了。看来分类思想的种子已经在大家的心中悄然生长了。

生 1：这下清楚多了。

师：有了这些数学信息，我们可以解决哪些问题呢？

生 1：草地上既有绵羊，又有山羊，我想知道一共有几只羊呢？

师：草地上有 7 只绵羊，5 只山羊，她想知道一共有几只羊？

生 4：刚才在观察图片的时候我就发现，空中的鸟比树上的多一些，我想知道到底多了几只？

师：空中有 11 只鸟，树上有 5 只鸟，她的问题是空中的鸟比树上的多几只？

生 3：或者说树上的鸟比空中的少几只？

生 2：我还想知道一共有几只鸟？

师：仅仅通过小鸟的数学信息，你们就提出了这么多数学问题，真是让我刮目相看！

生 1：老师老师，我想到了一个和大家都不一样的，树上再来几只鸟就和空中一样多了？

师：你们的好奇心在数学学习中非常宝贵，你们发现和提出了这么多数学问题。

【设计意图】本环节聚焦"三会""四能"，重在培养核心素养。老师启发学生用数学的眼光在仿真主题图中寻找信息，对学生的发言适时予以提炼和评价，引导学生关注种类、位置、顺序、数量等，培养学生应该具有这样的"数学眼光"。接下来，又在学生用数学语言表达观察到的数学信息，发现数出的小鸟数量不一样时，产生思维碰撞，引导学生感受有条理观察、有顺序整理、有技巧数数的必要性，培养学生应该进行这样的"数学思考"。在整理信息发现并提出问题的过程中，鼓励学生用数学语言提出有意义的问题，培养学生应当进行这样的"数学表达"。

（二）分析问题 解决问题（见图 2）

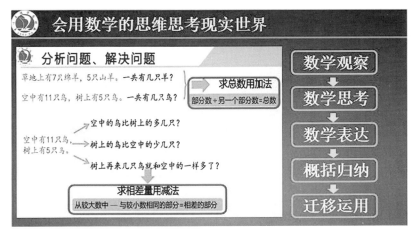

图 2

1. 根据问题想算式

师：大家真会动脑筋，我们提出的这些问题应该用什么方法解决呢？

生2：有的问题用加法解决，有的问题用减法解决，这两个用加法，这三个用减法。

师：为什么这两个要用加法解决呢？这两个问题的相同点是什么？都在求——

生齐：总数。用加法解决，部分数 + 部分数 = 总数。

生4：老师，我觉得最后那个问题也应该用加法解决。

生2：不对不对，它不能用加法解决。这个问题和第二个、第三个问题的意思是一样的，应该方法一样，都用减法。

师：这三个问题意思是一样的吗？

生3：第三个问题我不太清楚，但是前两个问题的意思是一样的，因为它们都在拿树上和空中的小鸟数量进行比较。

师：你们同意吗？

生（齐）：同意。

师：分析得真好，比较的对象并没有改变，列式为？

生（齐）：11 – 5。

师：怎么计算它？

生1：我是这样计算的，把 11 分成 10 和 1，10 – 5 = 5，5 + 1 = 6。

生2：还能把 5 分成 1 和 4，11 – 1 = 10，10 – 4 = 6。

生3：还可以想加算减，因为 5 + 6 = 11，所以 11 – 5 = 6。

师：还知道减法是加法的逆运算，真厉害！看来大家掌握了很多计算退位减法的方法，11 – 5 = 6（只）。这个算式可以同时解决这两个问题。

师：第三个问题，应该用加法还是减法？

生4：用加法，5 + 6 = 11。

生（1，2，3）：啊？再来 11 只吗？

生4：不，是再来 6 只。树上有 5 只鸟，空中有 11 只鸟，不是再来 6 只就一样多了吗？

师：所以你的答案是 6，那咱们就用小括号把它括起来。

生2：我认为用 11 – 5 来解决这个问题更好，树上再来的小鸟只数，相当于求它们相差部分的数量，和前面两个问题的意思是一样的。

师：哇，分析得很到位！虽然两个算式写法不一样，但 6 这个结果，都是用减法计算的，所以还是应该归于"用减法"，关键是怎么用呢？

生：用空中小鸟只数 – 树上小鸟只数 = 再来的只数。

生：不对，这有点乱。空中的只能从空中的减，怎么跑到别人那里去减呢？还等于再来的。

生：不是减树上的，还是减空中自己的，只是减空中与树上相同的部分。我们看图（演示）。

生：对，把空中的小鸟分为两部分，空中总数－空中的一部分＝空中的另一部分。

生：应该这样说：空中小鸟只数－空中与树上小鸟只数相同的部分＝空中比树上多的只数，也就是树上需要再来的只数。

师：我们借助图示这样的数学思考方法，对应起来分析，这样就清楚了。

师：这三个问题虽然问法不同，但本质相同，都是在求相差量，都是用减法解决，还是与以前学的关系式一样：总数－部分数＝另一部分数。

【设计意图】本环节再一次聚焦"三会""四能"，重在发展核心素养。启发学生将问题分为两类：求总数，用加法解决；求相差量，用减法解决。分析后面这3个问题，直观看出前两个是同一个问题，都是本单元重点学习的比较意义下的减法问题，同时也复习了20以内退位减法的计算方法。设计第3个不太常规的问题，目的是让学生真实经历数学观察（引发认知冲突）、数学思考（探寻本质属性）、数学表达（知识结构化）等学习过程。

2. 根据算式想问题

师：孩子们，咱们刚才分析解决了这么多数学问题。老师这里有一些算式，聪明的你们，能想到这些算式分别解决的是什么问题吗？

师：第一个算式：8＋6，谁来说？

生3：老师，8表示河里的8只鹅，6表示岸上的6只鹅，加号就是表示把它们合起来，所以8＋6解决的是"一共有多少只鹅"的问题。

师：你能结合主题图中的数学相关信息以及加法和加号的意义来分析解决问题，分析得真好！先根据算式中的数字找到对应的数学信息，再结合运算符号就能知道解决的是什么问题。

师：第二个算式：8－6，解决的是什么问题呢？

生1：把岸上的鹅和河里的鹅——对应，解决的是"河里的鹅比岸上的鹅多几只"的问题。

师：对，这里在比较两部分鹅的只数相差多少。

师：同学们很厉害，第三个算式，14－6，你知道吗？

生2：老师，14表示的是鹅的总只数，6表示岸上的6只鹅，所以14－6解决的是"河里有几只鹅"的问题。

师：大家都很聪明，这里的三个算式都在讨论鹅的数量问题。鹅的总数被分成了两部分：一部分是（河里的6只鹅），另一部分是（岸上的8只鹅）。

师：知道了总数和其中一部分，怎样求出另一部分呢？

生（齐）：用减法。

师：关键是怎么减？

生齐：总数－其中一部分＝另一部分。

师：孩子们，这些算式不仅可以解决田园里的问题，还可以解决生活中其他问题呢！比如，8＋6可以解决生活中什么问题呢？我们一起来看看吧。

教师播放视频1：右边有6颗糖，左边有8颗糖，8＋6－2可以解决"一共有多少颗糖"的问题。

教师播放视频2：同学1是队伍中从前往后数第8个人，她的后面还有6个人，8＋6可以解决"一共有多少个人"的问题。

师：生活中处处有数学！同学们都有一双会发现的眼睛，现在老师把时间交给你们，和同桌互问互答，一人提出数学问题，另一人解答，看谁会观察、谁会思考、谁会表达。开始吧。（教师巡视）

师：同学们真厉害，都会观察、都会思考、都会表达，都是当之无愧的数学小能手。

【设计意图】本环节教学中，让学生根据抽象的算式筛选有用的信息，找出对应的问题，这是一个逆向思考的过程。通过三个算式的对比，强调了部分与部分、部分与整体的关系。然后跳出本课情境，呈现分糖、排队的实例，贴近学生生活经验，符合学生年龄特点，以利于学生经历从现实情境中抽象出数学知识与方法的过程，同时感受数学在现实世界的广泛应用，体会数学的价值。通过同桌互相提问并解答，让每个孩子再次经历寻找信息—提出问题—解决问题—解释应用的过程，深化培养学生的"三会""四能"。

（三）评价体验，深化应用（见图3）

师：大家真是收获满满，一起来完成学力单上的"森林大闯关"吧！

师：同学们，美丽的田园之旅就要结束了，这节课你有哪些收获呢？

生1：我知道了要用数学的眼光去观察，不仅要注意物体的数量，还要关注它的位置，这样在表达的时候才会既清晰又完整。

生2：在寻找信息时要有顺序，数数时要做标记，这样才能不重不漏。

生4：找到的信息要进行分类整理。

师：是的，会用数学眼光去观察，用数学语言去表达，是十分重要的。

生3：我会根据我的发现，提出问题并列式解答，也会根据算式和数学信息，想到它要解决的是什么问题。

师：在发现问题和解决问题的过程中，我看到了同学们的数学思维正在闪闪发光。希望大家在以后的学习生活中，也能像今天这样，用数学眼光观察世界、用数学语言表达世界、用数学思维思考世界！

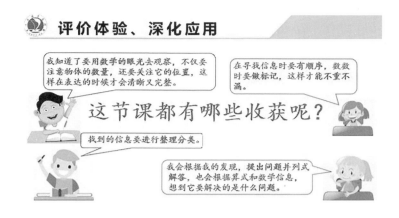

图 3

【设计意图】作业设计要着力数学本质，满足巩固、复习、应用、拓展的学习需要，满足不同学生的学习需要，满足不同阶段的学习需要，满足不同完成作业方式的需要。因此，我们把作业设计分为 3 个梯度——①把教材的题目作为基础性作业，让每位学生再次经历寻找信息—提出问题—解决问题—解释应用的过程。②提升性作业，发展学生多角度出发提出问题的能力，真正实现所学知识的再利用。③拓展性作业，关注学生的差异性，在自主探究的过程中，渗透解决问题的策略，从而提高学生解决实际问题的能力。

四、"思维可视化" 在课堂板书中的体现

板书是课堂教学的基本媒介，是全课"思维可视化"的集中体现。通过板书（见图4），教师引领学生建构本课的学习过程，逐步呈现本课要实现的"四基""四能"要点，帮助学生形成相应的知识脉络和方法路径，有助于学生形象记忆本课教学重点难点以及知识技能要点，为后续学习奠定基础。

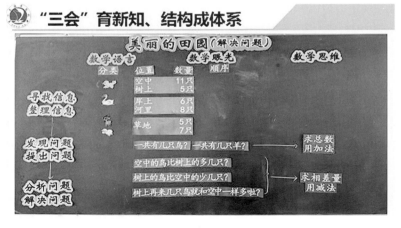

图 4

五、结 语

综上所述,在《美丽的田园》这一课中,教师有效运用"思维可视化"策略落实"四基""四能",引领学生在真实经历"寻找信息、整理信息—发现问题、提出问题—分析问题、解决问题"的过程中感悟学会"用数学的眼光观察现实世界、用数学的思维思考现实世界、用数学的语言表达现实世界",实现了从"育分"到"育人"的教学提升。

参考文献

[1] 中华人民共和国教育部 . 义务教育数学课程标准(2022 年版)[M]. 北京 : 北京师范大学出版社, 2022:1.

03

教育实录

"1+1 > 2" 备课示例——《平均数》

新都区新新路小学校　谭　敏

一、备内容

（一）教材剖析

本课是北师大版义务教育教科书《数学》四年级下册第六单元"数据的表示和分析"之第 4 课时《平均数》，是学生第一次深入理解"平均数"。从学生的数感发展而言，这是学生第一次认识虚拟数。需要引导学生在经历解决问题的探究过程中了解平均数的意义，结合简单的统计图表解决一些与平均数有关的实际问题，进一步积累数据分析的活动经验。

（二）《新课标》对"分数认识"的学段要求

深入研读《义务教育数学课程标准(2022 版)》"内容要求、学业要求和教学提示"的相关部分，"平均数"隶属于"统计与概率"领域之"数据的收集、整理与表达"主题内容，需引导学生在熟悉的情境中理解平均数所具有的代表性——通过刻画一组数据的集中程度表达总体的集中状况，理解平均数的意义；知道平均数是介于最大数与最小数之间的数，能描述平均数的含义；能用平均数解决有关的简单实际问题，形成初步的数据意识和应用意识。

（三）《教师用书》导引

本单元的学习目标有：经历收集、表示和分析数据的过程，认识条形统计图和简单的折线统计图，能根据数据画出统计图，能根据条形统计图和折线统计图进行简单的分析、判断和预测；了解平均数的意义，会求简单数据的平均数(结果为整)，能解决简单的实际问题；经历收集数据、整理数据、分析数据的过程，体会统计在日常生活中的应用，积累统计活动的相关经验。

二、备学生

四年级学生已经积累了一些简单的统计知识，会看条形统计图，其思维正在从具体向抽象过渡，在生活中对一些具体的平均数有所了解，如平均成绩。但是，对平均数代表一组数的一般水平并不很理解。因此，在教学中借助条形统计图进行直观演示，通过移多补少让学生理解"匀"的过程，在交流、思考、补充的过程中理解平均数的意义。

三、绘制知识结构图

基于以上分析，本课重点是先充分利用点子图感受"移多补少"的过程，从"形"的角度理解求"平均数"就是在经历"平均分"的过程；再从"数"的角度理解"先合后分"算法的合理性，得到"总数 ÷ 份数 = 平均数"这个孩子们应该理解掌握的数量关系式。绘制出知识结构图如图1所示。

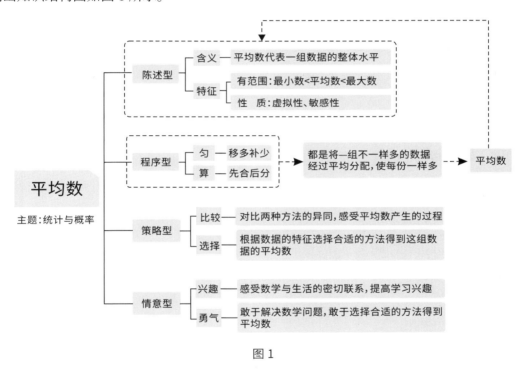

图1

四、备教法和学法

创设情境，引发冲突，提出问题，以问题串引导学生经历个人自学、合作互学、集体共学的学习过程。在"淘气和笑笑谁的记数水平高？""移一移，让淘气每次记数的个数一样多""如果笑笑再试一次，他们俩谁的记数水平高"等问题的解决中，理解平均数的意义和特征，建立起对平均数的全面、深刻理解。

五、备资源和工具

为学生提供实践操作的图片，准备可动态演示的希沃课件，引导学生在有限的时间里有效感知"移多补少"的过程，感知平均数的产生过程，理解平均数的意义。

六、备教学设计

（一）学习目标

（1）理解平均数的意义，在"移多补少－匀"出平均数的基础上，理解"先合后分－算"平均数的计算道理，体会平均数可以反映一组数据的总体情况。

（2）在应用平均数的知识解决简单实际问题的过程中，体会统计与生活的联系，进一步积累分析和处理数据的方法，发展统计观念和实践能力。

（3）进一步增强与他人交流的意识和能力，体验运用已学的统计知识解决问题的乐趣，建立学习数学的信心。

（二）学习重点

理解平均数的意义，掌握求平均数的方法——匀和算。

（三）学习难点

体会平均数可以反映一组数据的总体情况和区别不同组数据的总体情况。

（四）核心问题

当一组数据时高时低，无法用某一次数据代替这组数据的整体水平时，该怎么表示？

（1）感知平均数产生的必要性。

（2）经历平均数产生的过程，理解平均数的意义。

（3）感受平均数的特征。

（五）教学预设

见图 2。

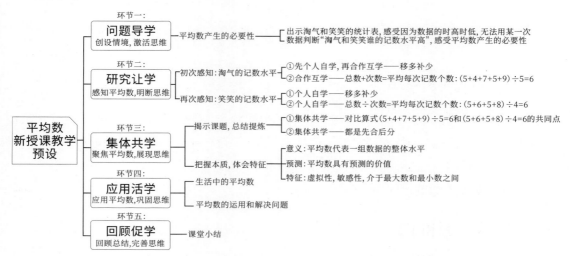

图 2

（六）作业设计

1. 基础性作业

（1）阳光小学 4.1 班有 42 人，4.2 班有 41 人，4.3 班有 40 人。阳光小学四年级这三个班平均每班多少人？

（2）池塘平均水深 110 厘米，冬冬身高 140 厘米，他下水游泳有危险吗？为什么？

（3）选择。

①四年级三个班参加植树活动，4.1 班植树 32 棵，4.2 班和 4.3 班共植树 70 棵，求三个班平均植树多少棵？列式正确的是（ ）。

    A.（32 + 70）÷ 2　　　　　　　　B.（32 + 70）÷ 3

②甲、乙、丙三个数的平均数是 72，甲数是 75，乙数是 77，那么丙数一定比 72（ ）。

    A. 小　　　　　　　　　　　　B. 大

2. 探究性作业

测量并计算全班同学的平均身高和平均体重。以小组为单位完成，制作统计表和计算时，可以使用计算器。求出全班的平均身高和平均体重后，再和自己的身高、体重作比较，你发现了什么。

（七）板书设计

见图 3。

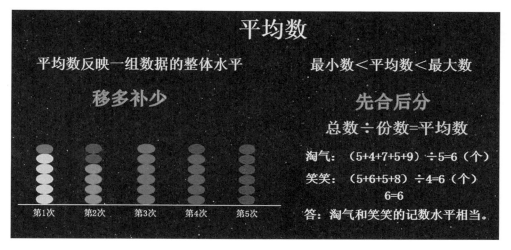

图 3

《小熊开店》教学设计

新都区南丰小学　唐浚淇

课程基本信息					
学　科	数学	年级	二年级上册	学期	秋季
课　题	小熊开店				
教科书	书　名：义务教育教科书二年级上册教材 出版社：北京师范大学出版社				

教学目标

（1）结合解决购物问题，经历探索、交流除法运算方法的过程，理解除法与减法、除法与乘法之间的联系，掌握除法运算的本质。

（2）体验除法运算方法的多样化和用乘法口诀求商的简便性，能用学习过的乘法口诀求商，提高学生的运算能力。

（3）能提出并解决购物情境中一些简单的除法问题，培养学生的应用意识和创新意识。

教学内容

教学重点

体会乘法与除法的可逆关系，学会用乘法口诀求商。

教学难点

加深对除法算式的理解，对复杂信息进行恰当的选择与判断。

教学过程

一、情景引入

（播放鞭炮声）哎，刚刚是什么声音啊？

对了，是鞭炮的声音，爱睡觉的小熊今天起得特别早，原来小熊的店铺今天开张，它的好朋友小猫和小兔都来为它庆贺，你们想去看看吗？我们一起去看看吧。（板书课题）

（课件出示教材情景图）

小熊请我们一起逛逛它的店铺，我们一起来看看有什么好玩的东西。请同学们仔细观察图片，你发现了哪些数学信息？（学生自由回答）

淘气也发现，小熊的店铺里摆了许多玩具，每个玩具还标上了价格。

二、课堂新授

（一）买汽车

很快小熊就遇到问题了，我们一起来帮帮它，好吗？

第一个问题，20 元可以买几辆玩具车？

请同学们想一想，要帮助小熊解决这个问题，我们需要知道什么？请大家思考并同桌交流。

首先要知道，我们只有 20 元来购买玩具车，购买 1 辆玩具车需要 5 元，问题是可以购买几辆？也就是求 20 里面有几个 5，可以用除法计算，列式为 $20 \div 5$。

怎样得出这个除法算式的结果呢？小组讨论。

全班汇报：

淘气想到一个方法，如果用一个圆圈代替 1 元，那么 20 元就应该画 20 个圆圈。每 5 元可以买一辆玩具车，那么我们就每数 5 个圆圈画一个框，刚好用 4 个框分完了 20 个圆圈，也就是说 20 除以 5 等于 4。

奇思说，可以用另一种方法"画竖线"来解决。一共有 20 元，买一辆玩具车，就减 5，因为 20 连减 4 次 5 等于 0，所以 20 除以 5 等于 4。

妙想觉得，还可以更简单，我们在 1 年级就学过 5 个 5 个数，恰好 1 辆玩具车的价格是 5 元，那么 2 辆就是 10 元，3 辆就是 15 元，4 辆就是 20 元，也能得出 20 元能买 4 辆玩具车。

听完妙想的回答，爱思考的笑笑发现，数 4 个 5 就是 20，这听起来像学习过的乘法算式呀。难道除法算式和乘法算式有什么联系吗？我们一起来探究一下。

我们把乘法算式和除法算式放在一起，仔细观察，它们有什么区别和联系呢？

通过观察，我们发现，这一组乘法算式和除法算式里，都有着相同的数。第一个乘数 4，变成了除法算式里的商，第二个乘数 5，变成了除法算式里的除数，乘法算式里的积，变成了除法算式中的被除数。我们已经知道，积等于乘数 × 乘数，通过推导可以得出，被除数等于商 × 除数。

也就是说，既然乘法算式可以用乘法口诀计算，那么除法算式也可以用乘法口诀计算。

我们一起总结出了新的方法,用乘法口诀求商,再回到这里,要解决20除以5等于几,除数是5,就想5的乘法口诀,除数和几相乘,商就是几。(四)五二十,商就是4。除数是几,就用几的乘法口诀求商,方便准确。

算出来商,还要检验一下我们的答案是否正确。我们可以做除法,想乘法,想4乘5是否等于20来验证结果,也可以换其他方法再算一遍来验证结果。把答案写在算式后,还要记得写上单位和答语。

我们一起来回顾一下刚刚解决问题的过程。我们先通过阅读题目,找到我们要知道的数学信息;然后根据条件和问题来理解数量关系,想想该怎样正确列式;最后选择恰当的方法解答,解答完毕后验证我们的答案是否正确。

(二)买洋娃娃

我们再来看小熊遇到的第 2 个问题: 36 元可以买几个洋娃娃? 怎样列式呢?

请同学们先观察数学信息,按照要知道什么、如何解答、如何验证的步骤,来解决可以买几个洋娃娃的问题。请同学们先独立思考,然后和你的小组成员交流一下: 你是怎么解决这个问题的?

我们请小组代表来汇报一下,我们一起来听听。这个小组是这样来解决的:他们先找到需要的条件和问题,一共有36元,购买1个洋娃娃需要9元,问题是可以买几个洋娃娃,也就是求 36 里面有几个 9。根据知道的条件和问题,他们列式为 36÷9。想一想,该用哪句乘法口诀来计算结果呢?

对了,口诀是(四)九三十六,所以商应该是4,通过做除法想乘法,4乘9的结果是 36,可以验证我们计算的结果正确。答案就是 4,最后写上单位和答语。

(三)运用推广

同学们真能干,很快就帮小熊正确地解决了问题! 现在老师还想请大家再提出一个可以用除法解决的问题,并尝试解答。与同桌交流。

小兔和小猫也提出了新的问题,我们来看看他们是怎么提的。小猫说: 我有 40 元,可以买几个风筝? 要解决这个问题,我们需要知道两个条件,一共有多少元和每个风筝多少元。小兔提的问题是,我有 21 元,可以买几个气球? 我们也需要知道两个条件,一共有多少元和每个气球多少元。

三、巩固练习

第 1 题: 我会连。请同学们帮每一只小鸟找到回家的路,连一连。

相信同学们都有答案了,我们一起来看看吧。第一只小鸟拿着的算式是 36 除以 4,想4 的乘法口诀,四(九)三十六,所以连第一个房子……

第 2 题,我会算。请你计算出跑道上算式的结果,帮助动物们完成赛跑。好,我们一起来看看谁最快。12 除以 2，想 2 的乘法口诀。二（六）十二，所以商是 6……

第 3 题：我会解决问题。请同学们仔细观察图片，按要求解决问题。我们先找需要的条件，一共有 27 粒米，一只蚂蚁一次云 3 粒米，问题是需要几只蚂蚁才能一次运完。就是问 27 里面有几个 3，可以列式 27 除以 3，想 3 的乘法口诀，三（九）二十七，所以商等于 9，记得验算一下。

四、课堂小结

最后，我们一起来总结一下这节课重点学习了什么。我们通过帮助小熊解决问题，知道了乘法算式与除法算式的区别和联系，总结出用乘法口诀求商：除数是几，就想几的乘法口诀，除数和几相乘得被除数，商就是几。这样的方法又对又快。

《数图形的学问》教学实录

新都区新新路小学校　　张琳雪

教学目标

（1）结合问题情境，把生活中的现实问题抽象成数图形的数学问题，并利用多样化的画图策略解决问题，发展几何直观。

（2）在数图形的过程中，逐步形成有序思考的良好习惯，发展推理能力。

（3）在发现规律的过程中，能够独立思考和自主探究，有条理地表达解决问题的过程和结果，增强学习的自信心，提高对数学问题探索的兴趣。

教学重难点

经历用图形解决数学问题的过程，积累数学活动经验，在探究具体问题的过程中去发现规律，发展推理能力。

教学过程

一、出示鼹鼠钻洞的情境图，明确图意

师：老师给大家带来一位好朋友，一只小鼹鼠非常爱打洞，它要如何钻洞呢？请读一读"任选一个洞口进入，向前走，再任选一个洞口钻出来"。

师：（如图示）向前走是如何走？请举例说明。

生：从左往右走。

师：鼹鼠可以从哪些洞口进入？从哪些洞口出来呢？

生：第一个洞口只能进，最后一个洞口只能出。

师：那么小鼹鼠有哪些路线可以走？谁来说一说？（学生上台汇报）

二、鼹鼠钻洞——"抽象"出数线段条数的数学问题

师：同学们都很有想法，但现在老师都记不住有哪些路线了，有没有什么办法让我们看得更清楚，更直观地解决这个问题呢？

生：可以画线段表示。

师：（课件展示）我们用四个端点表示四个洞口，再用线段连接。数路线的问题其实

就是数图中有多少条线段。这样，我们就把生活问题转化成了数图形的数学问题。（板书：生活问题转化图形问题）

学生动手画图解决：一共有多少条不同的路线？画出示意图。（提示学生用弧线表示）

（生拿示意图上台展示数的过程，生数，师记录学生数的过程）

方法一：按起点的位置来数（板书）：先从第一个洞口出发，向前走有 3 条路线（AB、AC、AD）；再从第二个洞口出发，有 2 条路线（BC、BD）；最后从第三个洞口出发，有 1 条路线（CD）一共有 3 + 2 + 1 = 6 条路线。图中线段的条数就是小鼹鼠钻洞路线的条数。

教师板示：AB、AC、AD + BC、BD + CD，3 + 2 + 1 = 6（条）

方法二：按线段的组成来数（板书）：先数 3 条短的基本线段（AB、BC、CD），再数 2 条长一点的线段（AC、BD），最后数最长的线段（AD），一共有 3 + 2 + 1 = 6 条路线。

师：真善于观察，按照线段的组成，先、再、最后，有序找出所有的路线，真妙！

追问：对比这两种数法，虽然数的方法不同，但算式都是 3 + 2 + 1 = 6 条，这两个"3"、两个"2"、两个"1"表示的意义一样吗？（请学生说分别表示什么）

师：这两种数法虽然不同，但是他们都做到了有序思考（板书），只有这样才能不重不漏，这就是数图形的基本原则，也就是其中的学问。我们带着这样的学问，接着往下探究。

师：说得真好，一定要有序地数，有序思考。（板书：有序思考）

三、菜地旅行——从简单情形出发发现规律

师：孩子们真了不起，会用数学眼光解决生活问题了。鼹鼠非常感谢你们，还想带着你们去菜地旅行，想一起去看看吗？

师：菜地里有好几个车站，从红薯站开往土豆站，单程需要准备多少不同的车票？

师："单程"是什么意思？

生：就是只去不回。

师："不同的车票"是怎样的？你能举例子说明一下吗？

生：从红薯站到西红柿站是一种车票，从胡萝卜站到土豆站又是一种车票，从……

（多让学生说几个，不要误解为只是从红薯站出发）

师：哦，可以一次坐 1 个站、2 个站、3 个站或者 4 个站，但都只能朝一个方向走。其中红薯站只能上车、土豆站只能下车。

师：你们打算如何解决这个问题？

生：画图分析。

师：如何画图呢？这些车站怎么表示？

生：用点表示车站，它们之间连成的线段就表示车票，有多少条线段就有多少种单程车票。

师：真厉害呀！赶紧画图解决吧！

生画图展示：$4 + 3 + 2 + 1 = 10$（种）

师：有了刚才解决鼹鼠钻洞路线图的经验，我们很快解决了要多少种车票的问题。我们看这里是五个站，那要是六个站呢？你想如何解决？

①如果增加一个站，6 个站，单程需要准备多少种不同的车票？

学生画一画、数一数。

展示直接在 5 个车站的基础上补一个站的数法（及时评价，没有教师介绍）

6 个站：$5 + 4 + 3 + 2 + 1 = 15$ 种（板书）

通过发现 6 个点与 5 个点之间的联系，推出结果（板书），你太会思考了。（及时评价）

②如果有 7 个站，单程又需要多少种不同的车票呢？

能直接列式吗？ 7 个站：$6 + 5 + 4 + 3 + 2 + 1 = 21$ 种（板书）

你是怎么思考的？（课件演示）

③如果有 8 个站，怎么列式？8 个站：$7 + 6 + 5 + 4 + 3 + 2 + 1 = 28$（板书）

为什么从 7 开始加？（课件演示）

师：看来除了画图数出线段条数，还可以通过找规律列式来解决问题。观察算式，你有什么发现？

④小组交流，汇报。每增加一个车站，这个车站就会和之前的车站分别形成一条线段，所以增加的线段就是之前的点数。由此可以得出：有多少个车站数，就可以从比车站数少 1 的数开始，一直倒着往回加到 1，就能得出需要的单程票的数量了。（图上的基本线段条数或者站数就是算式的第一个加数）

⑤有了这样的发现，你能快速说出 10 个车站有多少种不同的单程票吗？20 个车站呢？以后遇到这样的数线段的问题时，你能直接列式计算了吗？

⑥小结。看来，在画图探究问题解决的过程中，我们能做到有序思考并从中发现数图形的学问（规律）我；然后，利用发现的学问（规律）地解决生活中的同类问题，这叫学以致用。（板书：发现规律→生活问题）

四、课堂练习

数一数：下图中有几个角？（两种方法，按角的大小数和按不同的边出发数）

五、梳理总结

师：你有什么收获？（抽生口述）

师：这节课，我们通过把生活问题转化成数图形问题，在数图形中做到了有序思考，然后从中发现规律并用来解决更复杂的问题希望同学们能活学活用，提高分析问题、解决问题的能力。

《小小商店》教学实录

新都区木兰小学校　王玉婷

一、教学内容

小学数学北师大版二年级上册 2 单元第三课时《小小商店》。

二、教材分析

教材借助《小小商店》这一学生熟悉的生活场景,让学生亲身参与实践活动,在认币、换币、付币、找币的操作中,一方面加深学生对人民币的认识,使其掌握人民币的换算以及计算方法;另一方面,提高学生应用数学解决问题的能力,培养学生的发散性思维和创新意识。

三、学情分析

本班有学生 41 人,随着时代的发展,孩子们跟着爸爸妈妈出门多数时候是用手机扫码支付,很少使用人民币。所以,对于本课的学习,学生缺乏相关生活经验。而对人民币的认识离不开现实的购物情景,只有通过真实的买卖活动,学生才能切实掌握人民币的有关知识。所以这堂课,需要让学生更多在购物情景中解决相关的实际问题。

四、教学目标

(1)在购物活动中,学会付钱、找钱,体验付钱方式的多样性。
(2)通过购物活动,巩固 100 以内数的加减法计算。
(3)初步体会人民币的应用价值,感受数学与生活的密切联系,积累购物经验。

五、教学重难点

(1)教学重点:在购物情景中,学会付钱、找钱。
(2)教学难点:在购物情景中,学会解决相关的实际问题。

六、教学过程

(一)激趣导入

师:同学们,上课之前老师给大家表演一个魔术,想看吗?

生：想。

师：那请你用你的坐姿告诉我。（老师进行表演）

师：老师变出来了什么呢？

生：5 元人民币。

师：说到人民币，通过之前的学习，你们认识了哪些面额的人民币呢？

生 1：1 分，2 分，5 分，1 角，2 角，5 角，1 元，2 元，5 元。

生 2：10 元，20 元，50 元，100 元。

教师在屏幕上展示小面额、大面额人民币。

师：在生活中什么情况下会用到人民币呢？

生：买卖物品。

师：对，那我们今天就带着人民币和我们的好朋友们一起去小小商店逛逛吧！（板书：小小商店）

【设计目的】以魔术作为导入，吸引学生注意力，让他们对今日的学习更加有兴趣。导入还通过魔术进行学习巩固，带着孩子进行大、小面额的人民币的复习，从而将孩子以旧引入本课学习。

（二）自主探究

1. 我会观察

师：请同学们用数学的眼光仔细观察这幅图，告诉大家——你发现了哪些数学信息呢？（板书 发现数学信息 ）

生 1：这儿有 3 个柜台，分别是体育用品类、文具类、玩具类。

生 2：每个物品都有相应的价格。

师：真是会观察的孩子。（板书 我会观察 ）熟悉了商店布局后，我们一起看看笑笑来到了哪个专柜。

生：玩具。

【设计目的】本环节，通过展示"小小商店"情境图，鼓励学生用数学眼光进行观察、寻找数学信息，培养数学核心素养"会用数学的眼光观察现实世界"。

2. 我会思考

师：笑笑在玩具店购物，她想买哪些玩具呢？

生：笑笑想买一架飞机和一辆坦克。

师：笑笑需要解决什么问题呢？

生：一共需要多少元？

师：怎样解决这个问题呢？请同学们思考后，再举手告诉老师你的算式以及结果是多少。

生：飞机的钱为 12 元，坦克的钱是 9 元，求一共要付的钱就是要把这件商品的钱合起来，所以列式为 12 + 9 = 21（元），答：一共需要 21 元。（学生说，教师配合板书：飞机的钱 + 坦克的钱 = 一共要付的钱，算式以及答语）

师：那这 21 元可以怎么付钱呢？请你们以小组为单位进行讨论。

全班分享（学生发言，老师板书），小组汇报（模仿：要买东西的笑笑——顾客，商店的工作人员——售货员）

生 1：请你听我说，我们小组是这样给 21 元的。

生 2：1 张 20 元，和 1 张 1 元，合起来是 21 元，列式为 20 元 + 1 元 = 21 元。

生 3：还可以这样付：2 张 10 元，1 张 1 元，合起来是 21 元，列式为 10 元 + 10 元 + 1 元 = 21 元。

生 4：我还能这样付钱：1 张 10 元，2 张 5 元，1 张 1 元，合起来是 21 元，列式为 10 元 + 5 元 + 5 元 + 1 元 = 21 元。

师：这组小朋友方法多、表达清晰。他们这些付钱方法的共同点是什么呢？

生：都是用人民币刚好凑成 21 元。

师：观察得真仔细，原来这一小组讨论的支付方式是用小钱去凑这 21 元（板书：付小钱，凑）。那这一组的支付方法中，哪种支付方法最简便？为什么呢？

生：我认为第一种付钱方法是最简便的，因为他们付给售货员的人民币张数是最少的。

【设计目的】在学生根据加法的意义正确列式解答之后，紧贴生活实际，围绕"如何有效付钱"展开交流，突破教学难点。此时学生普遍的思考方法都是用小面额的人民币去凑 21 元。教师及时把学生的不同付钱方法展示在黑板上，以"思维可视化"促进其他学生有效吸纳他人的方法。

师：我也想花买 21 元买这两样物品，但是我没有 20 元、10 元、5 元、1 元这些人民币，只有一张 50 元和一张 100 元的人民币，我该怎样付钱给售货员呢？付了钱，我就像前面一样拿着飞机和坦克就离开吗？为什么？

生 1：我们组是这样想的，因为 50 元和 100 元都比要付的 21 元多，是大面额人民币，付给售货员阿姨后，阿姨还应该找钱给我。

师：什么叫找钱？（把多余的钱退给我们）它和 50 元、21 元有什么关系？

生 1：付出的钱 — 一共要付的钱 = 找回的钱（板贴）。

师：为什么这样做减法？

生：因为现在顾客付出的钱比一共要付的钱多，多余的部分就应该退给顾客，所以"付出的钱 — 一共要付的钱 = 找回的钱"。

师：那应该找回多少钱呢？

生 2：我们拿 50 元给售货员，售货员会找给我们 29 元。

师：售货员找给我们的 29 元可能会是哪些人民币呢？

生 3：29 元包括一张 20 元、一张 5 元、两张 2 元，一共 4 张。

生 4：29 元包括两张 10 元、一张 5 元、四张 1 元，一共 7 张。

生 5：我们还可以给售货员 100 元，她会找给我们 100 − 2 = 79 元，我们会拿到一张 50 元、一张 20 元、一张 5 元、两张 2 元，一共 5 张。

师：你们发现第二组同学与第一组同学的付钱方法有什么不一样吗？

生：第二组同学是直接给大面额人民币，让售货员去找钱。

师：对，第二组同学是直接给售货员阿姨大面额人民币，然后让售货员想办法找钱。我们把这种方法叫作"付大钱，找零"（板书）。

【设计目的】在现实生活中，会出现没有小面额凑钱，而是直接付给售货员大面额人民币、让售货员找钱的情景。本环节让教学更加贴近现实生活。通过老师的引导，一步一步将学生带入情境中，让学生意识到，生活中付钱方式的多样性，让学生自己领会到要求"找回的钱"需要用"付出的钱"减去"一共要付的钱"。

师：对比前面这两种付钱方式，你们喜欢怎样付？为什么？

引导：第一种付小钱——凑，是因为顾客有小于总价的各种小额人民币，凑好、交付就拿走东西。第二种付大钱——找，是因为顾客没有小于总价的各种小额人民币，只有大于总价的大额人民币，付给售货员大额人民币后还需要售货员找回多付的钱，再拿走东西。选用凑或找的付钱方式，需要根据顾客有的人民币来确定。

师：现在我有人民币 100 元、50 元、20 元、10 元、5 元、2 元各一张，还是要买飞机和坦克各一个，我该怎样付钱最简便？

生 1：用 1 张 20 元和 1 张 2 元，售货员找回我 20 + 2 − 21 = 1 元；

生 2：用 1 张 100 元和 1 张 5 元，售货员找回我 100 + 5 − 21 = 84 元，分别是 50 元、20 元、10 元各 1 张和 2 张 2 元。

师：这两位同学的付钱方法属于前面哪一类付钱方式呢？（指板书）

生：都不是。

师：为什么？

生：因为这两位同学付钱既用到了小面额人民币，也用到了大面额人民币。

师：这样付钱有什么好处呢？

生：方便售货员找钱，让售货员迅速简洁地把钱找补给顾客。

【设计目的】让学生知道大小面额结合付钱的好处：①付钱更加灵活，方便顾客和售货员。②让学生知道生活中处处有数学，数学无处不在。

3. 我会表达

师：同学们积极开动脑筋，根据顾客拥有的人民币，想出了各种各样的付款方法。经过前面的观察与思考，购物包括哪些环节呢？

生：选择物品、计算总价、灵活付钱（付小钱凑，付大钱找，大小结合）。

师：你们想把我们的思考运用到生活中的购物吗？如果要体验购物活动，最少需要几个人合作？需要哪两个人呢？

师：请两个同学上台模拟表演一下，其余同学注意倾听，他们的交流是否合理？

师：你觉得顾客和售货员应该怎么说？

我是顾客，这样说：我要买……，一共要付 × 元，给你……

我是售货员，这样说：你要付 × 元，我收到 × 元，刚好合适（需要找回你 × 元，请数清楚），谢谢！

师：每组还多了两名同学，就当观察员，评价顾客和售货员的交流是否顺畅、计算是否正确、付钱是否简便。

师：下面我们就以小组为单位体验购物交流。老师给每个小组都准备了一些商品，每个商品上面都标有相应的价格，小组内四名同学轮换，1 名同学当售货员收钱、1 名同学当顾客付钱、其余 2 名同学当观察员记录下表。

小组购物体验记录表

填空（序号）		选择（其中两样）				评价（√、×）		
售货员	顾客	商品 1	商品 2	商品 3	商品 4	计算正确	付钱简便	交流顺畅

【设计目的】这部分是生生互动，让学生在模拟购物中体验购物全流程——选择物品、计算总价、灵活付钱；学以致用，根据自己有的人民币情况灵活付钱——付小钱凑、付大钱找、大小结合；正确表达，做好顾客和售货员之间的通畅交流，培养学生的合作交流能力。

（三）学以致用

师：看来同学们都理解了这两个关系式 —— 一共要付的钱是把要购买商品的价格相加，找回的钱 = 付出的钱 — 一共要付的钱，而且能做到付钱之前正确计算，祝贺大家！

师：看到同学们在这里开心购物，奇思也来逛商店（文具店）——我们一起来看看他的购物情况。看谁算得又对又快！

①奇思付给售货员 20 元，买了一盒水彩笔，找回多少元？

②奇思买了一个书包，售货员找给他 10 元，奇思给了售货员多少钱？

学生在学力单上独立完成。

全班汇报：①一盒水彩笔 15 元，应找回 20 – 15 = 5 元。②一个书包 34 元，付给售货员 34 + 10 = 44 元。

师：为什么求"付给售货员的钱"要用加法计算呢？

生：因为找回了 10 元，说明"付给售货员的钱"比书包的 34 元多了 10 元，求大数用加法。

师：现在妙想手里有 30 元（玩具店），她可以买哪两样商品？看谁想的买法多？

学生独立完成，全班分享（及时验证）。

师：我们可以逐一搭配试一试，看哪两件物品的总价小于等于 30。12 + 9 = 21 元，12 + 16 = 28 元，12 + 18 = 30 元，9 + 16 = 25 元，9 + 18 = 27 元，一共有五种买法。

师：淘气来到了体育用品商店，他购物是这样计算付钱的—— 20 + 45 = 65 元，100 - 65 = 35 元。请你给大家说说奇思买了什么商品，一共要付多少元？实际付出多少元？35 元什么意思？

同桌讨论，全班汇报。

【设计目的】此部分是对"自主探究"环节的巩固与拓展。第 1 题，两个问题分别对板书中"付出的钱——一共要付的钱 = 找回的钱"直接应用和逆向思考，让学生感悟求"付给售货员的钱"应该用加法。第 2 题主要是让学生理解题意，"可以买"需要两件物品的总价小于或等于 30 元就行，让学生在尝试中有序列举，确保不重不漏。第 3 题是对前面付大钱的巩固与提升，进一步巩固 100 以内数的加减法计算。

（四）总结收获

在今天的学习中，你有哪些体验和收获呢？

七、板书设计

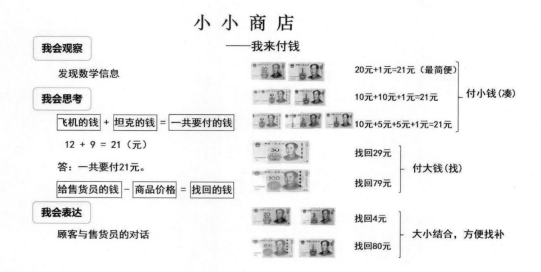

八、教学反思

数学源于生活又应用于生活。学生在逼真的场景中认识操作、体验感悟，丰富对人民币付钱功能及其使用策略的认识，提升运用数学知识解决实际问题的能力。对于付大额人民币给售货员需找补、灵活付出大小面额人民币方便找补等，还需学生进一步体验，根据自己已有的人民币合理地选择商品、灵活地付钱找补。全课板书内容丰富、重点（"三会"）突出、结构合理、形象直观，有效凸显了"思维可视化"教学策略。

04

作品示例

课堂板书

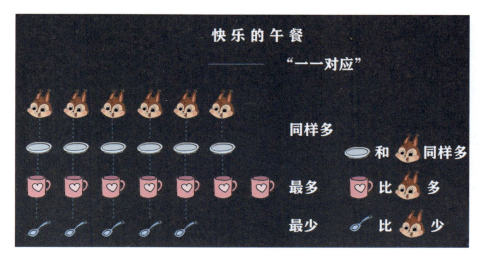

李路：一上《快乐的午餐》

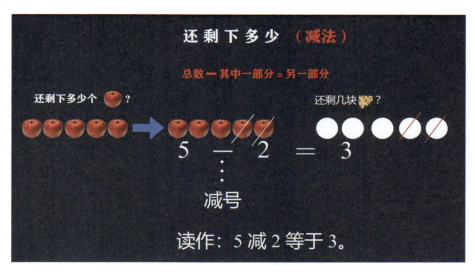

李路：一上《还剩下多少》

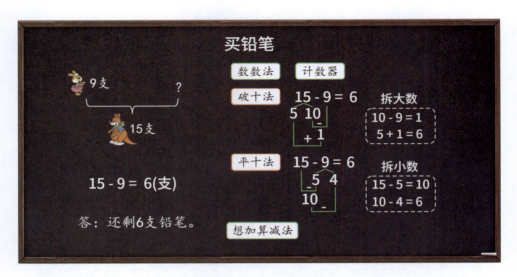

唐浚淇：一下《买铅笔》

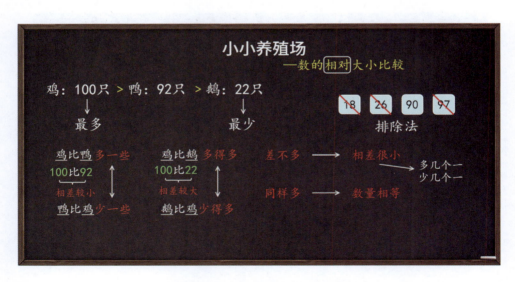

唐浚淇：一下《小小养殖场》

做一个百数表

1	2	3	4	5	6	7	8	9	10
11	12	13	14	15	16	17	18	19	20
21	22	23	24	25	26	27	28	29	30
31	32	33	34	35	36	37	38	39	40
41	42	43	44	45	46	47	48	49	50
51	52	53	54	55	56	57	58	59	60
61	62	63	64	65	66	67	68	69	70
71	72	73	74	75	76	77	78	79	80
81	82	83	84	85	86	87	88	89	90
91	92	93	94	95	96	97	98	99	100

横着看 ①从左往右，依次+1
②除了最后一个数，十位上的数相同

竖着看 ①从上往下，依次+10
②个位上的数相同

斜着看 ①从左上往右下，依次+11
②从右上往左下，依次+9

李武宇：一下《百数表》

七巧板

认 共7块，7种颜色，3种图形
1个正方形(④)，1个平行四边形(⑥)，
5个三角形(①=②、③=⑤、⑦)

拼 1、拼三角形
①+②、③+⑤、③+⑤+⑥、③+④+⑤、③+⑤+⑦、
①+③+④+⑤、②+③+⑤+⑥、③+④+⑤+⑥+⑦

2、拼正方形
①+②、④+⑥+⑦、①+④+⑥+⑦、
③+④+⑤+⑥+⑦、①+②+③+④+⑤+⑥+⑦

创 狐狸、兔子、鱼、树

李武宇：一下《动手做（二）七巧板》

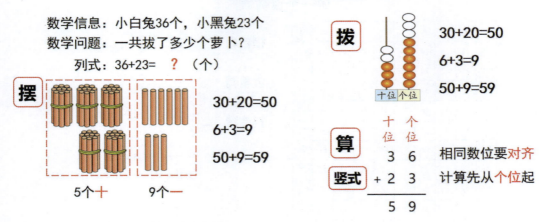

数学信息：小白兔36个，小黑兔23个
数学问题：一共拔了多少个萝卜？

列式：36+23= **?** （个）

答：一共拔了59个萝卜。

李武宇：一下《拔萝卜》

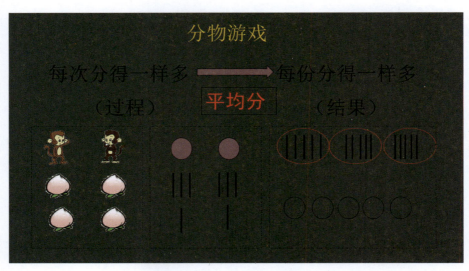

何欢：二上《分物游戏》

冯程香：二上《农家小院》

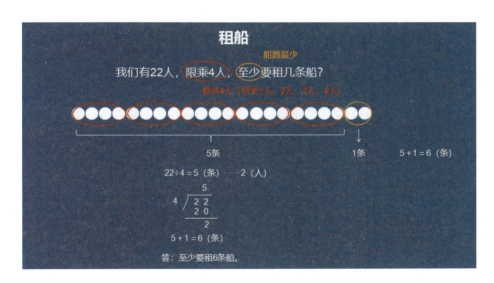

冯程香：二下《租船》

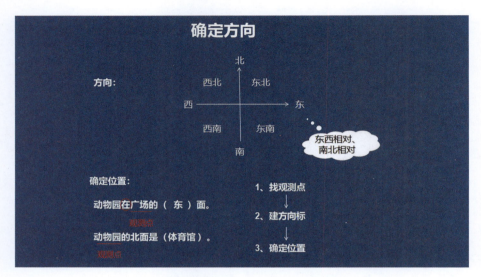

冯程香：二下《辨认方向》

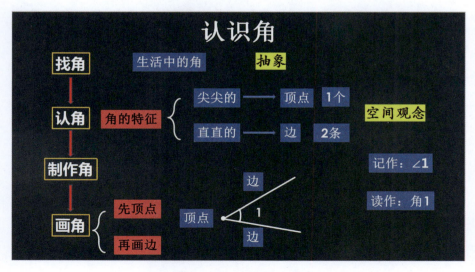

陈小庆：二下《认识角》

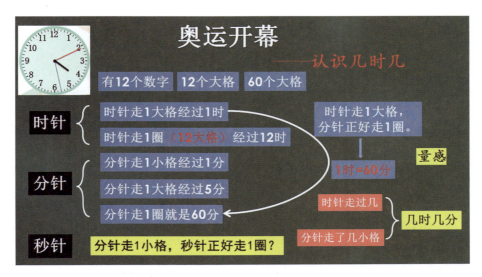

陈小庆：二下《奥运开幕》

郝雯：二下《评选吉祥物》

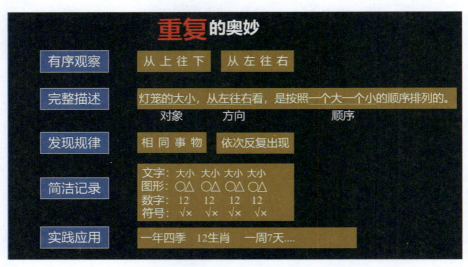

谭敏：二下《好玩——重复的奥妙》

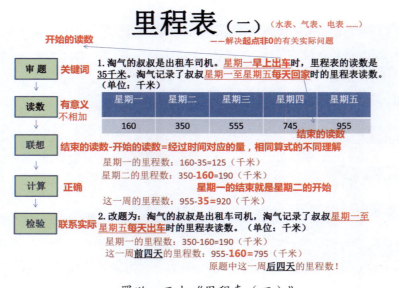

罗兴：三上《里程表（二）》

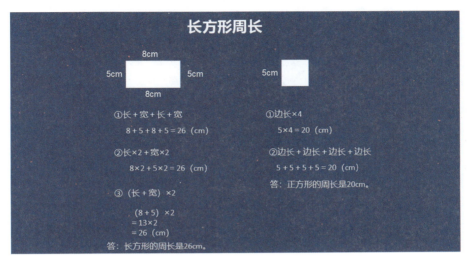

冯程香：三上《长方形周长》

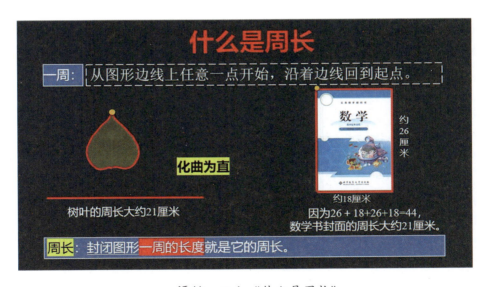

谭敏：三上《什么是周长》

何欢：三上《搭配中的学问》

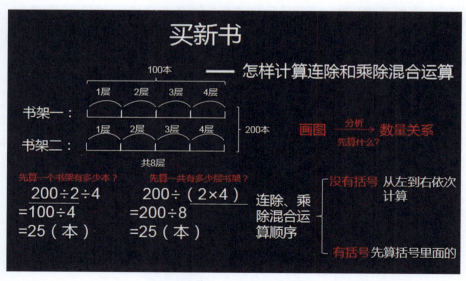

杨莎：三下《买新书》

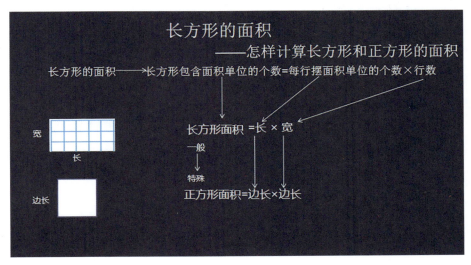

杨莎：三下《长方形的面积》

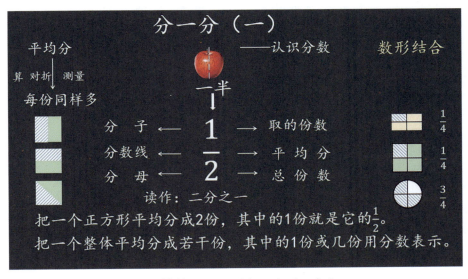

谭敏：三下《分一分（一）》

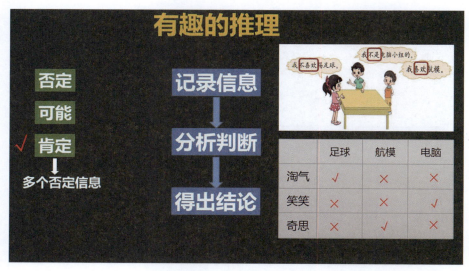

谭敏：三下《有趣的推理》

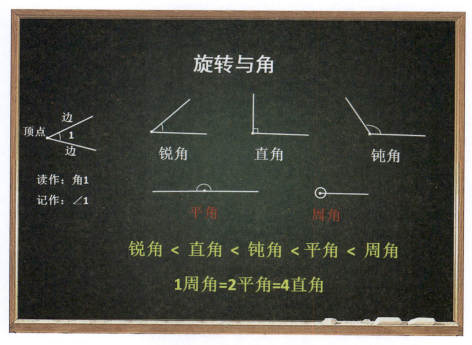

牟建蓉：四上《旋转与角》

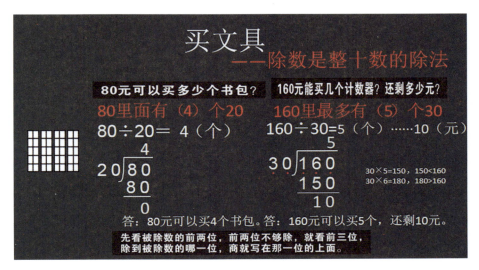

杨莎：四上《买文具》

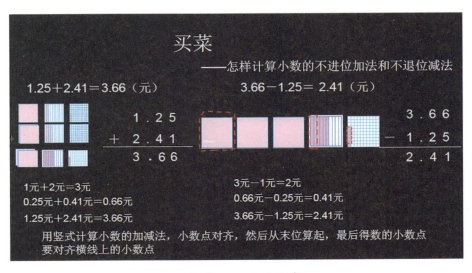

杨莎：四下《买菜》

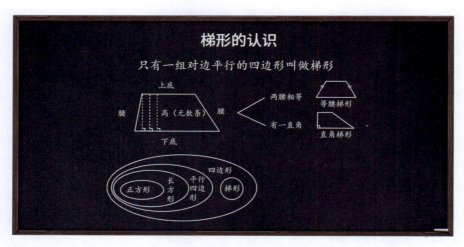

冯光倩：四下《梯形的认识》

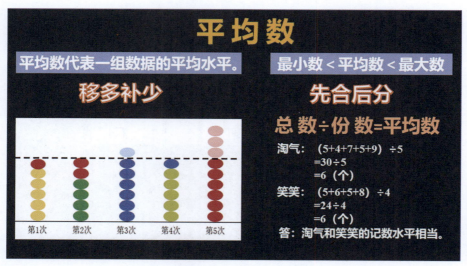

谭敏：四下《平均数》

时间去哪儿了？

—— 烙饼优化

从简单情形出发找规律——

1张：

3分　　　3分

3+3=6（分）

2张：
（同时烙）

1正　2正　→　1反　2反

3分　　　　　3分

不空锅

3+3=6（分）

3张：
（交替烙）

1正　2正　　3正　1反　　3反　2反

3分　　　3分　　　3分

3+3+3=9（分）

多张（大于3张）　**优化**　→　M个**3张** + N个**2张**　共用时　→　（M+N）*每面用时

罗兴：四下——数学好玩《烙饼》

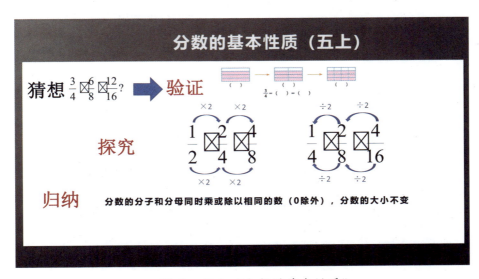

罗兴：五上《分数的基本性质》

（五上）**比较图形的面积**

猜　想　　　　　　**验证**

相等　　①=③　　　　**数方格**　　两个半格拼成一个整格

2个　　②=⑥　　　　**重合**　　　旋转　（中心点+方向+度数）

　　　　⑤=⑥　　　　　　　　　　平移　（方向+格数，两次）

3个　　②=⑤=⑥　　　　　　　　翻转　（对称轴+方向）

　　　　⑨=⑩　　　　**等量代换**

……　　⑧=⑩　　　　**割补（出入相补）**　　　　　　**等**

　　　　⑧=⑨=⑩　　　　　　　　　　　　　　　　**积**

组合　　⑤+⑥=⑧　　　形状变化　　　　　　　　**转**

　　　　①+③=⑦　　　**拼接**　面积不变　　　　　**化**

　　　　　　　　　　　　数方格，计算

罗兴：五上　《比较图形的面积》

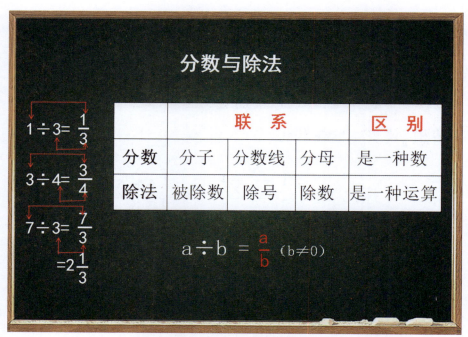

牟建蓉：五上《分数与除法》

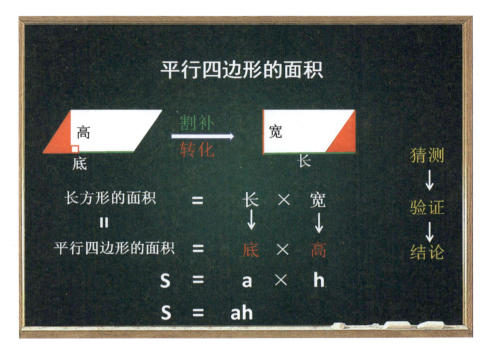

牟建蓉：五上《平行四边形的面积》

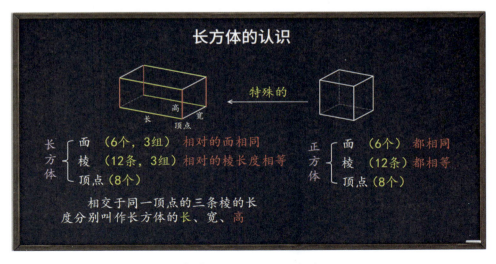

冯光倩：五下《长方体的认识》

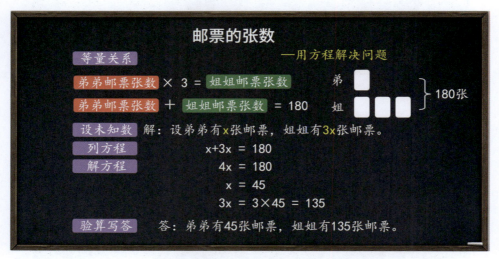

冯光倩：五下《邮票的张数》

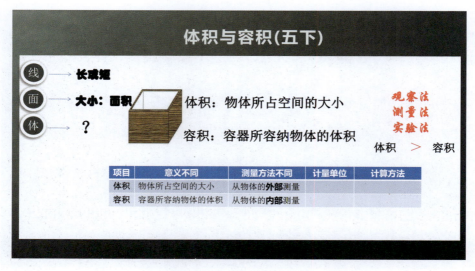

罗兴：五下《包装的学问》

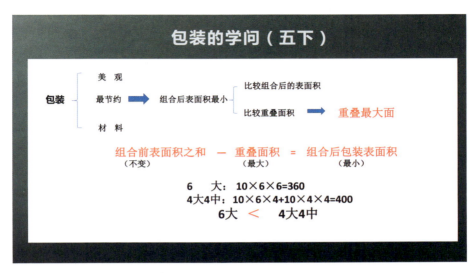

罗兴：五下 《体积与容积》

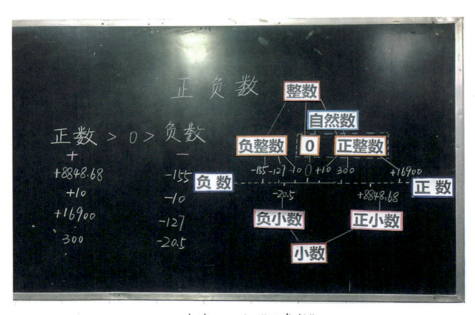

朱清：四上《正负数》

单元复习

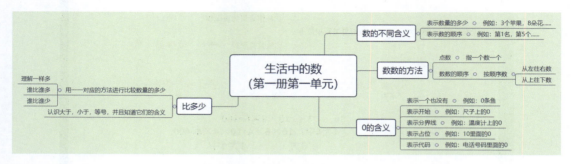

李路：一上《生活中的数》

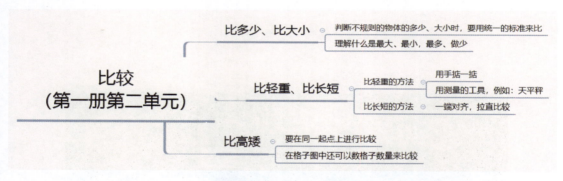

李路：一上《比较》

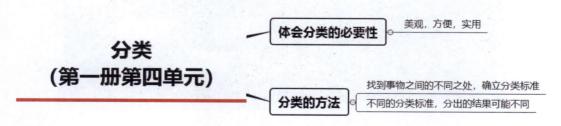

李路：一上《分类》

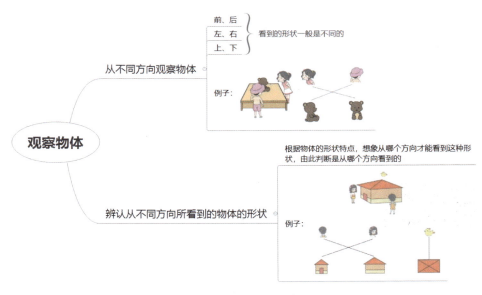

李武宇：一下《观察物体》

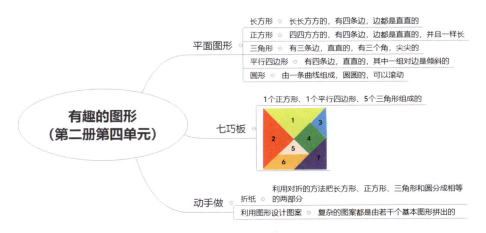

李武宇：一下《有趣的图形》

林清芸：一下《观察物体》

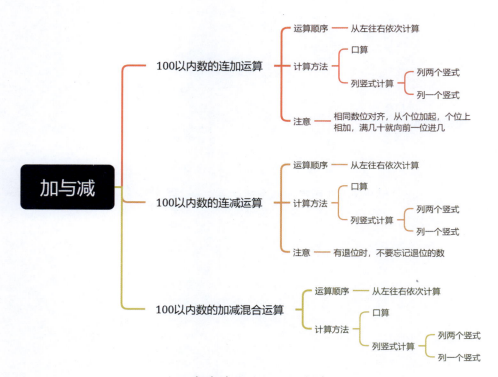

唐浚淇：二上《加与减》

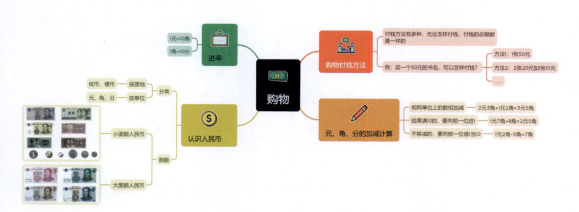

唐浚淇：二上《购物》

杨莎：二下《方向与位置》

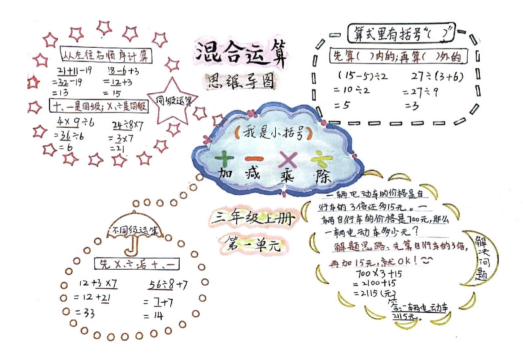

冯程香：三上《混合运算》

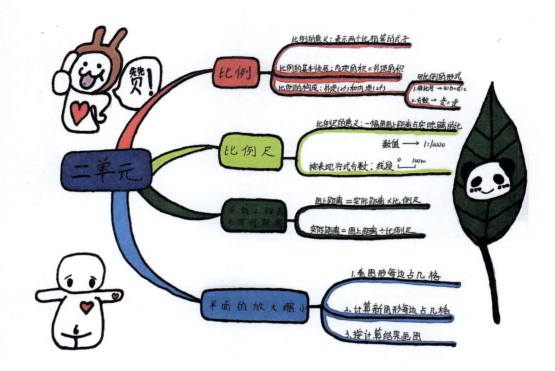

曾彬：六下《比例》

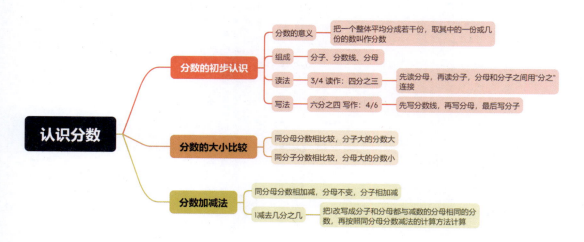

唐浚淇：三下《认识分数》

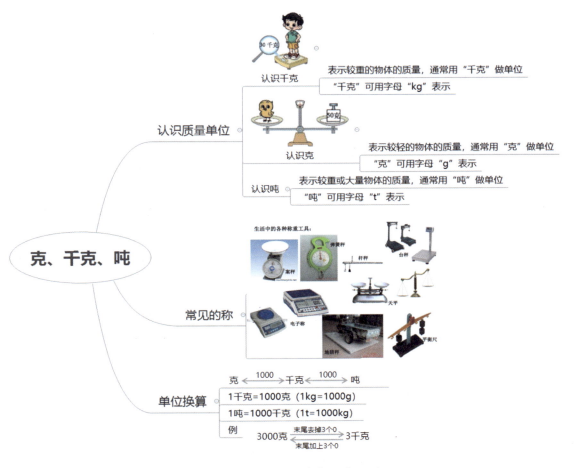

陈小庆：三下《千克、克、吨》

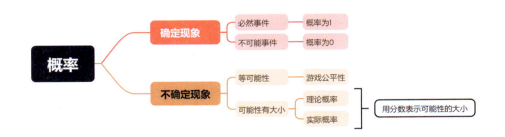

冯光倩：四上《可能性》

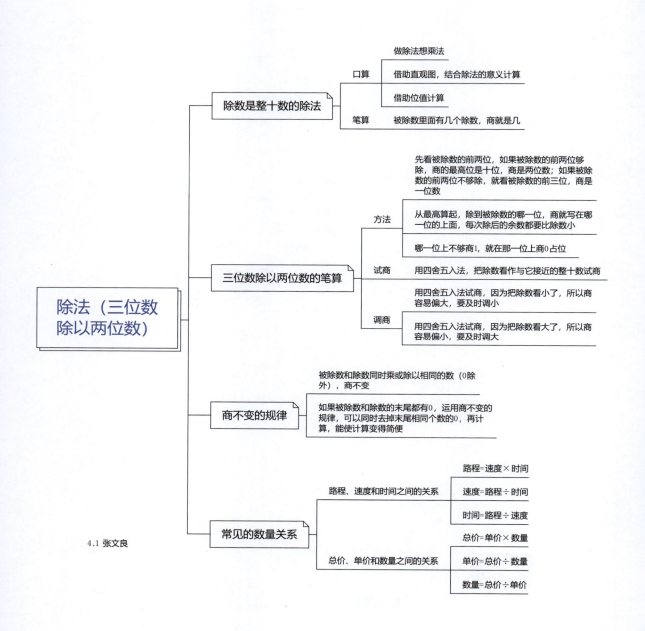

除法（三位数除以两位数）

除数是整十数的除法
- 口算
  - 做除法想乘法
  - 借助直观图，结合除法的意义计算
  - 借助位值计算
- 笔算
  - 被除数里面有几个除数，商就是几

三位数除以两位数的笔算
- 方法
  - 先看被除数的前两位，如果被除数的前两位够除，商的最高位是十位，商是两位数；如果被除数的前两位不够除，就看被除数的前三位，商是一位数
  - 从最高算起，除到被除数的哪一位，商就写在哪一位的上面，每次除后的余数都要比除数小
  - 哪一位上不够商1，就在那一位上商0占位
- 试商
  - 用四舍五入法，把除数看作与它接近的整十数试商
- 调商
  - 用四舍五入法试商，因为把除数看小了，所以商容易偏大，要及时调小
  - 用四舍五入法试商，因为把除数看大了，所以商容易偏小，要及时调大

商不变的规律
- 被除数和除数同时乘或除以相同的数（0除外），商不变
- 如果被除数和除数的末尾都有0，运用商不变的规律，可以同时去掉末尾相同个数的0，再计算，能使计算变得简便

常见的数量关系
- 路程、速度和时间之间的关系
  - 路程=速度×时间
  - 速度=路程÷时间
  - 时间=路程÷速度
- 总价、单价和数量之间的关系
  - 总价=单价×数量
  - 单价=总价÷数量
  - 数量=总价÷单价

4.1 张文良

谭敏：三上《认识小数》

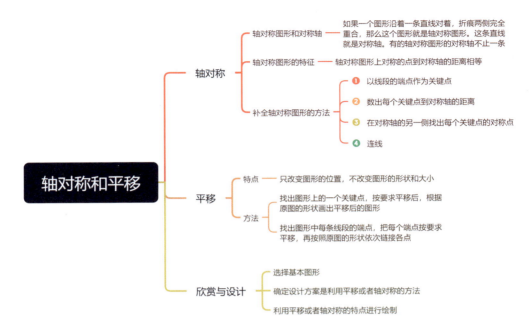

如果一个图形沿着一条直线对着，折痕两侧完全重合，那么这个图形就是轴对称图形。这条直线就是对称轴。有的轴对称图形的对称轴不止一条

轴对称图形和对称轴

轴对称图形的特征 —— 轴对称图形上对称的点到对称轴的距离相等

轴对称

① 以线段的端点作为关键点

② 数出每个关键点到对称轴的距离

补全轴对称图形的方法

③ 在对称轴的另一侧找出每个关键点的对称点

④ 连线

轴对称和平移

特点 —— 只改变图形的位置，不改变图形的形状和大小

平移

方法

找出图上的一个关键点，按要求平移后，根据原图的形状画出平移后的图形

找出图形中每条线段的端点，把每个端点按要求平移，再按照原图的形状依次链接各点

选择基本图形

欣赏与设计 —— 确定设计方案是利用平移或者轴对称的方法

利用平移或者轴对称的特点进行绘制

冯光倩：五上《轴对称和平移》

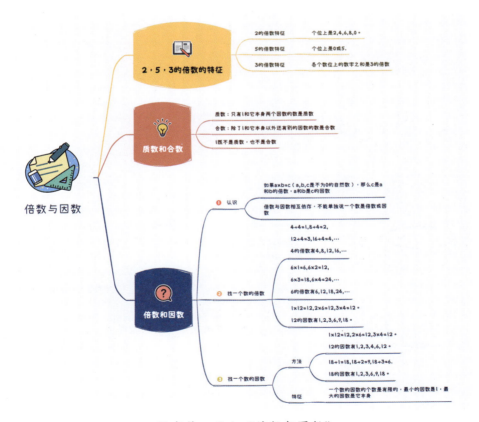

2的倍数特征 —— 个位上是2,4,6,8,0。

2，5，3的倍数的特征

5的倍数特征 —— 个位上是0或5.

3的倍数特征 —— 各个数位上的数字之和是3的倍数

质数：只有1和它本身两个因数的数是质数

质数和合数

合数：除了1和它本身以外还有别的因数的数是合数

1既不是质数，也不是合数

如果a×b=c（a,b,c是不为0的自然数），那么c是a和b的倍数，a和b是c的因数

① 认识

倍数与因数相互依存，不能单独说一个数是倍数或因数

4÷4=1,8÷4=2,

12÷4=3,16÷4=4,…

4的倍数有4,8,12,16,…

倍数和因数

6×1=6,6×2=12,

6×3=18,6×4=24,…

② 找一个数的倍数

6的倍数有6,12,18,24,…

1×12=12,2×6=12,3×4=12,

12的因数有1,2,3,6,9,18。

倍数与因数

1×12=12,2×6=12,3×4=12。

12的因数有1,2,3,4,6,12。

方法

18÷1=18,18÷2=9,18÷3=6.

③ 找一个数的因数

18的因数有1,2,3,6,9,18。

特征

一个数的因数的个数是有限的，最小的因数是1，最大的因数是它本身

冯光倩：五上《倍数与因数》

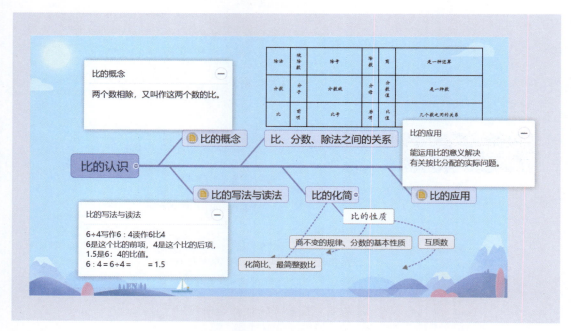

高雷：六上《比的认识》

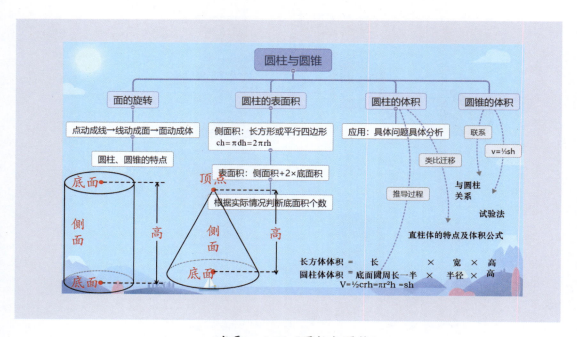

高雷：六下《圆柱与圆锥》

板块梳理

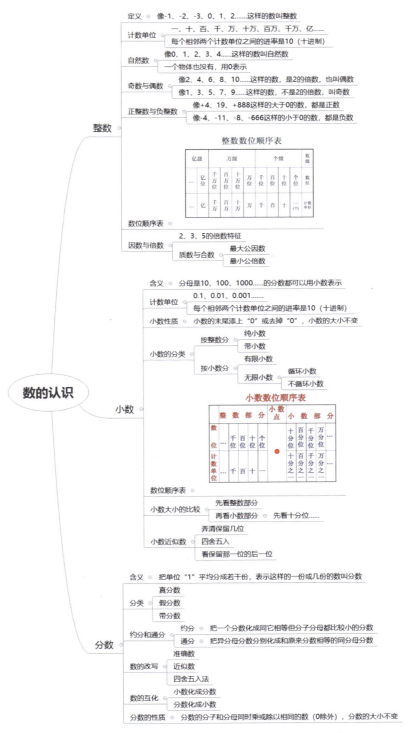

整数
- 定义 ○ 像-1、-2、-3、0、1、2……这样的数叫整数
- 计数单位
  - 一、十、百、千、万、十万、百万、千万、亿……
  - 每个相邻两个计数单位之间的进率是10（十进制）
- 自然数
  - 像0、1、2、3、4……这样的数叫自然数
  - 一个物体也没有，用0表示
- 奇数与偶数
  - 像2、4、6、8、10……这样的数，是2的倍数，也叫偶数
  - 像1、3、5、7、9……这样的数，不是2的倍数，叫奇数
- 正整数与负整数
  - 像+4、19、+888这样的大于0的数，都是正数
  - 像-4、-11、-8、-666这样的小于0的数，都是负数

整数数位顺序表

亿级				万级				个级				数级
…	亿位	千万位	百万位	十万位	万位	千位	百位	十位	个位			数位
…	亿	千万	百万	十万	万	千	百	十	一(个)			计数单位

- 数位顺序表 ○
- 因数与倍数
  - 2、3、5的倍数特征
  - 质数与合数 ── 最大公因数
  - ── 最小公倍数

数的认识

小数
- 含义 ○ 分母是10、100、1000……的分数都可以用小数表示
- 计数单位
  - 0.1、0.01、0.001……
  - 每个相邻两个计数单位之间的进率是10（十进制）
- 小数性质 ○ 小数的末尾添上"0"或去掉"0"，小数的大小不变
- 小数的分类
  - 按整数分 ── 纯小数
  - ── 带小数
  - 按小数分 ── 有限小数
  - ── 无限小数 ── 循环小数
  - ── 不循环小数

小数数位顺序表

		整 数 部 分			小数点	小 数 部 分			
数位	…	千位	百位	十位	个位		十分位	百分位	千分位	万分位	…
计数单位	…	千	百	十	一		十分之一	百分之一	千分之一	万分之一	…

- 数位顺序表 ○
- 小数大小的比较
  - 先看整数部分
  - 再看小数部分 ○ 先看十分位……
- 小数近似数
  - 弄清保留几位
  - 四舍五入
  - 看保留那一位的后一位

分数
- 含义 ○ 把单位"1"平均分成若干份，表示这样的一份或几份的数叫分数
- 分类
  - 真分数
  - 假分数
  - 带分数
- 约分和通分
  - 约分 ○ 把一个分数化成同它相等但分子分母都比较小的分数
  - 通分 ○ 把异分母分数分别化成和原来分数相等的同分母分数
- 数的改写
  - 准确数
  - 近似数
  - 四舍五入法
- 数的互化
  - 小数化成分数
  - 分数化成小数
- 分数的性质 ○ 分数的分子和分母同时乘或除以相同的数（0除外），分数的大小不变

陈小庆：数的认识

刘品三：基本应用题一览表

	相并关系	相差关系	份总关系	倍数关系	分数应用题（利率、打折、纳税等）
加法 把两部分合在一起求总数的运算	1.小明家养灰兔8只，养白兔4只，一共养兔多少只？ 部分数＋部分数＝总数	4.小利家养白兔4只，灰兔比白兔多3只，____？ 小数＋相差数＝大数			
减法 已知总数和其中一部分，求另一部分的运算	2.小小家养兔12只，其中有4只白兔，其余的是灰兔，____？ 总数－部分数＝部分数	3.小小家养灰兔4只，养的灰兔比白兔多少只？ 大数－小数＝相差数 5.小利家养灰兔4只，灰兔比白兔多3只，____？ 大数－相差数＝小数			
乘法 求几个相同加数的和的简便运算			6.小利家养了6笼兔子，每笼4只。一共养兔多少只？ 每份数×份数＝总数	白兔有8只，灰兔的只数是白兔的2倍。____？ 标准×倍数＝几倍数	白兔有8只，灰兔的只数是白兔的$\frac{1}{2}$。____？ 单位"1"量×分率＝对应量
除法 已知两个因数的积和其中一个因数，求另一个因数的运算			7.小利家养了24只兔子，平均放在6个笼子里，____？ 总数÷份数＝每份数 8.小利家养了24只兔子，每笼放4只，____？ 总数÷每份数＝份数	白兔有8只，灰兔有16只，灰兔的只数是白兔的多少倍？ 几倍数÷标准＝倍数 灰兔有16只，灰兔的只数是白兔的2倍，____？ 几倍数÷倍数＝标准	灰兔有8只，白兔有4只，灰兔的只数是白兔的几分之几？ 对应量÷单位"1"量＝分率 灰兔有4只，是白兔的$\frac{1}{2}$，____？ 对应量÷分率＝单位"1"量

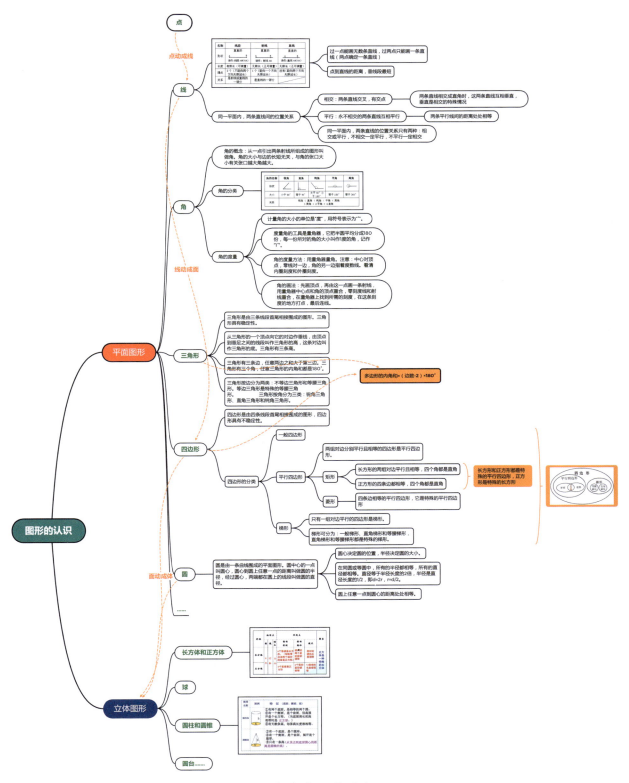

牟建蓉：图形的认识

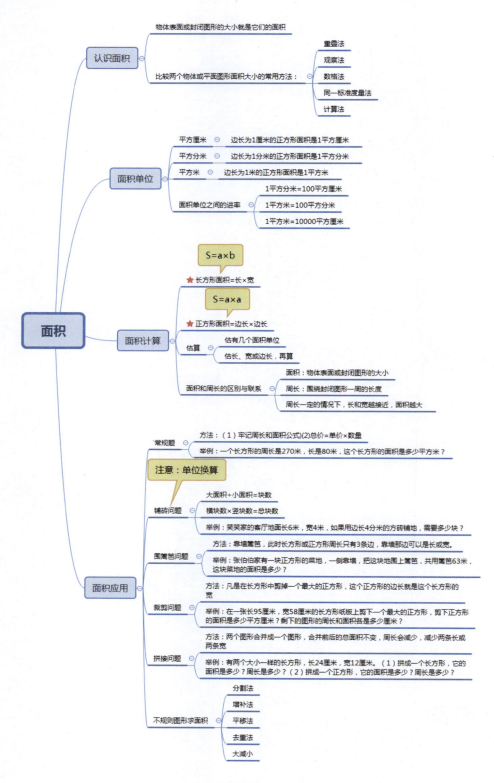

张昌娟：《面积》